天道圣经注释

以斯拉记注释

区应毓 著

上海三联书店

献　给

吾妻区方悦

以及子女

家信、家爱和家望

出版说明

　　基督教圣经是世上销量最高、译文最广的一部书。自圣经成书后，国外古今学者注经释经的著述可谓汗牛充栋，但圣经的完整汉译问世迄今尚不到两个世纪。用汉语撰著的圣经知识普及读物（内容包括圣经人物、历史地理、宗教哲学、文学艺术、伦理教育等不同范畴）和个别经卷的研究注释著作陆续有见，唯全本圣经各卷注释系列阙如。因此，香港天道书楼出版的"天道圣经注释"系列丛书尤为引人关注。这是目前第一套集合全球华人圣经学者撰著、出版的全本圣经注释，也是当今汉语世界最深入、最详尽的圣经注释。

　　基督教是尊奉圣典的宗教，圣经也因此成为信仰内容的源泉。但由于圣经成书年代久远，文本障碍的消除和经义的完整阐发也就十分重要。"天道圣经注释"系列注重原文释经，作者在所著作的范围内都是学有专长，他们结合了当今最新圣经研究学术成就，用中文写下自己的研究成果。同时，尤为难得的是，大部分作者都具有服务信仰社群的经验，更贴近汉语读者的生活。

　　本注释丛书力求表达出圣经作者所要传达的信息，使读者参阅后不但对经文有全面和深入的理解，更能把握到几千年前的圣经书卷的现代意义。丛书出版后受到全球汉语圣经研习者、神学教育界以及华人教会广泛欢迎，并几经再版，有些书卷还作了修订。

　　现今征得天道圣经注释有限公司授权，本丛书由上海三联书店出版发行国内中文简体字版，我们在此谨致谢意。神学建构的与时俱进离不开对圣经的细微解读和阐发，相信"天道圣经注释"系列丛书的陆续出版，不仅会为国内圣经研习提供重要的、详细的参考资料，同时也会促进中国教会神学、汉语神学和学术神学的发展，引入此套注释系列可谓正当其时。

上海三联书店

天道圣经注释

本注释丛书特点：

- 解经（exegesis）与释经（exposition）并重。一方面详细研究原文字词、时代背景及有关资料，另一方面也对经文各节作仔细分析。
- 全由华人学者撰写，不论用词或思想方法都较翻译作品易于了解。
- 不同学者有不同的学养和专长，其著述可给读者多方面的启发和参考。
- 重要的圣经原文尽量列出或加上英文音译，然后在内文或注脚详细讲解，使不懂原文者亦可深入研究圣经。

天道书楼出版部谨启

目录

序言

　　"天道圣经注释"的出版是很多人多年来的梦想的实现。天道书楼自创立以来就一直思想要出版一套这样的圣经注释，后来史丹理基金公司也有了一样的期盼，决定全力支持本套圣经注释的出版，于是华人基督教史中一项独特的出版计划就正式开始了。

　　这套圣经注释的一个特色是作者来自极广的背景，作者在所著作的范围之内都是学有专长，他们工作的地点分散在全世界各处。工作的性质虽然不完全一样，但基本上都是从事于圣经研究和在学术方面有所贡献的人。

　　另外，一个值得注意的地方，是这套书中的每一本都是接受邀请用中文特别为本套圣经注释撰写，没有翻译的作品。因为作者虽然来自不同的学术圈子，却都是笃信圣经并出于中文的背景，所以他们更能明白华人的思想，所写的材料也更能满足华人的需要。

　　本套圣经注释在陆续出版中，我们为每一位作者的忠心负责任的工作态度感恩。我们盼望在不久的将来，全部出版工作可以完成，也愿这套书能帮助有心研究圣经的读者，更加明白及喜爱研究圣经。

荣誉顾问　鲍会园

主编序言

　　华人读者对圣经的态度有点"心怀二意",一方面秉承华人自身的优良传统,视自己为"这书的人"(people of the Book),笃信圣经是神的话;另一方面又很少读圣经,甚至从不读圣经。"二意"的现象不仅和不重视教导圣经有关,也和不明白圣经有关。感到圣经不易明白的原因很多,教导者讲授肤浅及不清楚是其中一个,而教导者未能精辟地讲授圣经,更和多年来缺乏由华人用中文撰写的释经书有关。"天道圣经注释"(简称为"天注")在这方面作出划时代的贡献。

　　"天注"是坊间现有最深入和详尽的中文释经书,为读者提供准确的资料,又保持了华人研读圣经兼顾学术的优良传统,帮助读者把古代的信息带入现代处境,可以明白圣经的教导。"天注"的作者都是华人学者,来自不同的学术背景,散居在香港、台湾地区以及东南亚、美洲和欧洲各地,有不同的视野,却同样重视圣经权威,且所写的是针对华人读者的处境。

　　感谢容保罗先生于 1978 年向许书楚先生倡议出版"天注",1980年 11 月第一本"天注"(鲍会园博士写的歌罗西书注释)面世,二十八年后已出版了七十多本。史丹理基金公司和"天注"委员会的工作人员从许书楚先生手中"接棒",继续不断地推动和"天注"有关的事工。如果顺利,约一百本的"天注"可在 2012 年完成,呈献给全球华人读者研读使用。

　　笔者也于 2008 年 10 月从鲍会园博士手中"接棒",任"天注"的主编,这是笔者不配肩负的责任,因多年来为了其他的工作需要而钻研不同的学科,未能专注及深入地从事圣经研究,但鲍博士是笔者的"恩师",笔者的处女作就是在他鼓励下完成,并得他写序推介。笔者愿意接棒，联络作者及构思"天注"前面的发展，实际的编辑工作由两位学有所成的圣经学者鲍维均博士和曾祥新博士肩负。

愿广大读者记念"天注"，使它可以如期完成，这是所有"天注"作者共同的盼望。

邝炳钊

2008 年 12 月

旧约编辑序

　　"天道圣经注释"的出现代表了华人学者在圣经研究上的新里程。回想百年前圣经和合本的出现,积极影响了五四运动之白话文运动。深盼华人学者在圣经的研究上更有华人文化的视角和视野,使福音的传播更深入社会和文化。圣经的信息是超时代的,但它的诠释却需要与时俱进,好让上帝的话语对当代人发挥作用。"天道圣经注释"为服务当代人而努力,小弟多蒙错爱参与其事,自当竭尽绵力。愿圣经的话沛然恩临华人读者,造福世界。

曾祥新

新约编辑序

　　这二十多年来，相继出版的"天道圣经注释"在华人基督教界成为最重要的圣经研习资源。此出版计划秉持着几个重要的信念：圣经话语在转变的世代中的重要，严谨原文释经的重要，和华人学者合作与创作的价值。在这事工踏进另一阶段的时候，本人怀着兴奋的心情，期待这套注释书能够成为新一代华人读者的帮助和祝福。

鲍维均

作者序

　　踏上全时间的事奉迄今刚好二十个年头。中国人谓"十年人事几番新"，这两个十年实在也体验到多番的考验。既有失落如被掳之叹，亦有归回与重建之感。

　　这二十年来，我主要是牧养教会。虽然有参与神学教育及培训事工，或植堂开荒及海外宣教，但是我没有完全离开过牧会。我发现教会是拓展神国最直接的单元之一。然而，牧会也是最具挑战性的事奉之一。牧会不像教授神学、文字写作或福音广播等事工，这些事工都是十分重要的，不过它们并非直接地针对人的事奉，但是，牧会就离不开人与事。

　　人是非常复杂的群体，也是十分难预测的个体。因此，作为牧师即要面对许许多多的人与事。牧会之巧妙也就在人与事间之交织错综处刻画出来了。当我撰写《以斯拉记注释》时，也是遇上一些困惑的人事问题之时期。故此，以斯拉其人的体验就成了我个人之良师楷模。以斯拉记中的人物铭记烙印在我的心灵中。他们伴着我，走过了一段艰苦的人生路程。

　　我又想起另外一些良师益友，他们于过去二十年来，不知不觉地陪伴着我，走过不少人生的路径。我为着许书楚长老及许嫦娥太太而感恩。我如此写并非单是因为他们所设立之史丹理基金会，对天道书楼所出版之"天道圣经注释"有所赞助，我乃是由衷肺腑之言，从内心深处之激情所发的。我认识他们约有十五年之久，他们对主所摆上的心志，恩主固然会记念，这些见证也激励了不少人，使我们爱主更深、事主越切。

　　但愿读者都像以斯拉，"定志考究遵行耶和华的律法，又将律例典章教训以色列人"（拉七 10）。

简写表

AASOR	Annual of the American Schools of Oriental Research
ABR	*Austrialian Biblical Review*
AJBI	*Australian Journal of Biblical Institute*
AJSL	*American Journal of Semitic Languages and Literatures*
ANEP	J. B. Pritchard, ed. , *Ancient Near East in Pictures Relating to the Old Testament*
ANET	J. B. Pritchard, ed. , *Ancient Near Eastern Texts Relating to the Old Testament*
AP	A. Cowley, *The Aramaic Papyri of the Fifth Century B. C.*
AT	*Alte Testament*
AUSS	*Andrews University Seminary Studies*
BA	*Biblical Archaeologist*
BASOR	*Bulletin of the American Schools of Oriental Research*
BHK	R. Kittel, ed. , *Biblia hebraica*
BHS	*Biblica hebraica stuttgartensia*
Bib	*Biblica*
BM	*Beth Mikra*
BO	Bibliotheca Orientalis
BSac	*Bibliotheca Sacra*
BTB	*Biblical Theology Bulletin*
BTS	*Bible et terre sainte*
BZ	*Biblische Zeitschrift*

Esd	*Esdras*
ExpTim	*Expository Times*
GJ	*Grace Journal*
HTR	*Harvard Theological Review*
HUCA	*Hebrew Union College Annual*
ICC	International Critical Commentary
Ir	*Iraq*
JAOS	*Journal of the American Oriental Society*
JBL	*Journal of Biblical Literature*
JNES	*Journal of Near Eastern Studies*
JQR	*Jewish Quarterly Review*
JSOT	*Journal for the Study of the Old Testament*
JSS	*Journal of Semitic Studies*
JTS	*Journal of Theological Studies*
K & D	Keil & Delitzsch
KB	L. Koehler & W. Baumgartner，*Lexicon in Veteris Testamenti libros*
LXX	Septuagint
M	*Mizraim*
MT	Masoretic Text
OTS	*Oudtestamentische Studiën*
PEQ	*Palestine Exploration Quarterly*
PTR	*Princeton Theological Review*
RGG	K. Galling, ed.，*Religion in Geschichte und Gegenwart*
TDOT	G. J. Botterweck & H. Ringgren, eds.，*Theological Dictionary of the Old Testament*
VT	*Vetus Testamentum*
ZAW	*Zeitschrift für die alttestamentliche Wissenschaft*
ZDMG	*Zeitschrift der deutschen morgenländischen Gelellschaft*

希伯来文音译表

Consonants			Vowels	
א -’	ט -ṭ	פ, פ -p, p̲	ָ -ā, -o	ֵֵ -ĕ
ב, ב -b, b̲	י -y	צ -ṣ	ַ -ā	ִ -i
ג, ג -g, g̲	כ, כ -k, k̲	ק -q	ֲ -ă	ִי -î
ד, ד -d, d̲	ל -l	ר -r	ָה -â	וֹ -ô
ה -h	מ -m	שׂ -ś	ֵ -ē	ָ -ŏ
ו -w	נ -n	שׁ -š	ֶ -e	ֹ -ō
ז -z	ס -s	ת, ת -t, t̲	ֶי -ê	וּ -û
ח -ḥ	ע -‘		ְ -e	ֻ -u

绪 论

绪论

壹　历史考据

（Ｉ）被掳前后

以斯拉身处希伯来民族史的倾覆、被掳及归回时期。他虽然流亡生长在外邦，仍然为着他的民族同胞忧国忧民，匡助时难，竭诚力挽乾坤，挽回、复兴希伯来民族的道德生活和宗教信仰。

（一）亚述与以色列的灭亡

自所罗门后，希伯来民族分裂为南北两国。北国以色列在耶罗波安的领导下，脱离大卫家的统治，联盟北部十个支派，成立独立王国（王上十二 16～24）。耶罗波安建都于示剑（王上十二 25），并在但和伯特利设立两个宗教中心，铸造牛犊、建立殿宇、特派祭司，行耶和华眼中看为恶的事（王上十二 26～33）。

耶罗波安不独引导以色列家远离敬拜耶和华，更为北国以色列后世的王立了极坏的先例，致使以色列国日后没有一个王行耶和华眼中看为正的事。就因如此，耶和华兴起亚述国，使亚述王成为神手中的杖，去击打以色列民。先知以赛亚以属灵神学的角度去透视历史，向以色列宣告耶和华的话："亚述是我怒气的棍，手中拿我恼恨的杖。我要打发他攻击亵渎的国民、吩咐他攻击我所恼怒的百姓……"（赛十 5～6）

耶罗波安死后的连续十年内，以色列共换了五个王，且有三个王是藉着暴力摄取王位的。其中的一个王比加（732－730 B.C.）为要脱离亚述的威胁，于是与亚兰（即大马色）王利汛和非利士王联盟。

当时亚述王提革拉毗列色三世带领大军犯境，[①] 把亚兰和以色列的盟军彻底歼灭（734 B.C.），扫荡以色列的加利利和外约旦一带，并将以色列的百姓掳去亚述（王下十五 29）。当提革拉毗列色去世后，他的儿子撒缦以色五世围攻以色列京城撒玛利亚三年。当城仍未攻下之际，撒缦以色忽然逝世（王下十七 1～5），结果由他的继承人撒珥根二世把撒玛利亚城攻陷（王下十七 6；721 B.C.）。[②] 根据撒珥根的王族史，他把二万七千二百九十个以色列人掳去上美索不达米亚一带。北国的以色列人就此散居于外邦，于日后旧约历史的记载中销声匿迹。

（二）巴比伦与犹大的灭亡

自王国分裂后，南国称为犹大，属大卫家的犹大支派统治。最初所罗门死后，他的儿子罗波安继位，继续以高压政策和铁腕手段去管治全国。结果导致北以色列十个支派对耶路撒冷的中央政府离心背叛。便雅悯支派本属北部的支派，而且更是扫罗的老家，照理来说，当北以色列分离时，应该归入以色列国的。但是，为着犹大支派的国家安全，罗波安极力挽留便雅悯，以作为犹大南国的北边疆域的防线。结果，便雅悯与犹大两个支派构成了犹大国（王上十二 21）。

南国犹大只有一个王朝，一直由大卫家的后裔统治，建都耶路撒冷，版图包括北至伯特利，南临以旬迦别的涅革比（Negeb，和合本圣经

---

① 亚述国（Assyria）大致可分为三时期：前亚述（1360－1076 B.C.）、中亚述（1076－745 B.C.）、后亚述（745－609 B.C.）。后亚述的诸王与北以色列的关系极深，提革拉毗列色三世（Tiglath-Pileser III，745－727 B.C.）、撒缦以色五世（Shalmaneser V，727－722 B.C.）、撒珥根二世（Sargon II，721－705 B.C.）和西拿基立（Sennacherib，705－681 B.C.，他更是导致北以色列覆亡）。参布赖特（John Bright）：《以色列史》（基督教文艺出版社，1971），页 278－286；及谢友王：《两约中间史略》（种籽出版社，1978），页 18－31。

② 撒珥根这名字，仅见于圣经赛二十一章，实指撒珥根二世，王下十七 6 处只记亚述王倾覆撒玛利亚城，而没有记述是哪一个王，不过从亚述史中则可知是撒珥根二世。

译为南地,现译为内盖夫),西至非利士平原的迦特,东延以东地的一部
分。犹大王好坏参半,其中出现了辉煌的希西家改革运动(715 – 687
B.C.),脱离了亚述的掳掠。然而,先后又受制于埃及与巴比伦,最终
也被巴比伦所倾覆。

犹大国位于地中海沿海的通道要塞之处,当亚述覆亡时,被卷入国
际政治军事的旋涡中。那时,亚述在美索不达米亚大势已去,末后王亚
述乌巴列二世③已经陷于绝境,他向埃及王尼哥求救,但是在四面楚歌
的围攻下,尼尼微首都被玛代的居亚撒列一世(625 – 585 B.C.),④及
巴比伦的尼布卜拉撒⑤之盟军所攻陷(612 B.C.)。

埃及的法老王尼哥⑥虽然未能及时挽救亚述的覆亡,但是却将巴
勒斯坦及叙利亚一带收入自己的控制下。当时的犹大王约西亚,决
意投向巴比伦而抵挡埃及军队,可惜在米吉多战役中约西亚阵亡了
(王下二十三 29～30)。埃及大军继续北上幼发拉底的迦基美施,去
攻打哈兰,解救亚述。但是巴比伦军已经牢固地占据着迦基美施,尼
哥却迁怒于犹大,把才登基不到三个月的约哈斯废掉,将其掳到埃及
(王下二十三31～35;耶二十二 10～12),并立约哈斯的兄弟约雅敬
为犹大王。

约雅敬欲以小暴君姿态统治犹大,当巴比伦军在迦基美施击败埃
及军队之后(605 B.C.),尼布甲尼撒挥军南下,蹂躏犹大,并掳去一批
犹大人,其中包括但以理及他三位朋友,这是首次被掳。约雅敬无奈地
改弦易辙,投向巴比伦,成为当时巴比伦王尼布甲尼撒的藩属(王下二

---

③ 亚述末后诸王计有:以撒哈顿(Esarhaddon,681 – 669 B.C.)、亚述巴尼帕(Ashur-
   banipal,669 – 630 B.C.)、亚述提拉尼(Ashur-eti-ilani,630 – 627 B.C.)、辛沙以实昆(Sin-
   shar-ishkum,627 – 612 B.C.)和亚述乌巴列二世(Ashur-uballit II,612 – 609 B.C.)。
④ 居亚撒列一世(Cyaxares I,625 – 585 B.C.),其父克沙推达(Khshathrita,673 – 652 B.
   C.)曾于公元前 652 年出兵攻打尼尼微,但被亚述与西古提(Scythian)所击败。其子西阿
   克萨里则与巴比伦联手攻陷尼尼微城(612 B.C.)。
⑤ 尼布卜拉撒(Nabopdassar,626 – 606 B.C.),为后巴比伦帝国的创建人,当他于公元前
   612 年取得尼尼微城后,再挥军攻取亚述最后的临时京城哈兰,于公元前 609 年亚述国势
   已尽,巴比伦则称霸天下。参 D. Luckenbiel, *Ancient Records of Assyria and Babylonia*,
   2 vols., Chicago: University of Chicago Press,1926。
⑥ 尼哥(Necho II,609 – 593 B.C.),承继父亲森美忒库(Psammetichus I)的王位,带着大军
   赴幼发拉底河的迦基美施(Carchemish),去援助亚述乌巴列。

十四 1）。虽然如此，约雅敬仍然盼望有一天可以享受到一个真正的统治者的滋味。于是，当公元前 601 年底尼布甲尼撒与尼哥交战，正是两败俱伤之际，约雅敬揭竿起义，背叛巴比伦（王下二十四 1），结果导致了巴比伦大军犯境（王下二十四 2），而约雅敬也在公元前 598 年被人谋杀身亡（耶二十二 18～19）。他的儿子约雅斤登基（王下二十四 8），当时尼布甲尼撒的军兵正在围攻耶路撒冷城。约雅斤登基不到三个月就投降，尼布甲尼撒王将第二批犹大人掳到巴比伦，约一万多人（王下二十四 13～16），其中包括先知以西结（结一 1～2）以及约雅斤、王母、后妃等人（597 B.C.）。

尼布甲尼撒立了约雅斤的叔父西底家为王统治犹大。那时，巴比伦境内发生了军事叛变，激发了巴勒斯坦独立的希望。这爱国的热潮，因着本地先知的煽动（耶二十八 2～3）和埃及的鼓励，犹大揭起了最后的背叛。尼布甲尼撒不甘让犹大独立，迅速前来围攻耶路撒冷。最后，于粮尽兵散的景况下，巴比伦军队于公元前 587 年突破城墙（王下二十五 2～3；耶五十二 5～6）。西底家也因此被掳，其众子被杀、眼睛被剜，用锁链被解到巴比伦（王下二十五 6～7）。然后，其余的人民也被掳至巴比伦，这是第三次被掳，犹大国至此覆亡。

尼布甲尼撒王将耶路撒冷变成一个屠场，大肆杀戮犹大人（王下二十五 18～27）。当时死于刀剑或饥饿、疫病的不少（哀二 11～21）。耶路撒冷及邻近城邑被巴比伦的军队夷为平地，多年后仍无法重建。

（三）被掳的厄运

于这国际风云变幻的大时代中，犹大人三次被掳到巴比伦去。首次被掳是公元前 606 至前 605 年间，尼布甲尼撒王大军围困耶路撒冷，将约雅敬并一群贵胄掳去，其中包括但以理、沙得拉、米煞、亚伯尼歌等人。第二次是公元前 597 年，约雅斤王及城中最好的工匠等均被掳去，约有一万之众，以西结先知也在其中。第三次是公元前 587 至前 586 年间，耶城被洗劫一空，西底家王被掳。这三次被掳的总人数究竟有多少，甚难准确地计算。犹大的人口，于第八世纪而言，约有二十五万，于公元前 597 年第二次被掳时,剩下人口约半数。[⑦] 当犹大人首次归回时,犹大人口未超过二万。当以斯拉归回时,约有四万二千人(拉二64;尼七66),而大部分犹大人仍散居于当时的波斯境内。故此,被掳的人数至少超过五万人。[⑧]

遗留散居犹大的居民,只是少数既灰心又贫穷的百姓。尼布甲尼撒王委任了基大利为省长去管辖他们。基大利因着耶路撒冷的荒废,就将总部设于耶城以北的小镇米斯巴。后来基大利因为亲巴比伦而被犹大宗室的以实玛利所杀。接续基大利省长一职的约哈难,因惧怕巴比伦报仇而逃到埃及。大部分剩余的犹大人都与约哈难一起迁往埃及,先知耶利米也被他们掳去埃及(耶四十二～四十三)。

这些移居埃及的犹大人逐渐昌盛,尤以尼罗河第一瀑布附近的伊里芬丁[⑨]最为考古学家所注意。从伊里芬丁出土的蒲草纸文献,对于以斯拉记的研究及被掳后期犹太教的发展甚有贡献,此等住在埃及的犹大人,于被掳到巴比伦的人归回犹大后,仍留居在埃及。甚至当亚历山大大帝于公元前 333 年征服埃及后,仍有不少犹太人散居埃及各地,尤其是亚历山大城。[⑩] 在本书的讨论范围内,"犹大人"也包括归回的便雅悯人及犹大支派的人。有时候,"犹大人"也代表着整个以色列民族,故此归回的群体也被称为以色列人或犹太人。其中以色列人衔接被掳前的十二支派,犹太人则是被掳后期的一般通称。

---

⑦ 布赖特:《以色列史》(基督教文艺出版社,1971),页 364。

⑧ 希斯德:《希伯来史精义——旧约研究》(浸信会出版社,1972),页 457。布赖特认为三次被掳只不过是四千六百人,似乎异常稀少。他再指出此四千多人只是计算男丁,如果妇孺也算在内的话,则约有二万人左右(参布赖特:《以色列史》,页 366)。

⑨ 伊里芬丁(Elephantine)为一个犹太人之军事殖民区域,公元前 525 年波斯征服埃及时已经存在。据考古学家布赖特所言,它大概是埃及第二十六代之法老阿比里斯(Apries,588－569 B.C.)所建立的。居民自称为犹太人,将犹太人的宗教风俗引进此地。他们建立了耶和华的圣殿(Temple of Yahu),据说是仿照所罗门的圣殿而建成的。考古学家从古埃及城亚斯维(Aswan)的对面,尼罗河中央的岛屿中发掘了不少亚兰(Aram)的蒲草纸文稿,计有法律文件、婚约证件、宗教文献等宝贵资料。可参 A. Cowley, *Aramaic Papyri of the Fifth Century* (Oxford: Clarendon Press, 1923)。

⑩ 旧约圣经首次被翻译为希腊文,也是留居在亚历山大城的犹太人,于公元前 275 年将希伯来圣经译成当时通用的希腊文,被称为七十士译本(Septuagint)。可参 Sidney Jeelicoe, *The Septuagint and Modern Study* (Oxford: Clarendon Press, 1968)。

(Ⅱ) 归回的次序

巴比伦帝国的建国之王为尼布卜拉撒,亡国之君为伯沙撒,传袭只有七个帝王,国祚仅八十七年,其中最强盛的时期乃是尼布甲尼撒作王的时候。在他死后,巴比伦帝国一落千丈,而他的帝位也于七年内更换了三次。[⑪] 末后的两个帝王更不擅长征战,其父尼布尼杜斯崇尚敬拜月神辛(Sin),自己迁移至阿拉伯境内的提幔(Tema),将国事交给儿子伯沙撒管理。

那时,波斯王古列大帝已经一统庞大的玛代帝国及波斯帝国。他将军事、政治、经济共冶一炉,于公元前 550 年攻取玛代京都亚玛他(Ecbatana)后,即挥军吕底亚,于公元前 547 年攻取京城撒狄,将吕底亚归入波斯帝国的版图。古列此举之战略乃是将巴比伦与埃及的联盟切断,使巴比伦陷于孤立的局势中。

伯沙撒王于亡国之后,在宫中大排筵席。突然墙上出现手指在写字,众术士皆不能解释;后来,王后尼朵闺(Nitocris)引进但以理展示神的启示。当夜(539 B.C.)巴比伦首都失守,伯沙撒被杀,巴比伦帝国遂告终结。整个巴比伦帝国也落在古列的统治之下,到了公元前 538年,整个亚细亚和埃及都在古列的版图之内。

古列垂手捡获巴比伦帝国后,即采取开明政策。古列一反过去亚述及巴比伦等诸王的残暴与放逐作风,不对他所征服的人民之文化意识进行压制,反而尊重他们的风俗,保存他们既有的文化宗教信仰;甚至在许可的范围内,允许百姓回归故里,并委任当地的族裔领袖去管理本地事务。

古列大帝于统治巴比伦的第一年(538 B.C.),即下谕旨让被掳

---

⑪ 巴比伦帝国之七帝王年代如下:尼布卜拉撒(Nabopolassar,626‑606 B.C.)、尼布甲尼撒二世(Nebuchadnezzar Ⅱ,606‑562 B.C.)、以未米罗达(Evil-Merodach,562‑560 B.C.)、尼甲沙利薛(Neriglissar 或 Nergal-Sharezer,559‑556 B.C.)、拉巴西米罗达(Labashi-Marduk,556 B.C.)、尼布尼杜斯(Nabonidus,556‑536 B.C.)、伯沙撒(Bel-Shalzzar,550‑539 B.C.)。可参 A. K. Grayson, *Babylonian Historical Literary Texts* (Toronto: Scholarly Publishing,1975).

之民可以归回原居地,重建自己的家园及殿宇。以斯拉记第一章二至四节及第六章三至五节就是记载古列元年所降的谕旨,允许犹太人可以归回耶路撒冷,并且兴建圣殿,重建圣殿所需的费用由政府负责,甚至被尼布甲尼撒王所掠去的犹太人圣殿内一切的器皿,都要送返原处。

(一) 所罗巴伯领导之第一次归回

当时古列将耶和华殿里的器皿,从巴比伦王的御库中提出来,委派"犹大的首领设巴萨"去管理(一7～11)。此设巴萨的官位为"省长"(五14),并且在他的督导下,圣殿的根基得以奠定(五16)。

不过根据以斯拉记的记载,以色列人首次归回,是由所罗巴伯、耶书亚等为首领(二2)。而且,所罗巴伯更是推动整个圣殿重建工程的主要人物(三8～9,四1～3)。究竟设巴萨与所罗巴伯的关系如何呢?

综合不同的论点,归纳有三种看法。

a. 有些经学家⑫认为设巴萨为波斯王所委派同所罗巴伯一起归回的官长,官阶为犹大的省长。故此,以斯拉记第五章所记载河西总督达乃上奏波斯王大利乌时,用亚兰文申述波斯所委任的省长设巴萨建立了耶路撒冷神殿的根基。此论点指出设巴萨与所罗巴伯为同期的两个人物,设巴萨是赋予省长的官阶,而所罗巴伯则为当时的犹太人领袖。两人各自持有不同的身份与职责。

b. 另外有些学者亦认为设巴萨与所罗巴伯为两个不同的人物。设巴萨被古列委任为犹大省长,可是不幸地在巴勒斯坦开始了圣殿奠基的工程后他就死了。接续设巴萨而为犹大省长的就是所罗巴伯,所罗巴伯继续完成设巴萨所开始了的圣殿工程。故此,两人都有份参与此项工程,以斯拉记第三章及第五章就是忠实地陈述两人的贡献。

---

⑫ 希斯德:《希伯来史精义》,页471。不过布赖特在《以色列史》中指出所罗巴伯为设巴萨的侄儿及继任者,此说类似第二论点。布氏进一步指出,以斯拉记的编者为历代志的编者,刻意将所罗巴伯盖过设巴萨的功勋。但是这些都是假设而未经证实的论点而已。参 S. Japhet, "Sheshbazzar and Zerabbabel-Against the Background of the Historical and Religious Tendencies of Ezra-Nehemiah," *ZAW* 94(1982):66 - 98.

c. 设巴萨与所罗巴伯皆为同一人，设巴萨是波斯名字，意思为日神沙米士（Shemesh）所拣选的。所罗巴伯为希伯来文，意指生于巴比。持此论点的学者指出，所罗巴伯的父亲撒拉铁（三 2）将儿子以希伯来文取名"生于巴比（即巴比伦）"，后来当政权易主，波斯帝国成立后，古列将他的藩属官员易名，以波斯的术语取名（正如但以理在巴比伦皇宫中易名为伯提沙撒）。故此，为首领导以色列人归回的就是所罗巴伯，圣殿奠基工程也是由他来带领。第五章十五至十六节所申述的，乃是用亚兰文向大利乌王报告圣殿修葺的过程，所以此官方文件以亚兰文将所罗巴伯的官阶身份写出来。

虽然以斯拉记及其他经典文献未有准确地辨明两人的关系，第三论点较为容易解释以斯拉记及先知撒迦利亚（亚四 1～10）所引述，所罗巴伯为当时重建圣殿的重要领袖，与耶书亚（撒迦利亚称为约书亚）同为首批归回之以色列人首领。他们两人同心合力，重修圣殿的根基。所以，我们认为设巴萨与所罗巴伯同为一人，是波斯古列王所委任的犹大省长。当然，这也不是绝对的历史评鉴，但综合各方面的证据来看，此论点的问题比较少，故可以接受。

按照以斯拉记第二章的记述，[13]以所罗巴伯和耶书亚为首归回的以色列人，共有四万二千三百六十人，仆婢七千三百三十七人，歌唱的男女二百人，总数为四万九千八百九十七人。此处经文与尼希米记第七章所引申"第一次上来之人的家谱"（尼七 5）略有出入。尼希米记载共有四万九千九百四十二人。总数有出入的缘故，据一些学者认为，是因为以斯拉记的名单记录归回前在波斯境内的人数。后来经过约一千五百公里，半年之久漫长的旅途，尼希米记所记录的可能是已抵达犹大境内核点的人数。所以，出发前后数目上的差异是可以理解的。[14]

---

[13] 布赖特认为以斯拉记及尼希米记所记载的归回名单，属于后一期归回的人数，而非所罗巴伯等首次归回的人数（《以色列史》，页 388）。不过此说假设了以斯拉记为后期历代志编者的手笔，并且以斯拉记并非按照以斯拉生平记述，也非按年代之次序写成（页 432）。

[14] 可惜，我们无法确定以斯拉记第二章所记录的为出发前的人数，而尼希米记第七章为抵达后的人数。不过从尼希米记的经文中，略可引申出此名单为已经抵达故乡犹大的数目。

　　不过第二章六十四至六十七节所述及的人数，与各类人民的数目之总和是有差异的。据第二章所提供的总数为四万九千八百九十七人，然而，各类人民子孙的总和只有二万九千八百一十八人。于是有些学者提倡经文流传时出现了抄写上的错误，二万错写为四万。⑮ 可是，二万与四万的希伯来文差别很大，文士抄写错误的可能性不大。另一些学者认为以斯拉记所记录的人数，乃是从犹大及便雅悯境内归回的人数，有二万多人。然而，归回之人民可能也有来自犹大以外的地方，所以总数加起来则有四万多人。但是，比较合情理的解释乃是，第二章所记录的名录只有男丁的数字（二万九千八百一十八人），而第二章六十四节所记述的四万九千八百九十七人，为"会众"——男女老幼的总数。

（二）以斯拉率领之第二次归回

　　古列王一统波斯帝国之后，仍带兵东征西战。他在公元前 530 年间，立了长子⑯冈比西斯为王储摄政，自己则身先士卒，亲自麾军，东临奥苏河和雅萨狄河。但是，厄运临到古列大帝，他竟然于公元前 529 年在印度一座高山上战死。古列的长子登基，号冈比西斯二世（530－522 B.C.）。有些学者认为冈比西斯二世就是以斯拉记第四章六节所言的亚哈随鲁王，不过历史文献的考据甚难支持此论点。⑰

　　然而，以斯拉记第四章提及的敌对圣殿重建的势力，究竟只限于以斯拉归回之前，还是按字面所言，横跨几个波斯帝王呢？若只限于以斯拉归回前，则这些波斯王的王号身份要更易。冈比西斯二世应定为亚

---

⑮　二万的希伯来文为 shenē ribū rᵉbābāh，四万为ʼarᵉbāʼah ribū rᵉbābāh；参 J. P. Weinberg, "Demographische Notizen zur Geschichte der nacherillische Gemeinde in Juda," *Klio* 54 (1972), pp. 45－58.

⑯　波斯帝王年表如下（只节录与以斯拉记有关的波斯王）：古列二世大帝（Cyrus II the Great, 559－530 B.C.）、冈比西斯二世（Cambyses II, 530－522 B.C.；波斯文为 *Kambujiya*）、士每第（Smerdis, 522 B.C.）、大利乌一世大帝（Darius I the Greet Hystaspes, 521－486 B.C.）、亚哈随鲁一世（Ahasuerus, 或称为薛西斯［Xerxes］, 486－465 B.C.）、亚达薛西一世（Artaxerxes I Longimanus, 465－424 B.C.）。参 A. T. Olmstead, *History of the Persian Empire* (Chicago: University of Chicago Press, 1948).

⑰　谢友王：《两约中间史略》，页 57。谢友王为着保持以斯拉记的历史顺序性，将拉四之敌对势力放在所罗巴伯及以斯拉刚归回的时期。故此，他认为历史上的波斯王冈比西斯二世就是亚哈随鲁王，亚达薛西（四7）就是士每第。参 Keil & Delitzsche, *Ezra*, pp. 72－74.

哈随鲁王（四6），又士每第（522 B.C.）应定为亚达薛西（四7）。可惜，此易名缺乏一般历史证据支持。但是，若顺着字面的排列，亦会产生历史次序的问题，究竟以斯拉是在尼希米之前还是之后归回呢？不过无论以斯拉与尼希米的次序如何，以斯拉记第四章并不能顺序地跟着第三章排列，因为所提及的波斯帝王，由古列至亚达薛西，横跨约九十年之久。作者将此敌对势力放在此处，其目的在于指出这些异议分子，不独于圣殿重建之初期就存在，并且贯穿几个波斯帝王，甚至以斯拉及尼希米时期仍是存在的。⑱

现在回到以斯拉及尼希米的归回次序来探讨，一般而言，可以归纳为以下三种论点：i. 以斯拉于亚达薛西二世（398 B.C.），尼希米的事奉终止后抵达耶路撒冷；ii. 以斯拉于公元前428年，在尼希米任第二任省长时抵达耶路撒冷；iii. 以斯拉于公元前458年，先于尼希米抵达耶路撒冷。这个错综复杂的历史问题，主要是围绕着以斯拉记第七章一至七节所涉及的波斯王亚达薛西，究竟是指亚达薛西二世（404 – 358 B.C.）或是亚达薛西一世（465 – 424 B.C.）呢？

i. 以斯拉于亚达薛西二世第七年（398 B.C.），尼希米的事奉终结后，抵达耶路撒冷

此看法首先依据伊里芬丁蒲草亚兰文献，确定尼希米于公元前445年归回耶路撒冷。然后按照以斯拉记第十章六节所记载，以利亚实的儿子约哈难接待以斯拉。据尼希米记第十二章二十二节，这位约哈难是以利亚实的孙子，⑲并且以利亚实是于尼希米任省长的时候当大祭司的。故此，据此观点来看，以利亚实的孙子必须是于

⑱ 参 Peter Ackroyd, "Two Old Testament Historical Problems of the Early Persian Period," *JNES* 17（Jan. 1958）：13 – 27；"Jewish Community in Palestine in Persian Period," in *Cambridge History of Judaism*, eds. W. D. Davis and Louis Finkelstein （Cambridge：University Press，1984），pp. 130 – 161.

⑲ 十6："以斯拉从神殿前起来，进入以利亚实的儿子约哈难的屋里，到了那里不吃饭，也不喝水，因为被掳归回之人所犯的罪，心里悲伤"；尼十二22："至于利未人，当以利亚实、耶何耶大、约哈难、押杜亚的时候，他们的族长记在册上，波斯王大利乌在位的时候，作族长的祭司，也记在册上"。参 Williamson, "The Composition of Ezra i – vi," *JTS* 34（1983）：1 – 30.

尼希米的后期任大祭司。[20] 约哈难在任时接待以斯拉进入他的屋里住；所以，以斯拉也应该是尼希米后期的人物，于公元前 398 年间才抵达耶路撒冷。

持这论点的学者通常是假设圣经的作者不太注重历史的次序，撰写时只强调神学的目的，而忽略历史的准确性。[21] 他们认为现存的以斯拉记及尼希米记之排列次序，是后期的历代志编者的作为。譬如以斯拉记第七至十章与第一至六章完全没有历史的关联，乃是经过后期的编者润笔后的结果。

再者，持此看法的人认为尼希米的改革运动中没有提及以斯拉，[22]可见以斯拉尚未成名被列入改革家的行列，因为他是在尼希米的工作完结后，于亚达薛西二世时（398 B.C.）才抵达耶路撒冷。

可是，此说的假设并不需要，圣经作者所写的神学观点，并不一定是违反历史的准确性。救恩历史与实况历史并非水火不容，两者是可以共存的。[23] 救恩历史乃是按照历史的实况而进行神学反省的结果。再者，第十章六节所记载的约哈难与尼希米记所记录的约哈难，不一定就是同一个人物。约哈难此名字在第五世纪时是一个十分通行的名字。果真是两个不同时期的人物的话，此论点就完全失

---

[20] 伊里芬丁亚兰文献指出约哈难是在第五世纪任大祭司的，参 A. Cowley, *The Aramaic Papyri of the Fifth Century B.C.*, p.114.

[21] 这些自由派学者包括 P. R. Ackroyd, *I & II Chronicles*, *Ezra*, *Nehemiah*, Torch Bible Commentaries (London: SCM, 1973); R. H. Pfeiffer, *Introduction to the OT* (New York, 1948); M. Noth, *Überlieferungsgeschichtliche Studien* (Tübingen: Niemeyer, 1967); G. Von Rad, *Das Geschichtsbile des chronistischen Werkes*, Beiträge zur Wissenschaft vom Alten und Neuen Testament 413 (Stuttgart: Kohlhammer, 1930).

[22] Hoonacker 认为尼希米记第十章所记述的改革家名录并没有包括以斯拉，乃是决定性因素，指出以斯拉是尼希米后期的人物。参 Albinvan Hoonacker, "Notes sur l'histoire de la restauration juive après l'exil de Babylone," *Revue Biblique* 10(1901):5-26,175-199.

[23] 救恩历史（*Heilsgeschichte*）乃是圣经作者对历史所进行的神学反省，或是以神学的角度去表达历史的历程。救恩历史是将历史意义（*Geschichte*）与历史事实（*Historie*）完全融化在一起。这种历史意识（Historical consciousness, *Geschichtsbewusstsein*），实在是圣经作者的前提，两者不可分割。自由派学者将它们分割，认为圣经作者只根据历史意义来讲而忽略了历史事实，故此写出来的事迹并不符合历史的准确性。但此假设并非可信，也属不必要的。持此说的论点，可参 Rudolf Bultmann, *Faith and Understanding* (London: SCM, 1969),1:149.

去了意义。㉔

　　若从宗教管理的角度来看,历史文献伊里芬丁蒲草纸的逾越节蒲纸显示,当时(419 B.C.)犹太人在埃及地的敬拜生活,是经由耶路撒冷所指示,并由省长阿撒米斯(Arsames)执行管理的。其礼仪必须按着律法书上所记的去行(出十二14～20;利二十三5)。但是,以斯拉从亚达薛西王所领受的谕旨,乃是归回耶路撒冷,进行宗教改革及管理宗教活动(七11～26)。若此亚达薛西王为二世(即以斯拉于公元前398年归回),则与伊里芬丁蒲草纸的文献产生历史抵触,因为伊里芬丁蒲草纸已经展示耶路撒冷为管理中心,并且逾越节此礼仪到了公元前419年间(大利乌二世末五年),已通行于波斯帝国的犹太人聚居地,包括埃及一带。故此,传统的看法㉕颇具历史性,因为以斯拉于公元前458年归回,进行改革活动,到了公元前419年已建立起管理制度。

ii. 以斯拉于尼希米任第二任省长期间,在公元前428年抵达耶路撒冷

　　持此看法的经学家坚持认为第七章八节所记录:“王第七年五月,以斯拉到了耶路撒冷”,此第七年的数字出现了文士抄录上的错误。㉖ 他们认为应该是“第三十七年”,即是公元前428年。此时正是尼希米从波斯再次回到耶路撒冷,执政第二任省长一职,共同与以斯拉进行改革大业。他们认为第十章六节的约哈难大祭司,就是尼希米记第十二章二十二节的以利亚实的儿子。故此,当尼希米还是任省长期间,约哈难任大祭司,而以斯拉则任文士。

㉔ 约哈难此名字是好几个人物的名字:(1)尼十二13 记录约哈难是西莱雅族作祭司的;(2)尼十二22～23 记录是以利亚实的孙子;(3)伊里芬丁亚兰文献30:18 记录,曾于公元前408年任大祭司三年;(4)约瑟夫记录于亚达薛西三世时(358-338 B.C.)任大祭司,曾在圣殿内将他的兄弟耶书亚杀死。由此可见,除了十6以外,尚有好几个名叫约哈难的人物,故此不必假设以斯拉时期的约哈难就是尼希米时期的人物。

㉕ 这些学者包括布赖特的《以色列史》,页438-439;Wilhelm Rudolph, *Ezra und Nehemia*, Tübingen: JCB Mohr, 1949; Alfred Bertholet, *Die Bucher Esra und Nehemiah*, Kurzer Hand-Commentar(Tübingen: JCB Mohr, 1902)。

㉖ 布赖特认为希伯来文字母的 *shin*,出现于此经文内共有三次,可能因重复之故而致脱漏。于文献鉴定而言,此重复上之错漏称之谓 haplography。参 Albright, *The Biblical Period from Abraham to Ezra*(New York: Harper & Row, 1940),p.112。

另外一些持此论点的学者，[27]从以色列人安息年的节期为计算的方法，以七年为期，[28]去寻找历史上可稽查的安息年节期。首先他们从马加比壹书中，将那年的安息年节期定位于公元前 164 至前 163 年。[29] 然后，以七年为一周期，倒数至公元前 428 年，即是尼希米记第八章所记录的安息年节期。

此看法尝试将一些疑难解开，譬如尼希米与以斯拉对与异族人通婚的处理态度不同。可是，此看法将圣经原有之排列次序倒置（七～十章放在尼八之后），并非完全没有问题的。我们不必预设历代志的编者之记述"不一定依照年代的次序"。[30]

再者，此论点主要是将文献更改，把"第七年"改为"第三十七年"。若从希伯来文来看，虽然字母重复有时确实是会造成抄录上的错误，但是此可能性并不大，文献鉴定也找不出有不同的抄本的出现。[31] 并且，上文已经论及第十章六节与尼希米记第十二章二十二节的约哈难是否同属一人，并非可以准确地指定。

至于马加比书的安息年计算法，本是属于客观的历史文献考据法，应该是可靠的。但是，尼希米记第八章并不能确定就是安息年节期，经文所记载只是按律法所言，每年一次住棚节的条例而已（利二十三 34～42）。此处所提到之住棚节，并不能明确指出了就是七年一次的安息年节期。故此，以安息年周期的计算方法，未能准确指出尼希米记第八章一至十八节，就是在公元前 428 年所发生的安息年节期。[32]

---

[27] Pavlovsky, *Die Chronologie*, pp. 440 - 443.

[28] 利二十五 1～5、20～22；耶三十四 13～22；结二十 12～16；代下三十六 20～21。

[29] I Maccabees 6:49, "But with them that were in Bethsura he made peace: for they came out of the city, because they had no victuals there to endure the siege, it being a year of rest to the land (sabbaton eīn τ eī geī)." 此处所指西流基五安提阿四世（Antiochus IV Epiphanes, 175 - 163 B.C. 作王），于安息年时围困 Bethsura 城。

[30] 布赖特：《以色列史》，页 420。

[31] 就希伯来文而言，七是 sheba'，而三十七是 sheba' usheloshim，文士将后者的三十略去的可能性不高。可参 P. R. Ackroyd, *Israel under Babylon and Persia*, New Clarendon Bible 4 (Oxford, 1970), p. 194.

[32] 虽然安息日的讨论是有记载于尼九 14、十 31、十三 15～22，可是安息年却是没有在讨论的范围内。若硬要将尼八 14 的住棚节规定为安息年，即是缺乏了历史及文献支持。

　　最后,若依此论点而言,以斯拉是于尼希米在耶路撒冷任职第二任省长期间归回,为何于尼希米记第十三章的改革活动中,竟然完全没有提及以斯拉的活动呢?

iii.以斯拉于亚达薛西一世第七年(458 B.C.),先于尼希米抵达耶路撒冷

　　此看法乃是传统教会的观点,初期教会之教父们多持这看法,计有第二世纪的爱任纽、特土良、俄利根、奥古斯丁。甚至宗教改革时期的大部分改教家都如此相信,直到欧洲文艺复兴及启蒙运动时期,圣经批判学崛起,才正式受到质疑。[33]

　　这论点认为以斯拉记第七章七至八节所记述的亚达薛西王是一世(465 - 424 B.C.)。以斯拉乃是于亚达薛西一世的第七年归回的,即是公元前 458 年。至于尼希米则于亚达薛西一世的第二十年,即是公元前 445 年归回耶路撒冷(尼二 1~8、11)。以斯拉与尼希米二人同心协力,致力改革归回之以色列人的宗教及婚姻生活(尼八,十二)。然后,尼希米返回波斯的书珊城述职,不久,于公元前 432 年再度起程赴耶路撒冷(尼五 14,十三 6~7)。当尼希米作第二任耶路撒冷的省长时,以斯拉没有被提及,尼希米则继续进行改革运动(尼十三 7~31)。

　　一般福音派的学者均以圣经本身的完整性来维护此看法。我们没有很合理的理由去质疑以斯拉及尼希米记的排列次序,也不必假设另一个历代志的编者,将原有的次序倒置排列。[34] 不过反对此看法的学者提出,以斯拉若确是于公元前 458 年亚达薛西一世年

---

[33] 初期教会持此看法者包括 Irenaeus, Tertullian, Origen, Augustine, Jerome 等。到了启蒙运动时期,1758 年 Michaelis 向传统的以斯拉记录挑战;1867 年 Schrader 认为圣殿并非以斯拉时期重建;1869 年 de Sanley 认为七 7、11 所述之亚达薛西王,并非一世长手(Longimanus, 465 - 424 B.C.),乃是二世乃门(Mnemon, 404 - 358 B.C.)。故此,以斯拉归回的年代为公元前 397 年,尼希米即为公元前 384 年。到了 1889 年 Von Hoonacker 提倡尼希米(445 B.C.)先归回,然后以斯拉才到(432 B.C.)。

[34] 布赖特认为有一后期的历代志编者(Chronicler),将历代志上下、以斯拉回忆录、尼希米回忆录合并成为现有的圣经次序,然而他指出有些学者认为,此历代志编者"为彻底不可信的史家"(《以色列史》,页 430)。有关回应此假设历代志编者之论点,参 H. G. M. Williamson, *Ezra*, *Nehemiah*, Word Biblical Commentary (Thomas Nelson, 1985), pp. xlii - xliii.

间,归回以色列,为何没有军兵的护卫(八 21～23)呢? 他们认为这是不可思议的一件事。据历史考查所知,亚达薛西一世在位初年,国内仍有扰攘不宁之动乱。故此他们确认以斯拉等人及妇孺,是不可能在没有保护的情况下归回耶路撒冷的。可是,经文(八 21～23)清楚地指示,此路程乃是以斯拉在亚哈瓦河边迫切地禁食祷告,神施恩给他们而可以顺利抵达耶路撒冷的。

再者,反对的学者认为以斯拉及尼希米若是同期的同工,共同改革回归者的宗教生活,为何在此两书内,彼此没有很多提及对方的工作呢? 这也不难解释,因为他们两人各自作工,并且各有自己写作的目的,也不能苛求他们必须彼此互有照应。正如哈该与撒迦利亚虽属同期的先知,但彼此都没有提及对方的工作一样。何况尼希米的一些改革活动乃是建基于以斯拉的改革活动之上的。譬如,他在尼希米记第十三章二十三至二十八节所言对异族通婚的禁例,只局限于地区性的现象,而非普遍性的问题。这可能是基于以斯拉改革的成果才出现的革新现象(拉十)。

反对此看法的人指出,以斯拉与尼希米都是推行宗教及民生的改革,一定是其中一位于大刀阔斧的改革失败后,另外一位才接踵而来,完成前人不敷之处。若以此为论证的话,则以斯拉在先的历史可能性更高。从文献记录而言,亚达薛西王所颁予以斯拉的谕旨,并没有记录其任务完成之处。然而,尼希米却完成了他被委派回耶路撒冷的任务(尼二 1～9)。假若按照反对此说的学者而言,尼希米首先归回,并且具备了王所谕旨的诏书及行使权,尚且失败不能完成任务;何况是以斯拉,既无实权又无行政权,如何能够接尼希米而完成改革大业呢? 故此,改革运动以以斯拉为首,接着是尼希米得到了王的谕旨,继续去完成以斯拉所开始了的工作,此说比较可信。㉟

㉟ 有些学者尝试用圣经以外的考古证据去旁证以斯拉比尼希米先归回,譬如 Kellermann 指出以斯拉所遇到的波斯对犹大宗教宽容的政策,与当时亚基米尼王朝(Archaemenia)初期较相接近。这些政策属于地区性的策略而非帝国性的普遍政策,尤其与当时的通俗文献(Demotic Chronicle;七 25)对比时,更显得合理。参 Kellerman, "Erwä gungen zum Problem Esradstierung," *Zeitschrift für die Alttestamentliche Wissenschaft* 80(1968):55-87.

（三）尼希米率领之第三次归回

尼希米归回的年代比较确实可稽，从伊里芬丁文献可考证，当时是亚达薛西王一世的时期（465－424 B.C.）。故此，尼希米记第一章一节记载，尼希米是于"亚达薛西王二十年基斯流月"在书珊宫中获悉耶路撒冷城墙荒废一事，此年即是公元前 445 年十二月。㊱ 当时，尼希米十分悲伤，禁食祷告，前后约有四个月的时间。在"亚达薛西王二十年尼散月"（尼二 1）时，获得神所赐的良机，向王禀奏，恩获诏书及授权，可以归回重建耶路撒冷的城墙。

按照当时的宗教年历，基斯流月为九月，而尼散月为一月，于巴比伦的历法而言，亚达薛西二十年的尼散月应先于基斯流月，故此，有些学者认为尼希米记的记述不确实。㊲ 但是，若将当时希伯来的历法与宗教、民事及西方阳历并排对照，即可看出其先后次序。尼希米记所记载"亚达薛西王二十年基斯流月"，即公历公元前 445 年十二月，而"亚达薛西王二十年尼散月"，即公历公元前 444 年三月。㊳

㊱ 犹太人的历法是按照务农作业的时期计算的（equinoctial），试将不同的希伯来月份与西方的历法对照如下：

宗教年历	民事年历	希伯来名称	西历	农业季节
一月	七月	尼散月（Nisan）	3－4	大麦收割
二月	八月	亚鲁月（Iyyar）	4－5	一般收割
三月	九月	西玛努月（Sivan）	5－6	小麦收割
四月	十月	都主月（Tammuz）	6－7	葡萄初熟
五月	十一月	亚布月（Ab）	7－8	葡萄、无花果、橄榄采摘
六月	十二月	宇鲁月（Elul）	8－9	酿酒期
七月	一月	他什里图月（Tishri）	9－10	犁耕
八月	二月	亚拉山努月（Marchesvan）	10－11	撒种
九月	三月	基斯流月（Kislev）	11－12	
十月	四月	提别图月（Tebet）	12－1	雨季
十一月	五月	沙罢图月（Shebat）	1－2	冬至
十二月	六月	亚达鲁月（Adar）	2－3	杏花开放

参 John Walton, *Chronological Charts of the OT* (Grand Rapids: Zondervan, 1978), p. 17.

㊲ 这些自由派学者一般对圣经的历史记录并不重视，认为错误百出，参 John Bowman, *The Samaritan Problem*, Translated by Alfred Johnson (Pittsburgh: Pickwick Press, 1975), pp. 77－78.

㊳ 基斯流月即 Kislev，公历十一至十二月间，尼散月即 Nisan，公历为三至四月间，布赖特就是按照此法计算出尼希米归回的日期（《以色列史》，页 412）。Keil & Delitzsch 进一步认为尼希米是以当时民事（Civil）年历计算，故此基斯流月即是三月，而尼散月即七（转下页）

至于尼希米接获王的诏书后，是立时动身归回耶路撒冷，开始重建城墙的工作呢？还是经过一段时间的预备筹划，到了公元前 440 年才抵达耶城呢？有些学者依据约瑟夫的《犹太古史》(A. D. 93 或 94 年完成)十一篇第五章七节："他〔尼希米〕于薛西二十五年来到耶路撒冷"。[39]尼希米于亚达薛西(即约瑟夫记述的薛西)二十年(444 B. C.)获诏书，薛西二十五年抵耶京，即公元前 440 年左右。这也许有可能，因为尼希米需要多时才可以将木料、横梁等材料从"王园林的亚萨"(尼二8)，收集妥当，再运到远方的耶路撒冷。

不过，圣经给我们的印象乃是尼希米获取诏书后立即起程。故此，有些人认为他可能于获取诏书后，就马不停蹄地整理行装，从亚萨园林处取得材料后，即动身赴河西省长那里，表明王所委任为犹大省长一职。[40]然后动工兴建耶路撒冷的城墙。他排除万难，以大无畏的刚毅魄力，于五十二天内完工(尼六15)。竣工后，尼希米即班师回朝，向亚达薛西王述职，并且申请继续留任为犹大省长，任期十二年(尼五14)。依任期而言，后者的解释比较吻合事实，约瑟夫所依据的七十士译本中的以斯拉壹书后半部已失传，故此无从考证。并且，约瑟夫记述城墙需要两年又四个月才完成(《犹太古史》十一6、8)并不符合圣经的记载。[41]

尼希米归回重建城墙，乃于以斯拉归回后的十二年，他不独修葺城墙，完成耶路撒冷外面的建造，更进一步与以斯拉联手进行以色列人内

(接上页)月，所以前后并没有矛盾，自由派人士的质疑可以圆满解答。参 Keil & Delitzsch, *Commentary on the OT*, vol. 3 (Massachusetts: Hendrickson, 1989), pp. 163 - 164.

[39] Flavius Josephus, *Antiquities of the Jews*, XI. 5. 7, Complete Works (Grand Rapids: Kregel Publications, 1978), p. 236. 约瑟夫是依照七十士译本的以斯拉壹书(I Esdras)所记录而写成的。不过现存的只有壹书，其他部分已经失传。布赖特就是依照约瑟夫的记录来拟定尼希米重建耶路撒冷城墙的日期(页 412 - 413)。可参 David Clines, *Ezra, Nehemiah, Esther*, The New Century Bible Commentary (Grand Rapids: Eerdmans, 1984), p. 143.

[40] Ron Bracy, "An Examination of the Validity of a Fourth Century B. C. Data for Ezra and Nehemiah, and its Significance," Ph. D. Dissertation, Southwestern Baptist Theological Seminary, 1988.

[41] 约瑟夫可能是指耶路撒冷城墙的进一步修建，需要两年多之久。参 Josephus, *Antiquities of the Jews*, XI. 6. 8 - 9.

里属灵的建造。他邀请文士以斯拉及其他宗教领袖召集众民,宣读律法(尼八 1～12)、遵行住棚节、禁食认罪(尼九 1～4)、履行什一奉献(尼十 32～39)、严禁与异族人通婚等改革。

于亚达薛西三十二年期满后(尼五 14),尼希米返回书珊城述职(尼十三 6)。再"过了多日,我向王告假"(尼十三 6),记述尼希米过了不知多久,为着改革大业尚未完成,再度请辞前去耶路撒冷。至于尼希米在犹大第二任的省长为期多久则不得而知,不过他竭力不懈地继续进行以色列人内在生命的改革工作:洁净官长、诫民莫犯安息日、严禁与异族人通婚等(尼十三)。

(III) 圣殿的重建

(一) 所罗门的圣殿

圣殿的建造是所罗门按照耶和华所启示给摩西会幕的结构而造成的。会幕与圣殿都代表以色列人敬拜的中心,也是十二支派的联盟中心所在。圣殿更是象征神在他的百姓中间之居所,神的荣光住在至圣所,约柜以上之施恩座内(出三十三 9～11;王上八 10～11)。会幕与圣殿也是基督的预表(来八 2、5,九 1～18)。

所罗门所建第一个圣殿约于他在位的第四年,即公元前 959 年动工,历时七年完成(王上六 1、38)。所罗门的圣殿运用了当时最复杂的建筑科技和艺术来建成,而且在所使用的材料、装饰、器具上毫不吝啬。按照圣经的记载(王上六 2),圣殿长九十英尺(约二十七点五米),宽三十英尺(约九米),高四十五英尺(约十三点七米),实在是当时的雄伟建筑。[42]

所罗门的圣殿历尽沧桑,当所罗门死后五年,埃及的示撒掠夺了不少圣殿中的财宝(王上十四 25～28)。后来,以色列王约阿施(798－782 B.C.)挫败犹大王亚玛谢,把圣殿洗掠净尽(王下十四 8～14)。虽

---

[42] 王上六 2 记载:"所罗门王为耶和华所建的殿,长六十肘,宽二十肘,高三十肘。"参 Roland de Vaux, *Ancient Israel*, vol. II (New York: McGraw-Hill Book Company, 1965), pp. 271–329.

然后来的希西家王曾进行宗教改革,修葺圣殿(代下二十九 1~19),并能脱离亚述王西拿基立的手(王下十九 14),他却在迦勒底人面前炫耀圣殿的珍藏,导致后来巴比伦人对圣殿起了野心。

圣殿尚未被毁之时,犹大仍有一位伟大的宗教改革家约西亚,他于公元前 622 年统筹了圣殿的修葺,宣读了遗失的律法书(可能是申命记,王下二十二 3~13)。然而,圣殿的敬拜也随着约西亚的逝世而消逝。不久,于公元前 601 年,巴比伦王尼布甲尼撒挥军南下,突袭背叛的犹大(王下二十四 1)。他攻陷了耶路撒冷,把圣殿中的财宝、器具掳去巴比伦(代下三十六 7)。后来,当西底家王再度背叛巴比伦时,尼布甲尼撒王即于公元前 586 年间毁灭耶路撒冷,将圣殿内所剩下的财宝掠去,所罗门的圣殿就是在此时完全被摧毁(王下二十五)。

(二) 所罗巴伯的圣殿

当波斯古列王于公元前 538 年颁发谕旨,允许波斯帝国管辖之下的民族归回,重建他们的家园及神殿,大概只有少数犹太人愿意离开舒适的美索不达米亚的环境,长途跋涉归回到他们那满目疮痍的残破家乡。但是,在所罗巴伯的带领下,首批的犹大人终于愿意归回了(一 8,二 2,三 2、8)。那时男女加起来总数也只有四万九千八百九十七人(拉二),但是他们有合一、热切的心,归回耶路撒冷后,立即筑坛献祭,然后动工奠定圣殿的根基。他们于归回的第二年(535 B.C.)已经完成奠基工程(三 1~11)。当时,万众一心,有所罗巴伯大卫的后裔与祭司耶书亚的带领,[43]大家群策群力,"匠人立耶和华殿根基的时候,祭司皆穿礼服吹号,亚萨的子孙利未人敲钹,照以色列王大卫所定的例,都站着

---

43 所罗巴伯生长于巴比伦,于公元前 538 年归回,名字的意思为"巴比伦的后代",意指出生于巴比伦。他的父亲据拉三 2、8,五 2;尼十二 1;该一 1、12、14,二 2、23;太一 12~13;路三 27 所记载,是大卫家族约雅斤的儿子撒拉铁。然而,据代上三 19 所言,"毗大雅的儿子是所罗巴伯",毗大雅与撒拉铁是兄弟(代上三 17~18),于是,有些学者提出撒拉铁于所罗巴伯出生前已去世,按照娶兄遗孀(申二十五 5~10)条例,毗大雅把撒拉铁的遗孀娶过来,生了所罗巴伯。可惜此解释并没有圣经的证据,历代志的编者也没有更正。故此,另外一些学者认为,希伯来文圣经的代上三 19 可能有文士抄写的错误,把撒拉铁误抄为毗大雅。因为七十士译本的抄本指明撒拉铁是所罗巴伯的父亲。

赞美耶和华"(三 10)。

可是,好景不长,凡是有神作工的地方,也会遇上拦阻。当时,一些当地的居民用尽了千方百计,"使他们的手发软,扰乱他们"(四 4)。甚至在波斯王面前"贿买谋士,要败坏他们的谋算"(四 5)。结果,从以色列人归回的第二年(535 B. C.),工程就停顿了,直到波斯王大利乌第二年(520 B. C.),共停顿了十五年之久(四 24)。

以斯拉记第四章所列举敌对的势力,包括了亚哈随鲁王(四 6)及亚达薛西王(四 7~23)。有些学者坚持以斯拉记所记录的,是圣殿重建时的波斯王,于是将第四章六节的亚哈随鲁王解释为历史上的波斯王冈比西斯二世(530 - 522 B. C.),而第四章七节的亚达薛西王则指为士每第(522 B. C.)。[44] 然而,于历史文献考据学而言,此说并没有足够的证据支持。

一般学者都认为以斯拉记第四章并非历史年代顺序的记录,乃是以斯拉将不同时期敌对的势力列举出来──从大利乌一世(521 - 486 B. C.)至亚哈随鲁一世(486 - 465 B. C.),甚至以斯拉时期的亚达薛西一世(465 - 424 B. C.)。这段经文可谓之神学论证,目的在于鼓励以斯拉时期的读者会众,不要因为敌对的势力而退缩不倚靠神。

其中所加插的告状(四 7~22)[45]及亚达薛西王的谕旨(四 23),属于逻辑的论证,而非历史的顺序,因为第四章二十四节所言大利乌王第二年工程再开展,而大利乌乃是在亚达薛西王之前期。此告状涉及的问题并非圣殿,而是城墙(四 12~13,16)。可见,虽然以斯拉将此后期有关城墙的告状放在重建圣殿的拦阻内,他的作用乃是要鼓励会众不要因拦阻就退后。

刚归回的犹太人面对着艰苦贫乏,又遭遇到一连串的荒年和歉收(该一 9~11,二 15~17)。不少归回的犹太人面临一贫如洗、衣食不饱的环境。他们尚且要迎向那些邻邦敌人的仇视苦待,甚至怨恨与暴力,

---

[44] 谢友王指出冈比西斯二世(Cambyses II, 530 - 522 B. C.)为亚哈随鲁(四 6),而士每第(Smerdis, 522 B. C.)为亚达薛西(四 7)。

[45] C.E. Armerding, "Ezra, Book of," *The International Standard Bible Encyclopedia*, vol. I, ed. G. Bromiley (Grand Rapids: Eerdmans, 1991), pp. 265 - 266.

致使公共安全备受威胁（亚八 10）。难怪他们自顾不暇，喘不过气来，于是圣殿的修建就停顿下来。那时波斯宫廷的资助，只是有名无实，古列的谕诏也无人问津。归回的犹太人逐渐从怀疑自己力不从心，变为沮丧放弃，于是重建圣殿的工程就此搁置了十五个年头。

后来，当大利乌一世登基后，即清党平乱。在大利乌所立的壁石敦之石壁赋中，⑯自言打了十九场战役，击败九个叛党。大利乌王东征西讨，向南平定埃及境内的动乱，向西平复小亚细亚，巩固边疆，向东平定西古提人，征占印度河谷。当时，他的势力伸展到希腊，后来于公元前 490 年及前 480 年间，曾二度与希腊发动战争。

当大利乌登基不久，犹大境内的两位先知哈该及撒迦利亚，深感时势大转，可以重新捡拾停顿已久的建殿工程。于是，他们振臂一呼，"奉以色列神的名，向犹大和耶路撒冷的犹大人说劝勉的话"（五 1）。那时正是天时、地利、人和的历史契机，既有先知们的鼓励，又有属灵领袖所罗巴伯和约书亚，及众长老和百姓们的齐心协力。然而那些敌对的势力仍在，甚至敌人与河西总督达乃和示他波斯乃、亚法萨迦等同党合谋，上奏大利乌（五 6～17），为要打击所罗巴伯等的锐气。

当此奏文呈于大利乌王途中，众人尚未确定王的判决前，犹大人并没有因此而停工。反之，他们披荆斩棘，以破釜沉舟的心志去作工。

那时，先知哈该传讲了三篇非常严厉沉重的信息，斥责百姓们的怠慢和冷淡。他一针见血地直言："这殿仍然荒凉，你们自己还住天花板的房屋吗？"（该一 4）于是，神藉先知们的信息激动所罗巴伯和约书亚，于大利乌第二年六月二十四日，重新动工兴建圣殿（该一 14～15）。先知们鼓励百姓"当刚强作工，因为我〔耶和华〕与你们同在……我的灵住在你们中间，你们不要惧怕"（该二 4～5）。

---

⑯ 壁石敦英文为 Behistun Inscription，是大利乌一世（522－486 B. C.）所立，他以三种语文将古列大帝的功勋与大利乌大帝并列，并将一位术士高马他（Gaumata）踏在大利乌的脚下，以表明他并没有夺去他兄弟士每第的王位，只是将叛党首领高马他杀灭而已。此壁石敦嵌于波斯帝国的贝希斯敦山腰里，玛代京城亚玛他（Ecbatana，今名 Hamadan）与巴比伦京城之间。Behistum 有时写作 Bisitun 或 Bagastana，意指神之地。石敦上铭刻着石壁赋，以波斯文、巴比伦文及以拦文写成，此文献提供了研究这古代楔形（Cuneiform）文字的锁钥。参谢友王：《两约中间史略》，页 60－61。

先知撒迦利亚更清楚明言，所罗巴伯与约书亚为耶和华的受膏者（亚四 14）。建造圣殿"不是倚靠势力，不是倚靠才能，乃是倚靠我的灵，方能成事"（亚四 6）。那历史契机也正是先知所言：耶和华为锡安极其火热，神大发热心，将他的殿宇再次被建造起来的时候（亚八 2）。故此，百姓"应当手里强壮……不要惧怕，手要强壮"（亚八 9、13）。

终于在万众一心的激情下，神感动大利乌王，让他在玛代省、亚玛他城的宫内，寻到古列元年降旨论到耶路撒冷要重建的谕旨（六 1～5）。于是，大利乌王颁下通令，吩咐河西总督及其余的同党不可拦阻犹大人的工程（六 6～12）。如此，天地人和的契机下，在大利乌王第六年，"亚达月初三日，这殿修成了"（六 15）。那时正是公元前 515 年三月，大功告成，众民也怀着极痛快的心情举行献殿礼（六 13～18）。

对于所罗巴伯所建之圣殿，所知甚少，哈该书第二章三节所言此殿比所罗门之圣殿逊色，但那只因初期建筑工程之匮乏而已。所罗门的圣殿屹立了四百多年，而所罗巴伯的圣殿约有五百多年之历史。此殿所采用之材料、建筑方法、地基等都与前殿相同。若以第六章八至十二节所言之材料来看，此殿应该也是十分宏伟可观的。

所罗巴伯的圣殿于西流基王安提阿古三世（223 - 187 B.C.）作耶路撒冷霸主时，曾兴工修葺圣殿。[47] 后来，西流基王安提阿古四世伊庇法尼（175 - 163 B.C.），大肆压迫犹太人，将可憎恨之物放在至圣所里（但十一 31），并极力推行希腊化的政策（马加比贰书五 22～23）。[48] 后来，到了公元前 63 年，罗马大将庞培进入耶京，大肆掠夺。九年后另一位罗马将军，又掳掠圣殿。到了公元前 21 年，希律王便开始拆毁圣殿，

---

[47] Josephus, *Antiquities of the Jews*, XII, 4.1 - 11. 西流基王朝（The Seleucid Dynasty）于希腊亚历山大大帝之帝国瓦解后，与马其顿和多利买鼎足而立（277 - 227 B.C.）。

[48] 西流基王朝年代表如下：西流基一世尼加铎（Seleucus I Nicator，313 - 280 B.C.），安提阿一世苏他（Antiochus I Soter，280 - 262 B.C.），安提阿二世提阿（Antiochus II, Theos，261 - 246 B.C.），西流基二世加利尼古（Seleucus II Callinicus，246 - 226 B.C.），西流基三世雷电（Selecucus III Ceraunus, Soter，225 - 223 B.C.），安提阿三世大帝（Antiochus III the Great，223 - 187 B.C.），西流基四世爱父者（Seleucus IV Philopator，187 - 175 B.C.），安提阿四世伊庇法尼（Antiochus IV Epiphanes，175 - 163 B.C.）；安提阿四世自称为提阿伊庇法尼（Theos Epiphanes），意指"显赫之神"，但犹太人取其谐音，叫他作"以比马尼"（Epimanes），意指"狂人"。参谢友王，页 178。

准备建造他自己的希律圣殿，所罗巴伯的圣殿就此便告结束了。^㊾

(IV) 律法的重要

以斯拉深知圣民的重建，除了外在圣殿的修葺建造外，尚需内在圣民属灵生命的重整。外在的圣殿固然重要，内在的圣殿也不能忽略。有形的殿宇需要排除万难地去克服，无形的灵宫也需要有不屈不挠的毅力去建造。外在的圣殿与有形的殿宇需要木材砖块来建造，内在的生命与无形的灵宫需要耶和华的律法来建造。

耶和华神按着不同的需要，兴起了不同的人，去完成他的托付。当需要兴建外在圣殿的工程时，神兴起所罗巴伯、耶书亚、哈该、撒迦利亚等人来完成此项圣工。当需要建造圣民内在圣殿及属灵生命时，神则兴起了文士以斯拉。圣经形容"这以斯拉从巴比伦上来，他是敏捷的文士，通达耶和华以色列神所赐摩西的律法书……以斯拉定志考究遵行耶和华的律法，又将律例典章教训以色列人"（七 6、10）。

(一) 文士的地位

文士于被掳前期而言，是一群受雇来抄写资料的人，相等于现代的专业书记，起先没有特殊的宗教地位（耶三十二 12）。这些文士通常是受雇于皇室，逐渐形成一股政治力量。于旧约而言，文士曾与国家要员并列（撒下八 17，二十 25；王上四 3）；并且他们执掌财务大权（王下十二 10；代下二十四 11），有些文士甚至被委任为军事顾问（王下二十五 19；代下二十六 11）。圣经又记述利未人亦可以当文士书记（代上二十四 6；代下三十四 13），此处已经形成祭司与文士的职位结合的先例。

后来，到了被掳期，祭司文士已经逐渐演变成为一种专业的职位，他们的职责乃是去学习和阐释律法书。以斯拉之前有一位先知耶利米的个人书记文士巴录（耶三十六 4、18）。巴录有时代表耶利米向百姓

㊾ 庞培（Pompey）进入耶京，此事迹可参 Josephus, *Antiquities*，XIV. 4. 4；另一位大将名 Crassus 掠夺殿之事，可参 Josephus, *Antiquitie*，XIV. 7. 1。至于希律拆圣殿外墙之事，可参 XIV. 16. 2。

宣读先知的话(耶三十六 6、10、15)。文士以斯拉也是祭司身份(七 11;尼八 9,十二 26)。他除了通达耶和华的律法外(七 6),更是宣读律法的主持人(尼八 1～8)。他对律法的诠释更奠定了日后犹太教的文士释经学之基础。后来,当犹太教在主前二世纪逐渐成形,文士的地位遂成为正统的宗教力量。次经传道经[50]将文士塑造成一位不单殷勤研读律法,更有能力去看透经文中隐藏的意义的人(三十八 34,三十九 1)。他们在马加比独立革命时期,成为了与叙利亚军队谈判的团体(马加比壹书七 12)。[51]

(二)律法约书

律法原意为"掷出"或"指引",述说神伸出他大能的手,去引导他的百姓,并要求他们顺服遵守。[52] 故此,律法乃是从神而出的命令、法度、训词、道理、典章,以表明神的旨意、道德准绳、公正的判断和成文的律例(诗十九)。[53] 律法就是神要求人去遵守的金科玉律,也是藉此神与人可以进入一个和谐的圣约关系里。就字源学(Etymology)来看,"约"的观念可以从两方面去理解。其一,"约"这词可以来自"吃用"或"共食"这字根,表明敬拜时一同用餐,近代谓之爱筵。此义引申出亲密的关系,圣约就是神人进入密切的和谐关系中。其二,"约"的字源也可以从"切开"这字根演变而成。此字描述敬拜时之献祭,祭司将祭物切开两半。此意义引申出立约是严肃的一件事,故此双方当进入此立约

---

[50] 传道经(Ecclesiasticus,又名为 Wisdom of the Son of Sirach 或 Ben Sira)在次经中的篇幅最长,写作年代约为公元前 180 年。作者博览群书(三十四 11～12),对旧约智慧书十分熟悉。参 Martin Hengel, *Judaism and Hellenism* (Philadelphia: Fortress Press, 1974), pp. 131 - 153.

[51] 文士在希伯来圣经中用 sōpᵉrîm 与 ḥᵃkāmîm 来形容。后者为一般之书记,前者发展成为一项专业的文士制度。一方面承接了旧约传统智慧文学之作者的敬虔派 Ḥᵃsidim,另一方面于被掳后期及两约之间展开了犹太教的拉比传统(Rabbinic Tradition)。Hengel, pp. 78 - 83.

[52] 律法即 Torah,动词为 horah。Yarah 意指用手掷出。

[53] 律法的同义词如下:耶和华的法度('ēdah)即神对待他的百姓之道德准则;训词(piqqûdîm)即指律法于不同环境中的实践;命令(miṣwah)即神所表达出来的意旨;律例(mishpatîm)指神公正的审断。

关系后，都要遵守，不然后果将会如祭物被切开般，极其严厉。[54]

　　耶和华的律法以十诫为纲要，简明扼要、意赅力深地将神的命令颁告出来（出二十 1～17）。此十诫的细则再分别在摩西五经中，以数种法典诠释出来。出埃及记中记载有"约书"（出二十 22～二十三 33），利未记中有"圣洁法典"（利十七～二十六），申命记有"申命法典"（申十二～二十六）。内容虽各有千秋，但是以不同重点，周详地将神顾念人的各方面需要，无微不至地表露无遗。故此，律法的内容，就积极方面而言，为使人向善、社会安宁、家庭蒙福、神人和谐。就消极方面而言，为防止罪恶、约束人心，使人不致自私自利，危害他人。

（三）以斯拉的律法书

　　究竟以斯拉所"通达耶和华以色列神所赐摩西的律法书"（七 6、10、12、25），是哪一卷摩西的律法书呢？

　　近代的旧约研究，自从欧洲于十八世纪以来，理性主义崛起，圣经批判学成为了一股自由派的气氛，对圣经进行理性的批判。他们认为摩西五经并非出自摩西手笔，乃是后期的编者，将不同的早期文献或口传资料，整理编辑而成的著作。他们推想文士以斯拉在编辑五经的过程有作最后决定性的影响，而他所"通达……的摩西律法"，就是此编辑过程的一个重要证据。[55]

　　一般而言，这些自由派学者认为以斯拉所谓之摩西律法书，乃是 P

---

[54]　"约"字希伯来文为 b⁰r ît，此字的字源（etymology）虽不完全确定，然而这两个观念是比较清楚的：（1）来自"吃"（bārāh）（撒下三 35，十二 17，十三 5～6、10；诗六十九 21；哀四 10）；（2）来自"切开"（kārāt）（创十二 1～3，十三 14～17，十五 1、4～18）。参 J. Begrich, "Berit," *ZAW* 60（1944），pp. 1‑11；F. C. Fensham, "Maledication and Benediction in Ancient Near Eastern Vassal-Treaties and the OT," *ZAW* 74（1962），pp. 1‑9；M. Weinfeld, "b⁰rith," *Theological Dictionary of the OT*, ed. Botterweck, vol. II, pp. 253‑279.

[55]　文献假设批判学（Documentary Hypothesis）属于自由派所谓之高等批判。自欧洲的文艺复兴及启蒙时期后，教会及圣经的权威受到批判。于公元 1753 年，J. Astruc 认为摩西采用了两个文献来源去撰写创世记，E（即 Elohim）与 J（即 Jaheh）。1780 年间，J. G. Eichhorn 将此文献来源学推广至整本五经（Pentateuch），然后否认了摩西是作者。1805 年，DeWette 认为尚有第三文献，他定名为 D（Deuteronomy）。他指出 D 就是约西亚王在"耶和华殿里得了的律法书"（王下二十二 8）。后来 Hupfeld 于 1853 年将 P （转下页）

文献或五经的编合本。[56]他们指出 J 文献是公元前 850 年，南国犹大的作品，内容多为传记及神学反省。E 文献为公元前 750 年的作品，由北国以色列的作者撰写，内容比较客观，不大注重神学与道德的反省。D 文献是公元前 621 年，由先知耶利米所影响而写成，后来约西亚王时期再由当时的申命学派编写成形。P 文献乃是公元前 570 年的作品，后来以斯拉于公元前 445 年归回耶路撒冷后所通行使用的约书，内容多注重家谱、献祭、神国等主题。[57]

这种文献批判的方法实在是基于一些人文主义的预设。持此论点的学者假设了理性的主权，反对超然的圣经默示。他们持着黑格尔的辩证法（正、反、合），并达尔文的进化论，去进行宗教比较的研究。结果就是一套进化式的圣经批判学——希伯来人的一神观，是由多神论及泛灵论所演变而成，圣经也是由不同文献所逐步演绎而成的。他们坚持此方法乃是最合科学（即进化论）的方法，但是这所谓科学的文献分析法，到处显示不合科学之处。譬如他们指定某一段经文属于 J 文献，因为它有 yālad 这希伯来字；然后又说凡有 yālad 之经文，就必属于 J 文献。这乃是逻辑上的通病，谓之自圆其说。此法常常将经文删改以符合他们的学说。他们认为古代的希伯来人于文学造诣而言，是十分幼稚不成熟的，需要经过后世的编者润笔编辑后，才形成现存的文

（接上页）（Priestly）从 E 文献中分出来，Graf 于 1869 年指出 P 有 P_1 及 P_2，P_2 即是以斯拉时候的约书。于 1879 年，Wellhausen 将此文献的组合列为 JEDP。参 U. Kellermann, "Erwä gungen zum Esragesetz," *ZAW* 80(1968), pp. 373 – 385; C. Houtman, "Ezra and the Law," *OTS* 21(1981), pp. 91 – 115.

[56] Martin Noth, *The Laws in the Pentateuch and other Essays*, tr. D. R. Ap. Thomas (Edinburgh and London: Oliver & Booyd, 1966), pp. 7 – 8. 再者 Houtman 认为以斯拉手中的律法书为圣殿所用之书卷（Temple Scroll），类似所发现的死海昆兰古卷（Qumran Scroll），但此书卷已经失传了；C. Houtman, "Ezra and the Law," *OTS* 21 (1981), pp. 91 – 115; Ralph Klein, "Ezra and Nehemia in Recent Studies," in *The Mighty Acts of God: in Memoriam G. E. Wright* (N. Y.: Doubleday, 1976), pp. 366 – 368.

[57] 此详细的年代进展划分，到了 S. R. Driver 时已经成形。文献批判学（literary criticism）由 Wellhausen 于 1876 年集大成写出 *Die Komposition des Hexateuchs* (Jahrbücher für Deutsche Theologie, 1877）。其英文译本于 1879 年推出，名为 *Prolegomena to The History of Israel*，S. R. Driver 后又在英语社会中推广 *The Book of Genesis* (London: Methuen & Co., Ltd., 1948).

献。(58) 这种方法自认二十世纪的学者比古时的文化更高超，经过了近代学者的删改，才可得知原来的意思，并且原来的意思也是粗略不成熟的。但是，近代学者是真的比古人更清楚真相吗？

况且，近代考古学的发现常与文献分析的批判法背道而驰。批判学者认为神的名字 E 与 J 是由两种不同的文献而来，可是近代考古发现指出在埃及和乌加列的石柱文物上，同时刻有他们所敬奉神祇的不同名字。(59) 再者，E 与 J 文献经常会在同一节经文中出现，譬如创世记第三章一至五节被批判学者定为 J 文献，但是 E 的名字亦有出现。(60) 若每一个论点及经文都详细审核，即发现不同名字并非由于不同的文献来源，实在是有它的神学意义于其中的。J 是耶和华的名字，指示神是立约的神，他甘愿与人进入一个密切的相互关系内；而 E 是神的统称，表示出他的大能及超越性。所以名字的区别可由神学的角度处理，而不必以文献的预设去划分。

再者，在旧约圣经中出现的亚兰文，都一概地被批判学者认为是后期的编辑迹象。但是，据考古研究发现，所谓后期的亚兰文，在早期的出土文物中都已经存在。有一研究指出标准亚兰文的三百五十个用字，约有一百个是根本在亚兰找不到的。其余的一百三十五个字是在公元二世纪以后的用字，剩下的一百一十五个字，百分之七十都可以在

(58) 有关反对文献分析批判方法的论著，参 Gerhart Maier, *The End of the Historical-Critical Method*, trans. E.W. Leverenz (St. Louis: Concordia, 1974); U. Cassuto, *The Documentary Hypothesis and the Composition of the Pentateuch* (The Hebrew University: Jerusalem, 1978); David Robertson, *The OT and the Literary Critic* (Philadelphia: Fortress Press, 1977); Norman Perrin, *What is Redaction Criticism* (Philadelphia: Fortress Press, 1969).

(59) Kenneth Kitchen, *Ancient Orient and OT*, Ill: IVP, 1977, pp. 35 - 56; R.K. Harrison, "Historical and Literary Criticism and the OT," *The Expositor's Bible Commentary*, ed. Gaebelein, vol. 1, pp. 231 - 250; D.W. Thomas, *Archaeology and OT Study* (Oxford: Clarendon, 1967); Merrill Unger, *Archaeology and the OT* (Grand Rapids: Zondervan, 1970). 乌加列英文为 Ugarit，即 Ras Shamra，于公元前十五世纪留下来的考古记录。参 Adrian Curtis, *Ugarit-Ras Shamra* (Grand Rapids: Eerdmans, 1985); Charles Pfeiffer, *Ras Shamra and the Bible* (Grand Rapids: Baker, 1980).

(60) 又创二 4a 据批判学者来说属 P 文献，而 2:4b 即属 J 文献，并且创二 46f 提到耶和华神(Yahweh Elohim)的复名。

古巴比伦、腓尼基、阿拉伯、安提亚伯等古旧的语文中找到。究竟是所谓的圣经编者借用后期的亚兰文，还是亚兰与古代语文本来就是源于美索不达米亚一带的共同语文体系呢？

故此，我们不必预设以斯拉时代的律法书是他将摩西五经编者的工作总结过来的成果。我们可以肯定地相信，以斯拉是拿着摩西律法书的抄本，专心致志地考究阅读，并且遵行律法书上的律例典章，也教导百姓恒心遵守，使耶和华的律法成为被掳归回的犹太人之生活准则。

(V) 以斯拉的成果

以斯拉的使命很详尽地在亚达薛西王的谕旨中（七 12～26）列举出来，其任务计有五方面：（一）视察犹大和耶路撒冷景况（七 14）；（二）将献金送到耶路撒冷神的殿中（七 15～18）；（三）将神殿的器皿交还耶路撒冷（七 19）；（四）设立士师和审判官治理河西百姓（七 25）；（五）教训及警诫百姓务要遵守神的律法（七 25～26）。前四点都是属于执行任务，比较容易完成。最后一点却是属于道德与宗教生活的范畴，以斯拉穷尽一生，甚至后来尼希米也是如此努力不懈，去建造圣民纯正的道德宗教生活。

虽然以斯拉并没有被犹太次经传道经作者史勒克列入"颂扬先贤之名人录"（尼希米却榜上有名），我们却不能因此将以斯拉的地位与成果抹杀。尤其是后期犹太教的成形与发展，各类经典皆提及以斯拉奠基的贡献。[61]

（一）以斯拉与旧约正典

虽然我们不一定同意一些经学家所提倡，以斯拉将"摩西的律法"

---

[61] 史勒克英文为 Sirach，又名 Ben Sira（Jesus Sirach），于公元前 198 -前 175 年写成次经传道经。此经的希伯来文部分抄本只存于昆兰死海古卷 1:19f;6:14f;及 11Q Ps 内，其希腊文抄本即完整地保存于古抄本 Sinaiticus、Vaticanus 及 Alexandrinus 内。此传道经，尤其是"颂扬先贤"（44-50 章）将以色列的先贤先圣列举出来。参 J. T. Sanders, *Ben Sira and Demotic Wisdom*；P. Höffken, "Warum Schwieg Jesus Sirach über Esra?" *ZAW* 87 (1975), pp. 184-202.

（即五经）奠定为正典，我们仍可以肯定以斯拉对律法书的重视与尊敬。[62] 正典的确定乃在于圣灵的默示，圣经都是神所默示的；而正典乃是圣灵默示之结果，并非人的决议判定圣经书卷的权威性。当摩西颁布完神的律法，百姓当时就领会到神的权威，并将代表律法的十诫法版安放在约柜里面，以表明此律法是以色列人之宗教、信仰、道德与生活的规范（申三十一 24～26，三十二 46～47）。[63]

并非因为以斯拉向百姓宣读摩西律法后，五经遂形成为正典，乃是因为摩西律法已经在过去的年代中被接纳为正典，所以文士以斯拉可以引经据典地向百姓宣读带有权威的律法书。此律法书在约书亚的时代已被认为是耶和华的话语（书一 7～8，八 31～35，九 24，十一 15～20）。希西家王的时候（721 B. C.），他致力推行宗教复兴，洁净圣殿，献赎罪祭，并招聚众人，在圣殿前宣读耶和华的律法（代下三十 1～26）。后来，约西亚作犹大王时（621 B. C.），也行耶和华眼中看为正的事，修葺圣殿，并在圣殿中复得律法书（王下二十二 1～13），且招聚众百姓，将此约书念给他们听，并与他们立约，"要尽心、尽性地顺从耶和华，遵守他的诫命、律例，成就这书上所记的约言"（王下二十三 2～3）。

由此可见，以斯拉之前的以色列人已经对律法书非常看重，以斯拉只是将此带着耶和华权柄的约书，在百姓面前宣读，并要求他们恒心遵守。

按照七十士译本的分类，旧约圣经分为律法、先知和著作。[64] 于以斯拉及尼希米的时期，很可能他们已经开始将带有耶和华印证的书卷，逐渐收纳为一整体的正典。尤其是先知已经进入缄默的时候，更加需要有一套整全的经典，成为犹太人生活信仰的准则。故此，后来到了约

---

[62] R. H. Pfeiffer 指出以斯拉于公元前 444 年向犹大百姓宣读摩西律法书时，即将其正典化（Canonized）。参 *Introduction to the OT* (New York: Harper & Row, 1948). 甚至一些革新派的犹太教学者（Reformed Jews），也有如此论调。Zeitlin 如此说："以斯拉是归回的领袖之一，是负责将五经正典化的。"(*Studies in the Early History of Judaism - History & Early Talmudic Law*, vol. IV〔New York: Ktav, 1978〕, p. 25.）

[63] René Pache, *The Inspiration and Authority & Scripture* (Chicago: Moody Press, 1977), pp. 159 - 185.

[64] 律法书为 Torah，先知书为 Nebiim，著作为 Kethubim。

瑟夫时期(约 A.D.100),他也指出旧约二十二卷书为耶和华神所默示的。[65] 历史记载,约于公元前 90 年,离约帕不远之央尼亚,有一群犹太拉比聚集商议有关旧约正典的事。那时,二十二卷的希伯来旧约已经成形了。[66]

(二) 以斯拉与犹太拉比释经法

据犹太教的史学家所言,以斯拉不单对旧约正典之奠基有重大贡献,更对后来犹太教的拉比释经法有显著的建树。

当犹太人被迫散居于外国时,他们既无圣殿,又无圣地,如何可以保存一个纯净又活泼的宗教生活呢? 此答案乃是在于对律法的严格遵守与勤恳学习。文士以斯拉就是一位"敏捷""通达""立志考究"摩西律法的人。他在百姓前宣读律法书(尼八1～6),招聚利未人去教习百姓(八16)。此模式成为了后来会堂聚会的典范,犹太传统推崇尼希米记第八章九至十节的聚会为"那大会堂"。[67]

为要将律法切合被掳归回的百姓,以斯拉更将律法进行革新的诠释。譬如为着保存归回之犹太人血缘、道德、宗教上的纯一,以斯拉将他们与昔日以色列人进入迦南地相比。他在第九章十至十二节之祷告内,引申了申命记第七章三节摩西吩咐以色列人不要与外族人通婚,以致玷污自己的诫命。据犹太教的传统所说,以斯拉增补了十条诫命。[68]

此种将经文考察并引申说明的释经方法名为"米大示"(Midrash)。拉比文献谓第七章十节所用"考究"此字的希伯来文darāš,就是这种释经法——察究和引申。故此,"米大示"(Midraš)也是从"考究"(darāš)而来

---

[65] 二十二卷旧约实与现今三十九卷完全是一样的,只是有些书卷合并在一起计算:士师记与路得记、撒上下、王上下、代上下、以斯拉记与尼希米记、耶利米书与哀歌及十二小先知书,总数加起来就是二十二卷。参 Josephus, *Against Apion*, I. 8. 861 - 862.

[66] Pache, p. 171, 央尼亚(Jamnia)为早期犹太的"大公会议"。

[67] The Great Synagogue, 可参 Zeitlin, "The Origin of the Synagogue," *Studies in Early Judaism*, I (New York: Ktav, 1978), pp. 1 - 13; Talmud Meg. 176; J. Gurmann, "The Origin of the Synagogue: The Current State of Research," *Archäologischer Anzeigor* 87 (1972), pp. 36 - 40.

[68] 犹太拉比经典戒律 Takkanoth 宣称,这些增补之律例与神在西乃山对摩西所颁予的一样(halakah lemoshe missinai)(Aboth 1:1)。

的。[69] 于是,圣经经文成为了"安稳的钉子"(九 8),将整个诠释及教导悬挂起来。此种释经方法到了后来公元前 30 年至公元 10 年期间,希列(Hillel)更将之发扬光大。耶稣时期的法利赛人及拉比多受其影响。[70]

贰　文体结构

(I) 文体的合一

(一) 以斯拉记与尼希米记之合一性

以斯拉记与尼希米的古抄本是排列在一起的,七十士译本的抄本称之为"以斯拉 II"。[71] 犹太拉比传统将两书合而为一,并认定以斯拉为作者。[72] 希伯来文抄本亦有将此两卷书合并为一,[73]犹太史学家约瑟夫也是如此将其合一而论。中古时期犹太释经学家也将两书合为一而论。[74] 甚至有些初期教会的教父们同样将此两书视之为一。[75] 后来,俄

---

[69] 拉比经典 Mishnah 有此解释,可参 Yoma' 8:9, Kethubboth 4:6。米大示就等同于近代的解经(interpretation)和释经(exposition)之综合意思。

[70] 拉比经典简略可分为:(1)Mishnah 是将口传的律法,于公元第二世纪汇集而成。通常用以下方法记录:(1)Aboth 1:1(或简写 Ab 1:1);(2)Mathnnitha 是用亚兰文记录的口传律法;(3)Baraitha 是一些次要的律例,是 Mishnah 没有记载的;(4)Talmud 是对 Mishnah 律例的进一步引申之教导,于公元第五世纪完成,其中包括巴比伦和巴勒斯坦版本,通常用以下方法记录(Baba Bathra 10b);(5)Midrash 乃是考察经文后的引申解释,其中包括 Halakah,即是一般生活的律例,及 Haggadah,即是经文的解释,可参 J. Bowker, *The Targums and Rabbinic Literature*, 1969; H. Strack, *Introduction to Talmud and Midrash*, 1945.

[71] 参 Codex Alexandrinus, Royal Ms. I D v‑viii,影印本位于伦敦之英国博物馆内。七十士译本称"以斯拉 II"为 *Esdras* β。

[72] Babylonian Talmud Baba Bathra 15a, Sanhedrin 936.

[73] 死海古卷被发现之前,最古旧的希伯来文抄本 Aleppo Codex(A. D. 930)和 Leningrad Codex(A. D. 1008)为合一的。Aleppo Codex 位于耶路撒冷的希伯来大学(Hebrew University),我曾于 1995 年亲自翻阅此古抄本。ed. M. H. Goshen-Gottstein (Jerusalem: Magnes Press, 1976).

[74] Josephus, *Contra Apionem I*, 8; Ibn Ezra and Rashi in *Biblia Rabbinica* (Jerusalem: Makor, 1972).

[75] 参 Eusebius, *Historia ecclesiastica* 4.26.14,提及 Melito of Sardis(第二世纪)是持此论点的。

利根在第三世纪时,虽然仍承认其一体性,却将它们分开并列为二。[76]耶柔米(A.D.342)将此两书视为两本以斯拉记,并列在拉丁文的圣经中。[77] 有一卷希伯来文抄本(A.D.1448)已展示耶柔米拉丁文的排列,后来的邦堡圣经(1525年)就已将此排列定位了。[78]

除了以上古抄本及犹太传统之见证外,希伯来文圣经马所拉抄本之脚注表示,全书是在尼希米记结尾才完毕的,并且两书合并之中间脚注,乃是在尼希米记第三章三十二节。[79] 由此可见,以斯拉记与尼希米记之合一性,是有一段很远古的历史渊源的。

以上之犹太拉比传统、古抄本及初期教父等见证,皆属外在证据。可惜外证并不完全可靠,譬如约瑟夫可能为了将旧约正典划入总数二十二,以符合希伯来的二十二个字母,故此将若干书卷合并在一起。[80]古抄本特将此两卷书并列,可能是因为尼希米记是接着以斯拉记去描写归回犹太民生的状况,故有内在的历史延续性。然而次经传道经只记述尼希米而忽略了以斯拉(四十九 12~13),马加比贰书也没有提及以斯拉(一 18、20~26)。所以,外证本身不足以支持此两卷书为合一的著作。

文体的内证更进一步展示,此两卷书各有自身独特的风格,譬如尼希米记所记载的祷文,比以斯拉记中所记述的为短。再者,第二章的回归者名单与尼希米记第七章的名单颇接近,假如是于同一著作中,则没有必要去重复此冗长的名单。就历史年代而言,他们虽属同期(以斯拉比尼希米早十五年归回耶路撒冷),不过他们所面对的处境及神学反省并不完全相同。因此,我们不必以外在抄本的论证,去判定此两书为一体的著作。它们可能各自出于以斯拉及尼希米的手笔;然而,就内容而言,此两卷书互相映照,故此可以视之为历史的延伸。[81]

---

[76] Ibid., 6.25.2.

[77] Jerome,"以斯拉记在希腊文及拉丁文经典中被列为两本书卷"(*Prologus Galeatus*)。

[78] R.K. Harrison, *Introduction to the OT* (London: The Tyndale Press, 1970), p.1135.

[79] 马所拉(Masora)、马所拉编者(Masoretes),或马所拉抄本(Masoretic Text,简称 MT),是指继承马所拉的学者,将只有子音而无母韵的古抄本,注上母韵及符号使之标准化。年代约为公元 500–950 年间。

[80] E.J. Young, *Introduction to the OT* (Grand Rapids: Eerdmans, 1960), p.378.

[81] R.K. Harrison, idem, p.1150.

(二) 以斯拉记、尼希米记和历代志的关系

犹太拉比经典将以斯拉记、尼希米记和历代志皆归入文士以斯拉的手笔。近来的旧约考古学大家柯柏特,亦接受犹太拉比的见证,他认为以斯拉是于公元前第四世纪初叶编写历代志。(82) 但是,一般近代批判学者皆认为,以斯拉记-尼希米记与历代志皆为历代志编者于公元前400年动笔,公元前250年完成的。并且此历代志的编者并非文士以斯拉其人,乃是后世的利未祭司。

此论点首先由十九世纪的德国学者孙斯所提倡(1832年),他认为这三卷书文体一致,皆出于同一作者,即历代志编者。(83) 此后的一百五十年当中,这论点皆影响着旧约学者,直到如今。(84) 一些极端批判性的学者认为,历代志编者对历史的处理并不严谨,明显有错漏之处。(85) 但另一些学者则认为历代志编者乃是运用可靠的历史文献,来进行神学反省。(86)

不过,近年的旧约学者对这论点加以评击,认为这三卷书很难以单元主题贯穿一致,并且其中的分歧也实在不少,实难继续维持以历代志为编者的后期统一著作之观点。(87) 故此,近代学者多有更近此论点之

(82) W. F. Albright, JBL 40(1921), p. 112.

(83) L. Zunz, "Dibre hajamin oder die Bücher der Chronik," *Die Gottesdienstlichen Vorträge der Juden* (Berlin: Louis Lamm, 1919), pp. 21 - 32.

(84) H. G. Williamson, *Israel in the Book of Chronicles* (London: Cambridge Univ. Press, 1977), p. 5.

(85) C. C. Torrey, *The Composition and Historical Value of Ezra-Nehemiah* (Giessen: J. Ricker's sche Buchhandlung, 1896); - , *The Chronicler's History of Israel: Chronicles-Ezra-Nehemiah Restored to Its Original Form* (New Haven: Yale Univ. Press, 1954); - , *Ezra Studies* (Chicago: Univ. of Chicago Press, 1910).

(86) H. H. Grosheide, *Ezra-Nehemiah I: Ezra*, Commentaar op het Oude Testamant (Kampen, 1963).

(87) M. Z. Segal, "The Books of Ezra and Nehemiah," *Tarbiz* 14 (1943), pp. 81 - 103 (Hebrew); Sara Japhet, *The Ideology of the Book of Chronicles and Its Place in Biblical Thought* (Jerusalem: Mosad Bialik, 1977) (Hebrew); - , "The Supposed Common Authorship of Chronicles and Ezra-Nehemiah Investigated Anew," *VT* 18 (1968), pp. 330 - 371; Roddy Braun, "Chronicles, Ezra, and Nehemiah, Theology and Literary History," *VT* Sup 30(1979), pp. 42 - 64.

说,譬如以历代志编者为释经者而非作者。[88] 以下是逐一回应持此论点之重要论证。

a. 以斯拉之开端与历代志之结尾相应

有些学者认为历代志下第三十六章二十二至二十三节,以波斯王古列元年之谕旨为结束,而以斯拉记第一章一至四节则以古列的谕旨为开始,首尾连贯,编织成一卷完整的著作。[89] 可是,细察经文即发现倘若是源于一卷完整之作品,以斯拉记的重复就属多余。故此,另外一些学者认为是一些文士于抄写时的错误,将经文重复抄写一遍。不过,如此巨大的错误,并且后人不曾发现,甚至继续传扬此错误,实在是令人难以置信。[90]

b. 以斯拉记-尼希米记与历代志之语法雷同

有人认为当语文、风格、用词、体裁相同时,则可表示这三卷书为同一作者,且是合一的作品。[91] 可是,这些所谓的雷同之处,细察之下即显示不协调之处。柯德斯提出一百三十六处雷同点,然而只有十六处才是真正的雷同,三十三处为历代志所特有,[92] 而其余的乃是被掳后期所常用的语法。再者,约弗从比较语言学分析出三十六处之多,以斯拉记与历代志是不同的。[93] 故此,就语法分析而言,我们不能认定以斯拉记、尼希米记和历代志皆出于同一人的手笔。[94]

---

[88] Frank Cross 认为历代志并非一人之手笔,乃是几代的编者所合成的("A Reconstruction of the Judean Restoration," *JBL* 94[1975],pp. 4 - 18);P. R. Ackroyd 则认为历代志编者实在就是近代的释经学者("The Chronicler as Exegete," *JSOT* 2[1977],pp. 2 - 32)。甚至 Kapelrud 更进一步认为并没有一个历代志的编者,乃是一组编辑合力而成的(*Question of Authorship in the Ezra-Narrative: A Lexical Investigation* [Oslo: I Kommisjon Hos Jacob Dyward, 1944])。

[89] W. Rudolph, *Esra und Nehemia* (Tübingen: J. C. B. Mohr, 1949),p. xxii.

[90] L. W. Batten, *Books of Ezra and Nehemiah*, The International Critical Commentary (Edinburgh: Thomas & Thomas Clark, 1913),pp. 1 - 2.

[91] R. H. Pfeiffer, *Introduction to the OT* (New York: Harper & Row, 1948),p. 830.

[92] E. L. Curtis and A. A. Madsen, *A Critical and Exegetical Commentary on the Book of Chronicles*, ICC (New York: Charles Scribner's Sons, 1910),pp. 27f.

[93] Japhet, *op. cit.*, pp. 335 - 371, 如历代志"圣洁"一词用hṭqdš,而以斯拉则用hṭhr,"洁净"。

[94] T. C. Eskenazi, *In An Age of Prose: A Literary Approach to Ezra-Nehemiah*, Society of Biblical Literature (Atlanta: Scholars Press, 1988),pp. 19 - 20.

c. 以斯拉记与历代志之神学反省

一般而言，以斯拉记与历代志皆有一些共同的主题，譬如（一）强调大卫和他的王朝；（二）注重圣殿之礼仪；（三）族谱；（四）报应；（五）反撒玛利亚。若将以斯拉记与历代志对照，立时会呈现出明显的对比。历代志作者将大卫理想化，但是在以斯拉记中，大卫只被提及一次（三10）："照以色列王大卫所定的例。"甚至首部六章所提有关所罗巴伯的事迹，也没有将他为大卫子孙的王族身份提出来。(95)

就圣殿祭祀的礼仪而言，以斯拉记和历代志都十分注重利未、祭司、圣殿内唱诗的人、管门的人等有关圣殿内事奉的人与事。但若详细而论，我们发现被掳后的作品（即以西结书、哈该书、撒迦利亚书等）亦非常注重圣殿及礼仪。我们不能因此就下结论说，凡有共同主题的书卷，即出于同一作者之手笔。他们都属于同期的人物，彼此共事一位主，而勉力将以色列人的宗教与道德生活重振雄风，故此圣殿敬拜生活即成为一共通的焦点。

就族谱而言，以斯拉记、尼希米记和历代志都充满不同的家谱记录。可是，其他的旧约经典亦十分注重家谱，譬如创世记。而且，历代志中所用"家谱"一词，在以斯拉记没有用过。(96) 历代志的家谱是片段式的记录，而以斯拉记却是连贯性的记述。(97) 历代志中的族谱充满军事用词，但以斯拉记中的家谱则没有。历代志常用十二支派的记录，以斯拉记却没有。以斯拉记的家谱注重律法所制定的因素，但历代志却不重视。(98)

有关报应或因果祸福之循环，历代志则将此原理编织成事迹发

---

(95) 当然，从以斯拉的角度来看，他仍是活在波斯帝国的政权下，若将大卫家的身份多表露，可能会导致波斯王猜忌他有叛国之企图。参 S. Japhet, "Sheshbazzar and Zerubbabel-Againist the Background of the Historical and Religious Tendencies of Ezra-Nehemiah," *ZAW* 94(1982), pp. 66 – 98.

(96) "家谱"(tldwt)在代上一 29 引用过，但以斯拉记则没有。

(97) R. R. Wilson, *Genealogy and History in the Biblical World* (New Haven: Yale Univ. Press, 1977), pp. 8 – 10.

(98) M. D. Johnson, *The Purpose of Biblical Genealogies with Special Reference to the Setting of Genealogies of Jesus* (Cambridge: Univ. Press, 1969), pp. 76 – 80.

展的内在因素。倘若一代的以色列人顺从神，祝福即会临到；假若悖逆神，审判则是不可逃避的后果。历代志最典型的一个例子，就是玛拿西的悔改及神的祝福（代下三十三1～20）。可是，这种祸福报应的循环，在以斯拉记中却找不到，甚至相反地，敬虔的人会面临不断的敌对势力（拉四）。

此祸福报应的重要执行人物乃是旧约的先知，先知们向百姓发出悔改的信息，而悔改则引进和好。历代志的组织结构也是环绕着先知们的功能，它的神学历史观乃是君王如何回应先知的信息。但是，在以斯拉记中先知劝诫的信息几乎不存在。(99)

就反撒玛利亚的辩驳，有些学者认为历代志、以斯拉记及尼希米记都如出一辙。可是，反撒玛利亚的情怀，不能用后期犹太人与撒玛利亚人的分裂为轴心，去衡量归回初期的情结。(100) 再者，历代志是否含有反撒玛利亚的情怀也是值得商榷的，因为整本历代志都找不到撒玛利亚人的影子。历代志所描述的外邦人并非敌对势力，通婚也并非犯了滔天大罪。(101) 可是，以斯拉记及尼希米记则对外邦人极其抗拒，通婚更是以斯拉和尼希米所不能容忍的事。故此，同一作者的论说很难成立。

d. 外在证据

虽然外在文献抄本的证据并非完全可靠，但我们也不能忽略它们的价值。“梵蒂冈古抄本”将以斯拉记与尼希米记（即七十士译本以斯拉贰书）与历代志（即以斯拉壹书）分开。“西乃古抄本”将以斯拉记-尼希米记与历代志排列出一中断空隙来。“亚历山大古抄本”

(99) Braun, *op. cit.*, p. 55. 另外一位学者虽然接受历代志、以斯拉记、尼希米记有共同作者，但他却认为此三本书各有其神学角度，故此取材与表达也有不同。参 T. Willi, *Die Chronik als Auslegung*, FRLANT 106 (Göttingen: Vandenhoeck & Ruprecht, 1972), p. 182.

(100) Martin Noth 及 Rudolph 都有提及犹太人与撒玛利亚人的情结，惟近代学者质疑此态度，与后期犹太人同撒玛利亚人分裂的情怀不同。参 P. R. Ackroyd, *I & II Chronicles, Ezra, Nehemiah*, Torch Bible Commentaries (London: SCM, 1973), p. 228.

(101) 代上二3：“犹大的儿子珥、俄南、示拉，这三人是迦南人书亚女儿所生的”；代上二17：“亚比该生亚玛撒，亚玛撒的父亲是以实玛利人益帖”（参二34，四17，八8；代下二13，八11，十二13，二十四26）。

将先知书及历史书排列于历代志与以斯拉记之间。最古旧的希伯来文抄本"亚勒坡抄本",也是将历代志与以斯拉记分开。[102] 至于拉丁文"武加大译本"则将以斯拉记-尼希米记排列在历代志之前。[103]

有些学者认为属次经希腊本的以斯拉壹书,将历代志下的结尾与以斯拉记第一章一节衔接在一起,故此应该出于同一作者。他们认为以斯拉壹书之形成有二:(一)组合早期的历史文献而编排出来的;(二)以斯拉壹书为历代志的残缺部分资料。[104] 倘若以斯拉壹书确实是历代志的残缺部分,以斯拉记与尼希米记则不可能是历代志作者所作的。

由此观之,以斯拉记、尼希米记和历代志不可能是出于同一作者的。此三卷书各有独特的风格、词藻和神学目的。虽然彼此有相辅相

---

[102] Codex Vaticanus(梵蒂冈古抄本)(Milan: Vatican Library, 1904 - 1907); Codex Sinaiticus(西乃古抄本)、Codex Alexandrinus(亚历山大古抄本)、Aleppo Codex(亚勒坡古抄本)(Oxford: Clarendon, 1922)。可参 H. B. Swete, *An Introduction to the OT in Greek* (New York: Ktav, 1968), pp. 199 - 215.

[103] 武加大译本(Vulgate)于公元 383 年由 Jerome(即 Eusebius Sophronius Hieronymus)负责编译,他主要从希伯来文直译成拉丁文,但亦有参考七十士译本、Aquila、Symmachus 及 Theodotion 等希腊文版本。

[104] 旧约次经以斯拉记于名称上颇为混乱不清,兹将其列表分类如下:

	英文圣经 English	七十士译本 Septuagint	通俗译本 Lucian	武加大拉丁本 Vulgate
以斯拉记	Ezra	2 Esdras	1 Esdras	1 Esdras
尼希米记	Nehemiah			2 Esdras
希腊以斯拉	1 Esdras	1 Esdras	2 Esdras	3 Esdras
拉丁以斯拉	2 Esdras	—	—	4 Esdras

希腊以斯拉壹书非常重视以斯拉的事奉,尼希米却未提名(尼八 9)。此译本希腊本十分优美,Charles Torrey 认为是 Theodotion(公元第二世纪)之手笔。Pohlmann 认为以斯拉壹书为公元前 150 年的作品,属于历代志的一部分(*Studien zum dritten Esra*, FRLANT 104 [Göttingen: Vandenhoeck & Ruprecht, 1970], pp. 15 - 31)。约瑟夫之历史记录乃是按照以斯拉壹书而非希伯来文或者七十士译本写成的(Ant. 11)。耶柔米则不接纳此书,后来的天主教圣经(New American Bible, Jerusalem Bible)也没有收纳此书。不过 RSV Apocrypha 却有收纳。参 Edwin Yamauchi, "Postbiblical Traditions About Ezra and Nehemiah," *A Tribute to Gleason Archer*, ed. Kaiser & Youngblood (Chicago: Moody Press, 1986), pp. 167 - 176.

成的作用,但不必预设是出于同一作者或编者的手笔。

(II) 文献的取材

文献的取材乃是作者按照其写作之目的,将有关的资料融入文体中,使这些事件、文献、历史、人物,直接或间接地成为作者的喉舌,来表达他的信息,一般而言,这是撰文的技巧;以斯拉记也不例外,可以从文献的取材、排列、润饰等文学技巧,去传递神的信息。[105]

可是,近来文献批判学者,专长于将经文解剖成不同风格、词藻、文体,并冠以不同的作者或后期编者之手笔,将不同文献合并成书。我们仍可以研究不同文献的选材,但不必接受批判学者的预设。

(一) 以斯拉记第一至六章

此段经文将归回的以色列人与摩西时代的以色列人作一强烈的对比。所罗巴伯是"摩西第二",以色列人出巴比伦入迦南,成为"出埃及第二"。[106] 法老的谕旨与古列的谕旨可对比,出埃及去敬拜与出波斯重建神的殿去敬拜可对照,以色列的群众可与回归者相应,埃及人的财宝可与人所赐的财物对照。[107]

这几章经文中可以稽查到至少有九种文献的选材:

a. 古列的谕旨(一2~4),隐含着驱使犹太人的命令之含义,"你们中间凡作他子民的可以上……""重建耶和华以色列神的殿"(一3,皆以命令时态表达)。很明显地,神的子民在神的话语催促下,去重建神

---

[105] 参 S. Bar-Efrat,*The Art of Narrative in the Bible*(Tel Aviv: Sifriat Hapoalim, 1984)(希伯来文),pp. 72 - 100;M. Sternberg,*The Poetics of Biblical Narrative: Ideological Literature and the Drama of Reading*(Bloomington: Indiana Univ. Press, 1985),pp. 39 - 50.

[106] 参 Williamson,*op. cit.*,p. xxiv. 这种米大示式的解经文(Midrashic),于新约马太福音也可以看到,作者将以色列人的失败(到埃及、在旷野受试探等)重演于耶稣基督的生平中(逃到埃及、受试探),但主耶稣得胜了,故可以成为以色列人的希望。Robert Gundry,*Matthew: A Commentary on His Literary and Theological Art*(Grand Rapids: Eerdmans, 1982),pp. 53 - 59.

[107] Eskenazi,*op. cit.*,pp. 42 - 60.

的殿。

b. 神殿中器皿的清单(一 9～11),展示其可靠之来源。文中采用了亚兰
文"金碗"(kᵉpôrĝ,一 10),不知来源的外借语"金盘"(ᵃgartlê,一 9)。
此清单可能是由当时波斯的官方亚兰文所翻译而成的。[⑩]

c. 回归者的名录(拉二章),以斯拉记常以名录将犹太归回之群体表达
出来,此众多不同背景的犹太人组成了以色列民('m)。

d. 两个奏本(四6、7),此两个奏本并没有详细说明,只将其重点刻画出
来,其一是亚哈随鲁王,其二是亚达薛西王的奏本。

e. 一封由省长利宏以亚兰文所写的信(四 8～16)及

f. 亚达薛西的谕复(四 17～22)。[⑩]

g. 一封由河西总督达乃和示他波斯乃所写给大利乌王的信(五 6～
17),以及

h. 大利乌王将古列谕旨抄录的回谕(六 3～12)。

i. 先知哈该与撒迦利亚的信息。

以上的文献材料都是作者所选录采用的资料,这些都是当时可靠的
历史文献,我们也不必赞同一些近代批判学者所谓,经文第一部分
(一～六章)乃是出于后期历代志编者的编辑。

(二) 以斯拉的回忆录

自从十九世纪西方的圣经批判学崛起迄今,一般的近代学者都将
以斯拉记剖开为(一)以斯拉回忆录(以第一人称作描述的部分,即七～
十章;尼八或九～十章);(二)编者的附录后记(以第三人称描述的部
分,一～六章)。[⑩]

[⑩] J. D. Whitehead, "Some Distinctive Features of the Language of the Aramaic Arsames Correspondence," *JNES* 37(1978), pp. 119 – 140.

[⑩] D. C. Snell, "Why is There Aramaic in the Bible?" *JSOT* 18(1980), pp. 32 – 51; J. A. Fitzmyer, "Some Notes on Aramaic Epistolography," *JBL* 22(1981), pp. 25 – 57.

[⑩] C. C. Torrey 为首的自由派批判学家,将以斯拉回忆录(Ezra Memoir)判为后期历代志编者构思的作品,故此以斯拉其人的历史事迹不得而知(*The Composition and Historical Value of Ezra-Nehemiah* [Giessen: J. Ricker'sche Buchhandlung, 1896])。后来的学者虽然接受此文献批判学的论点,但是没有 Torrey 般极端,仍接受以斯拉其人若干历史性(A. Kapelrud, *The Question of Authorship in the Ezra Narrative* [Oslo: J. Dybwad, (转下页)

这些文献批判学者对以斯拉回忆录有以下三种论点：（一）以斯拉回忆录出于后期历代志编者虚构的文献，没有历史价值；（二）以斯拉回忆录乃是以斯拉时期他人的手笔，以第一人称的手法写成的，具有若干历史性；（三）以斯拉回忆录乃文士以斯拉亲手的作品。[⑩]

首先从文学手法的角度去理解，第一人称与第三人称的叙述并不能构成两个不同作者手笔的根据。尤其是传记式的文体，有时作者直接将人物加以引述（譬如"以笏，他是左手便利的"，士三 15），有时作者以间接的手法将人物的个性藉着他的言辞、事迹等表露出来，有时作者运用类比的方式，从不同的观点角度中将人物呈现出来。[⑫] 以斯拉记的写作手法，同样包括了以上三个层次，尤其是后者的观点与角度的手法，更是在圣经之文学技巧上，发挥得最淋漓尽致的。

所谓的"以斯拉回忆录"乃是作者以第一人称描述，将人物的思想意念及性格情怀，直接地向读者透露，促使读者能够进入人物的内心世界，去经历当时他的感受。作者又将第三人称的旁述与第一人称的直述，相互交织成一段极其生动的情节，使读者如置身其中，与圣经人物结伴而行，同步度过此段岁月一般。[⑬]

以斯拉记的作者巧妙地运用这些文学技巧，使读者不自觉地被文体结构的美感，深化进入心态上的认同，最后产生观念上的说服力。[⑭] 认为此乃以斯拉记的信息——神在历史中不断彰显他的作为。

（接上页〕1944〕）。近年更多批判学者接受以斯拉回忆录为早期以斯拉或与他同期的人所作的（U. Kellermann, *Nehemia: Quellen, Überlieferung und Geschichte*, BZAW 102 〔Berlin: Töpelmann, 1967〕）。挪威旧约学者 S. Mowinckel 更认为是以斯拉同期一位青年人写成的，后来历代志编者按照此文献合成为现存的以斯拉记（*Studien zu dem Bucke Ezra-Nehemiah*, 3 vols 〔Oslo: T. Dybwad, 1964 – 1965〕）.

⑩ Williamson, *op. cit.*, pp. xxviii – xxxii.

⑫ S. Rimmon-Kenan, *Narrative Fiction: Contemporary Poetics* (London: Methuen, 1983), pp. 60 – 89. 文中指出人物刻画的三个层面：Direct Definition, Indirect Presentation, Reinforcement by Analogy.

⑬ A. Berlin, *Poetics and Interpretation of Biblical Narratives* (Sheffield: Almond, 1983), pp. 43 – 82.

⑭ 这种文艺欣赏学，可由结构文体之美学，引进心态的心理学，进而引入理念层次的认同。参 B. A. Uspensky, *A Poetics of Composition* (Berkeley: Univ. of California Press, 1973), p. 81; Eskenazi, *op. cit.*, pp. 127 – 135.

　　至于此回忆录是否后期历代志编者的手笔，上文已从文体风格略有分析，在此不再赘陈；两书共同之处乃是属于相同的时期，共享通行之词藻。惟两者不同之处，明显地表明可能是属于相异的作品，出于不同的作者。⑮ 回忆录既然不是出于历代志编者，就可能是出于文士以斯拉或与他同期的人物。我们没有很大的理由去怀疑文士以斯拉不会自己将他的事奉记述下来，反之，若假设是以斯拉以外，又是与他同期的人物之手笔，此论点所遇上的难处更大。

　　再者，就排列的次序而言，我们也不必附和批判学者所做的，将以斯拉记与尼希米记重新编排，谓第七到八章之后即是尼希米记第八章，然后第九至十章，再来又是尼希米记第九至十章。此种将正典重新排列的方法，见仁见智，就批判学者而言，也是莫衷一是，不能一致。⑯ 他们认为近代的学者，配备着历史批判法、文体分析法及逻辑推理法，就可以将前人的所谓错误更正过来。然而，他们忽略了每卷正典书卷的作者，都有他的神学角度。当他选择材料排列次序时，也是按着他的神学目的所选材排列的。

　　至于有关尼希米的回忆录（尼一～七章，十二 27～43，十三 4～31），一般而言都公认是尼希米亲手自述的。⑰ 此研究不在以斯拉记注释的范围以内，故不赘述。

(III) 作者的鉴定

　　综合文体结构及文献取材之研究，以斯拉记的作者是谁有以下两

---

⑮ M. A. Throntveit, "Linguistic Analysis and the Question of Authorship in Chronicles, Ezra and Nehemiah," *VT* 32(1982), pp. 201 - 216.

⑯ Torrey 的次序是拉七～八章；尼八章；拉九～十章；尼九～十章；但 Mowinckel 却将以斯拉的工作与尼希米的完全分开，拉八章放在拉十章以后。若于一节内记述两人的工作，即被认为是抄写的错误（例：尼八 9，十二 36）。

⑰ Williamson, *op. cit.*, pp. xxiv - xxviii. Mowinckel 将尼希米回忆录（Nehemiah Memoir）与古代近东的皇室石刻对照，发现他是在波斯王面前自述功勋伟业（*Studien*, pp. 92 - 104）。Schottroff 将"记念"（尼十三 31）之用词与亚兰文之文献对比，发现尼希米是向神呼求，求神记念他的善行（"Gedenken" *im alten Orient und im Alten Testament* [Neukirchen-Vluyn: Neukirchener Verlag, 1967], pp. 218 - 222, 392 - 393）。

种论点。

（一）历代志编者

　　持这看法的学者认为，以斯拉记、尼希米记与历代志皆是历代志编者的杰作，他是整个编写过程的最后总编辑。他们对历代志作者所选用的历史文献，持有两种不同的立场：

a. 一些极端的文献批判学者认为，历代志对历史的处理并不审慎，常有混乱历史年代、人物事迹、数据、家谱等问题。譬如第四章七至二十四节即出现年代次序混淆，将薛西斯一世（486－465 B.C.）、亚达薛西一世（465－424 B.C.）与大利乌一世（522－486 B.C.）混在一起来讨论有关敌对犹太人势力。[18] 不过这些所谓历史之错乱都有合理的解释（参前文），并不能构成没有历史依据之说。

　　甚至有些激进之批判学者更认为，以斯拉回忆录将犹太文士的理想典范，虚构成为民族英雄。至于以斯拉其人在历史中并不存在。[19] 前文已讨论过此论点，故不赘述。

b. 另一些较温和的批判学者则认为，历代志作者是依据可靠的历史文献及以斯拉回忆录所写成的。此作者以利未祭司的角度去撰写历史，写成的年代约为第三世纪，或第四世纪初叶。[20] 他们认为以斯拉记及尼希米记为一体作品，分为三个阶段完成：（一）事件发生后一些实录资料写下来，譬如以斯拉回忆录或尼希米回忆录；（二）初步编辑组合，将两部回忆录及其他资料汇集成第七章一节至尼希米记第十一章二十节，和第十二章二十七节至第十三章三十一节；（三）最后，将第一至六章与前文合并成书。

　　此种正典形成的过程不能确实得知，只是学者们的构思，所谓的文献来源又没有存留记录。我们现存的只有圣经的正典，此最后的文献就是耶和华神的启示，也是他在历史所彰显之作为的记录。至于它形成的过程如何并不重要。最要紧的乃是此最后成形的正

⑱ R. H. Pfeiffer, *Introduction to OT*, p. 829.

⑲ C. C. Torrey, *Ezra Studies*, pp. 208－251.

⑳ Williamson, *Ezra*, pp. xxxi－xxxv.

典乃是救恩历史的启示,信徒生活的准则。⑫

(二) 文士以斯拉

　　传统的见证指出文士以斯拉将他的经历与事迹记述下来,即是现存的以斯拉记。不过持此论点的并非完全是福音保守派学者,有些学者对以斯拉归回的年代有不同的立场:

a. 文士以斯拉是历代志、以斯拉记和尼希米记的作者

　　持此立场的学者认为,文士以斯拉于亚达薛西一世三十七年(而非以斯拉记七8所言第七年)归回耶路撒冷,于是将以斯拉看成在尼希米工作后期归回的(428 B.C.)。⑫ 虽然他们认同犹太拉比的见证,认为以斯拉是作者,但忽略了经文的见证,说明文士以斯拉于尼希米建完城墙后,落成典礼中所扮演的重要角色(尼十二36)。

b. 文士以斯拉是以斯拉记的作者

　　文士以斯拉于公元前458年归回耶路撒冷进行宗教与道德的革新,以斯拉记就是他个人亲身经历的见证与记录。此书的文体、风格、词藻、神学,与尼希米记和历代志都有不同之处。故此,单一地接受文士以斯拉为此书卷的作者不是没有理由的。至于批判学者所提出第一人称的回忆录及第三人称的旁述,都是可以从撰文技巧的文艺欣赏学解释,而毋须预设一些后期的编辑将它修葺完成的。故此,我接受文士以斯拉为此书卷的合理作者。

(Ⅳ) 语文的研究

　　以斯拉记是由希伯来文与亚兰文(四8～六18,七12～26)所写成的,这两种语文都属于闪系语文。闪系语在古代通行的地方,西起于地

---

⑫　圣经批判学经过了文献批判学、文体批判学(Form Criticism)、结构分析批判学(Structural Analytical Criticism)等,近年 Brevard Childs 提出文献、文体、结构等批判虽然有其功能,但至终仍要回到正典诠释上,故此他提倡正典批判学(Canonical Criticism),参 *Introduction to the OT as Scripture* (Philadelphia: Fortress Press, 1979), pp. 28 - 105.

⑫　W. F. Albright, "The Date and Personality of the Chronicler," *JBL* 40(1921), pp. 104 - 124.

中海,东临幼发拉底河东,北达亚美尼亚,南至阿拉伯半岛。一般而言,闪系语可分为:(一)南支——阿拉伯语、埃塞俄比亚语和撒比安语;(二)中支或迦南支——希伯来语、腓尼语、乌加列语、摩押语等;(三)北支或亚兰支——东亚兰语(即叙利亚语,后期犹太教巴比伦的他勒目也是以此语文写成),西巴勒斯坦亚兰语(即圣经的亚兰经文),计有创三十一47;耶十11;但二4~七28;拉四8~六18,七12~26;犹太拉比经典他尔根等;(四)东支——亚述和巴比伦的楔形文字。⑫

(一) 被掳后的希伯来文

希伯来语最早的记载是在创世记第三十一章四十七节,雅各与他的舅父拉班结盟立约,立石为碑,拉班以当时通行的亚兰语称那石堆为"伊迦尔撒哈杜他",雅各却以希伯来语称为"迦累得"。当亚伯拉罕由迦勒底的吾珥迁至迦南时,他的母语可能是东支的闪语。后来,他住在哈兰多年,哈兰是古代的通商驿站,当时的商用语是北支的亚兰文。当他一家定居迦南地后,渐渐使用了中支的迦南语系。希伯来文就是由此中支闪语系所发展而成的。

此语系并非凝固不变的,正如每一语言体系一般,希伯来语亦有它本身发展的过程。但此语系的变化不大,圣经的语文展示出异常的一致性。圣经以外的考古发现也有此印证,无论是公元前十一世纪的信札、第十世纪的年历、第九世纪的西乃刻文、第八世纪的西罗亚刻文或第六世纪的拉吉信集,皆呈现出语文的一致性。⑬ 一般而言,被掳前期为一个阶段,被掳后期为第二个阶段。

很明显地,被掳对希伯来语的影响尤大,犹太人受到当时波斯帝国

---

⑫ E. Kautzsch, *Gesenius' Hebrew Grammar*, ed. A. E. Cowley (Oxford: Clarendon, 1978), pp. 1-3.

⑬ 这些考古发现计有:(1)The 'lzbet şattah 刻文,约有八十多封信集,年代属于公元前十一世纪(M. Kochavi, *Tel Aviv* 4[1977], pp. 1-27);(2)Gezer Calendar 约为公元前952年之年历;(3)Sinai 刻文于 Kuntillet 'Ajrūd 出土,约有七十多块刻文,用希伯来文和腓尼基文刻成;(4)Siloam 刻文约为公元前705年刻文;(5)Samaria Ostraca 为耶罗波安二世(770 B.C.)刻文;(6)Lachish Letters,为公元前587年之军事文件(参 L. McFall, "Hebrew Language," *TISBE*, vol. 2, pp. 657-663)。

内通行的皇室亚兰文所影响,譬如以斯拉记所出现的专有名称,皆有亚兰文的词尾 āʾ:"尼哥大的子孙"(nᵉqôdāʾ)(二 48)、"比路大"(perûdāʾ)(二 55)。[⑫] 若将以斯拉记与历代志对照,即发现被掳后期的造句法,很明显地经常使用一个特有的前置词 bᵉ,作为"每日"(三 4)或"每年"(代下三十 21)等用途。[⑬]

(二) 亚兰文

亚兰此地于古亚喀文献(约公元前二千多年,亚喀文为以拦及东亚述一带出土刻文)有所记载。古吾珥第三王朝(约 2000 B.C.)及马里刻文(约 1800 B.C.)曾记载一个人的名字叫亚兰。创世记第十章二十二节记载闪的儿子"以拦、亚述、亚法撒、路德、亚兰"。亚兰的后裔散居在美索不达米亚的肥沃月湾区,为游牧民族,早期的亚兰语可能通行于月湾区一带的民族中。甚至亚伯拉罕也被称为"亚兰人"(申二十六5),雅各与拉班立约时,拉班是以亚兰文起石堆的名号(创三十一 47)。

亚兰并没有建立伟大的王国,也没有隽永的亚兰文化,然而亚兰语文却因着通商之便利,影响古代的社会。据考古可稽查的,于公元前八世纪,古亚兰文已经流传于现今的土耳其一带。后来,当西拿基立(721 -705 B.C.)围攻希西家王时,他派出大将拉伯沙基以犹大语狂傲地骂战,但希西家的臣仆恳请他用亚兰语对话(王下十八 26)。可见,亚兰语已经成为通用语。著名的以撒哈顿亚兰语刻文,也是在埃及出土(681 - 669 B.C.)。[⑭] 于波斯王国时,亚兰文更成为了国际贸易的通用语文。举世瞩目的伊里芬丁蒲草纸亚兰文集,也是于公元前 525 年在埃及尼罗河中央岛屿所发现的重要亚兰文献。

---

⑫ H. Bauer and P. Leander, *Historische Grammatik der hebräischen Sprache des AT* (1922), p. 333.

⑬ 参 Fensham, *Ezra & Nehemiah*, pp. 21 - 23; R.J. Williams, *Hebrew Syntax: An Outline* (Toronto: Univ. of Toronto Press), pp. 45 - 46; F. R. Blake, *A Resurvey of Hebrew Tenses* (Roma: Pontificia Institutum Biblicum, 1951); G.D. Young, *Grammar of the Hebrew Language* (Grand Rapids: Zondervan, 1951).

⑭ 一、早期的皇室或古典亚兰文献计有:

1. The Monuments of Kalammus of Samʾal (Shalmanezer II, 859 - 829 B.C.). 2. The Stelae of Zenjirli in North Syria: Hadad Inscription of 34 lines (800 -750 B.C.), （转下页）

　　伊里芬丁亚兰文集的写作日期是明确可知的，因为它引用了第五世纪的一些历法计算之指标。若将圣经的亚兰文与伊里芬丁的亚兰文对照，即发现两者的书法、文法、词藻都十分接近。并且伊里芬丁文献中展示当时的波斯王对他所统治的百姓，采取放宽政策，且对他们的宗教生活深有认识。由此观之，以斯拉记属于第五世纪的作品，实在有语言学及文献对比学的根据。[12]

（三）外借语

　　以斯拉记提及一些人的名字，明显地是有亚兰文的形态，譬如第二章四十三至五十四节尼提宁的子孙、所罗门仆人的后裔等亚兰文的名字。设巴萨是波斯语，意思是日神沙米士所拣选的；所罗巴伯有巴比伦语的影响，意称生于巴比伦。[12] 伊里芬丁文献展示，有时父子持有一同

（接上页）Panammu Inscription (750 B.C.), Bar-rekub, the treaty of Sefire (750 B.C.).

3. The Esarhaddon Inscription found in Egypt (681 – 669 B.C.).

4. The Elephantine Aramaic papyri in Egypt (525 B.C.).

5. The Ahiqar Story.

二、西支亚兰文计有：

1. Nabataean，住在比他珥（Petra）的阿拉伯人之通用语（1st Cent. B. C. – A. D. 3rd Cent.）；Sabaean Inscription.

2. Palmyrene (1st B.C. – A.D. 3rd).

3. 巴勒斯坦亚兰文：耶稣时期巴勒斯坦的通用语，犹太拉比经典他尔根（Palestinian Targum）也是以此语文写成。

4. 撒玛利亚亚兰文（A.D. 4th Cent.）。

5. 基督教巴勒斯坦亚兰文（A.D. 5th – 8th cent.）。

三、东支亚兰文计有：

1. 叙利亚（Syriac）（A.D. 3rd – 13th Cent.）。

2. 巴比伦亚兰文：Babylonian Talmud (A.D. 4th – 6th Cent.)。

3. 孟达安（Mandaean）：诺斯底派（Gnostic Sect）语文（A.D. 3rd – 8th Cent.）。

[12] T. Muraoka, "Notes on the Syntax of Biblical Aramaic," *JSS* 2(Autumn 1966), pp. 151 – 167; S. Moscati, *An Introduction to the Comparative Grammar of the Semitic Languages*, Porta Linguarum Orientalium, Neue Serie VI (Wiesbaden: Otto Harrassowitz, 1964); A. Ungnad, *Aramäische Papyrus aus Elephantine* (1911); A. Cowley, *Aramaic Papyri of the Fifth Century B.C.* (1923); E.G. Kraeling, *The Brooklyn Museum Aramaic Papyri* (1953).

[12] C.C. Torrey, *Ezra Studies*, pp. 166 – 173; F. Gröndahl, *Die Personennamen der Texte aus Ugarit* (Rome: Papstliches Bibelinstitut, 1967).

文字的名号,这可能由于异族通婚,或因循当地文化的方便而起名。

　　以斯拉记也有不少其他外借语,譬如范氏指出有十四个波斯用词。[⑩]
这些外借语并不一定指出此作品为后期的人所作的。近代的考古学与
比较语言学皆发现,以前学者认为是后期的用词,却于早期已经流传通
用。譬如希伯来文的律例(ʿedūṯ),前人认为是后期的亚兰语,但是近代
则发现是早期的迦南用词,于主前十二世纪已经发现通行于埃及。[⑪]
再者,希伯来文和亚兰文的"酒"(ḥmr),一些批判学者定为后期文字,
但是考古发现此字于公元前十三世纪的乌加列铭文及公元前十八世纪的
马利亚喀刻文,已经出现使用过。[⑫] 故此,近代的比较语言学及考古学的
研究,使圣经字汇更加确实。我们不能轻忽地指出某些用字或语句属
于后期所作的。

叁　神学信息

(Ⅰ) 历史的承担

　　以斯拉记属于传记式的历史记录,作者不单将历史的发展铺陈申
述出来,更进一步将历史的意义呈现于历史的事迹上。以斯拉是以先
知的意识去察看历史,将人类历史的事件,赋予神学的意义。故此,他
并非一位纯客观的史学家,去分析历史的动态。他更是一位直接参与
在历史的进展中,主观地投入历史的巨轮之运转的一位成员。这就是
对历史的承担,尤其是对以斯拉的犹太民族,于忧患中产生超越的意

---

⑩ 'adrazdā'(七 23),'ªparsᵉ kāyē'(五 6),'āsparnā'(五 8、六 8、12、13、七 17、21、26),'eštaddûr
(四 15、19),'uššarnā'(五 3、9), gizzabrayyā'(一 8、七 21), ginzayyā(五 17、六 1、七 20),
dāṯa'(七 12、25～26), hattiršāṯā '(二 63), zimnā '(五 3);ništᵉ wān(四 7、18、23、五 5、七
11),paršegen(四 11、23、五 6、七 11),piṯgāmā '(四 17、五 7、11、七 11),šᵉ rōšiw(七 26)。参
pensham, *Ezra & Nehemiah*, pp. 21 - 23.

⑪ Turin Judicial Papyrus 4:5; translated by A. de Buck, *JEA* 23(1937), p. 154. The Word
'dt, 'Verschwörung,' is No. 300 in M. Burchardt, *Altkanaanäischen Fremdworte und
Eigennamen im Ägyptischen*, II, 1911. 此脚注引自 K. Kitchen, *Ancient Orient and OT*
(IVP: Ill. , 1966), p. 108.

⑫ UM, III, No. 713; UT, No. 972; Dahood, *Biblica* 45(1964), pp. 408 - 409.

识,因为他相信一位超越历史,又贯乎历史的主。

(一) 应许与应验

希伯来的历史观与波斯及希腊的历史观不同。波斯及希腊的历史观为循环流转的观念,此种历史观无始无终;现在只是过去的重演,将来也只是现在的蜕变。正如传道书所形容日光之下的情景:"不住地旋转,而且返回转行原道"(传一6,另译)。循环不息的历史观没有应许与应验,也没有危机与承担。但是,希伯来的历史观并非循环不息的流转,而是乘风破浪的使命与承担的意识,历史是充满神的应许与应验的。[13]

"应许与应验之间的张力就构成了历史",[14]故此,以斯拉开宗明义地以单刀直入的手法,直言波斯王古列的谕旨,就是应验了先知耶利米的应许(一1)。应许就是全能的"神于人类历史的开始与终结,将部分及整体的发展,都包罗在他永世的计划里"。[15]神的应许与应验构成了先知们的历史意识,历史不再如迦南及波斯等人的自然循环观。对先知们而言,历史乃是将应许直线地引进应验的所在;这也是新旧两约的一脉相承之处。[16]

"应许与应验"此圣经诠释的传统,于教会历史而言,比比皆是,早期奥古斯丁曾使用过,中古时期的经院神学家以"类比"为诠释法,改教时

[13] Walther Zimmerli, "Promise and Fulfillment," in *Essays on OT Hermeneutics*, ed. Westerman (Atlanta: John Knox, 1979), pp. 89 - 122; Jürgen Moltmann, *Hope and Planning* (New York: Harper & Row, 1971), p. 84; 一, *Theology of Hope* (New York: Harper & Row, 1967), p. 195.

[14] Wolfhart Pannenberg, *Basic Questions in Theology* (Philadelphia: Fortress Press, 1974), p. 19.

[15] 福音派旧约学者 Walter Kaiser 就将应许看为整本旧约神学的中心枢纽,参 *Toward an OT Theology* (Grand Rapids: Zondervan, 1978), p. 30.

[16] Willis Beecher, *The Prophets and the Promise* (Grand Rapids: Baker House, 1905), p. 178. 到底应许是否旧约神学的中心是值得商榷的问题,Sellin 认为旧约是以神的圣洁为中心(*Theologie des Alten Testaments* [Leipzig: Felix Meiner Verlag, 1933], p. 19); Eichrodt 谓圣约(*Theology of the OT* [Philadelphia: Westminster Press, 1961], 1: pp. 36 - 69); Köhler 谓神的主权(*Theologie des AT* [Göttingen: Vandenhoeck und Ruprecht, 1936], p. 30); Wildberger 谓神的拣选("Auf dem Wege zu einer biblischen Theologie," *ET* 19 [1959], p. 77).

期马丁·路德亦以"见证"为诠释法,拟定他所谓的"应许神学"。[⑰] 神的应许乃是基于神本身的信实不变之属性上,他的应许是尚未发生之事的实底,而历史的进展就是神的应许落实呈现于时间空间内。故此,对神应许的信心就产生对历史的盼望,基于这盼望,人可以承担历史的使命。

(二) 使命与承担

以斯拉记的两个主要人物——所罗巴伯与以斯拉,都是在危机的忧患中,匡济时难,力挽乾坤,承担了当时神在以色列历史中的作为。他们于风起云涌之际,以顺服的心,肩负起归回重建圣殿、重整民心的大任。当神的道临到他们时,他们就愿意与神的百姓共同参与此任务,牺牲自己的安舒,去服事那一个时代的人。一位荷兰学者以神的道(kerygma)、人的参与(koinonia)以及牺牲的服事(diakonia),去形容神的平安(shalom)如何可以临到神的儿女。另一位学者提倡神的应许(promissio),引进人的承担(commissio),就完成了神的使命(missio)。[⑱]

这种历史的承担与使命的受托感,就催使所罗巴伯及以斯拉等人回归故里,从废墟中将一块一块的砖头瓦片捡拾起来,认定这就是耶和华的旨意。于是,他们排除万难,披荆斩棘地去完成此使命。

(三) 希望与未来

以斯拉面对着所罗巴伯重建好的圣殿,心中感慨万千。一方面为着神的应许得以应验而欢欣,另一方面又为着面前那群悖逆的圣民而悲叹。于是,"以斯拉祷告、认罪、哭泣、俯伏在神殿前的时候……众民无不痛哭。属以拦的子孙、耶歇的儿子示迦尼对以斯拉说:'我们在此地娶了外邦女子为妻,干犯了我们的神。然而以色列人还有指望'"(十1~2)。此处的指望是 miqveh。希伯来文有四个主要的动词去形容希

---

⑰ 类比为 analogy,见证为 *testimonia*;参 James Preus, *From Shadow to Promise*:*OT Interpretation from Angustine to Young Luther*(Cambridge:Harvard Univ. Press, 1969),pp. 22 - 23.

⑱ J. C. Hoekendijk, *The Church Inside Out*(Philadelphia:Westminster Press, 1956), pp. 25 - 26;J. Moltmann, *Theology of Hope*, pp. 328 - 329.

望的意思：(a)qāwāh，意指延伸、期待、等候(有二十六次是以神为对象，十 2)；(b)yāhal，即耐心地等待(有二十七次是以神为对象的，弥五 6)；(c)sabar，即仰望之意(有四次用于对神的心，诗一一九 146)；(d)hākāh，即迟延等候之意(有七次是以神为对象，哈二 3)。其余尚有四个相关的名词去表达盼望，譬如：betah，kesel，mah^eseh，tiqwāh。

如此丰富的词藻，将神的应许灌进人的内心中，使人于绝处不致丧志，在危机中不致动摇，在黑暗中仍有曙光。这活泼的盼望是基于这位永活的主，他不单统管着过去的历史，更引导着现在人们的活动，使他们能够勇于迎向未来。以斯拉及当时的以色列人，就是存着如此的信念，昂首仰望这位历史的主，朝着光明的未来而努力。[13]

(II) 圣约的持守

耶和华神是立约的神，他在古时与亚当、挪亚、亚伯拉罕、大卫等人立约。这些约是指着他的神性所设立的，也是基于他信实的本性，每一个约都可以在历史中应验。

(一) 条约与圣约

"约"的观念于古代社会而言，是立约者双方面所协议的关系。一般而言，是强大的一方对较弱小的一方所承诺的优惠保证。考古发现在古时赫人的社会(1400 - 1200 B.C.)中，存在着一种主仆的条约或称为宗主条约。一个强大的宗主国向附从的藩国施展其宗主权及特惠权。[14]当摩西在出埃及记第二十至二十三章记载圣约的条文时，他以当时的宗主条约格式为架构，套入神的律例典章。古时近东条约成为了格式架构，去承载神的启示与内容。

---

[13] J. Moltmann, "Hope and History," *Religion, Revolution, and Future* (New York: Charles Scribner's Sons, 1969), p.206.

[14] Jacob Milgrom, "The Shared Custody of the Tabernacle and a Hittite Analogy," *JAOS* 90:2(1970), pp.204 - 209; M. Weinfeld, "The Covenant of Grant in the OT and in the Ancient Near East," *JAQS* 90:2(1970), pp.184 - 203; F. C. Fensham, "Covenant, Promise and Expectation in the Bible," *Theological Zeitschr* 23(1967), pp.305 - 322.

圣约 bᵉriṭ 与条约虽然在格式上共通,然而在实质上有很多分别。近东的条约对宗主国并没有义务或要求。所谓的"特惠条约"或"宗主条约",皆是对附属藩国的要求。所起的咒,也是针对附属国,而非指向宗主国或主人而言的。[⑭] 然而,圣经所记录的圣约却把人的地位提高,将神的神性显明,并且是应许的承诺,带给人希望及信心。

当神起初与亚当立约时,他首先将自己的形象与样式(ṣelem;dᵉmûṯ)赐给人(创一26,五3),使人在全地与他同作王,成为他的代表,并且管理全地的一切活物。故此,人的地位与尊严在神的圣约中是崇高的。再者,圣约是神指着他的永恒之本性,与亚伯拉罕订立无条件的约(创十二1~3,十三14~17,十五1~12)。当亚伯兰沉睡时,神在荣耀里将祭物分为二,显示出此约是神向亚伯拉罕的应许,由他自己去承担,并在历史中彰显此应许之应验。

神的应许再进一步在西乃的圣约中显明。神在何烈山显示他的大能,以色列人于是愿意与神进入一个立约的关系中。摩西的圣约也是在格式上与当时近东的条约格式相同;[⑮]然而,近东条约的法律规条只是人类社会的典章律例,以约束人伦间的关系。摩西的圣约却将宗教、道德、社会共冶一炉,并且基于神的绝对神性,向人发出绝对的典范。[⑯]这绝对的典范是要人去遵从的,不然,神就会将人引进公庭向人诉讼(rîḇ),甚至天地也会成为见证(申四26;弥六1~2;赛一2;何四1,十二2)。

(二) 以斯拉记中的圣约

文士以斯拉归回犹大后,即专一致志地要将圣民带回圣约的生活中。所以他"立志考究遵行耶和华的律法,又将律例典章教训以色列人"(七10),呼吁以色列人"当与我们的神立约"(十3)。后来,尼希米

---

⑭ 特惠条约即 Grant Treaty,宗主条约即 Suzerainty Treaty。

⑮ Law Codes of Ur-Naumnu, Lipit-Ishto, or Hammurabi; 参 J. Muilenburg, "The Form and Structure of the Covenantal Formulations," *VT* 9(1959), pp. 347 - 365.

⑯ 近来条约只有相对的条件式律例:"倘若你如此作,我即会如此作"(Casuistic formula)。但圣经的十诫是绝对的命令(Apodictic formula),"当孝敬父母……"。Eichrodt, *Theology of OT*, I, pp. 37 - 177; G.E. Mendenhall, *Law and Covenant in Israel and the Ancient Near East* (Pittsburgh; Biblical Colloquium, 1955), pp. 24 - 50.

也是如此,"立确实的约,写在册上……首领,利未人和祭司,都签了名"(尼九 38)。以斯拉与尼希米为了要重新建造圣民内在的虔敬及外在的道德生活,首先要激励以色列人回到神的圣约之关系里。

一方面以色列人需要认识圣约所指有关神的本性,他们必须要与这位圣洁的神再次复合。若要复合,首先要认罪。故此,以斯拉代表着百姓向神认罪(九 5~14),也为百姓献上赎罪祭(尼九 1~4)。另一方面,以色列人必须遵行律法上的典章。因此,以斯拉不厌其烦地教训他们遵行律法(七 10、26)。

圣殿的重建在所罗巴伯之带领,和先知哈该及撒迦利亚的鼓励下,终于完成了。圣城的墙垣于尼希米之带领下,也终于竖立了,但是圣民的宗教和道德生活,则需要文士以斯拉及尼希米等人,经年累月,不断地革新,让以色列人再次归回神的圣约之关系下。他们需要与亚伯拉罕之约、摩西之约、大卫之约、耶利米之新约接轨。文士以斯拉的使命乃是承先启后地引导以色列民,再次经历这位与他们的先祖立约的耶和华。他也是如今与百姓立约的耶和华神,他的圣约可以维系承接被掳前后的历史,也可以引导他们迎向一崭新的纪元。

(III) 圣洁的生活

若要维持归回的圣民的新生活,以斯拉要不断重视圣殿的敬拜,圣物的纯净(二 63,八 28),圣节的净化(三 5),圣约的持守(七 10),他更需要将神的律例落实于以色列人的日常生活当中。故此,他强调以色列人要过圣洁的生活,尤其是与外族隔离不通婚,免得沾染了他们不洁的道德及信仰生活(九 1~4,十 1~4)。

(一)圣洁的意义

圣洁(qadaš)此字本意是隔离分开之意。此字曾用于非神学性的地方,已蕴含此原意。申命记第二十二章九至十一节如此记载:"不可把两样种子种在你的葡萄园里,免得你撒种所结的,和葡萄园的果子都要充公。不可并用牛驴耕地。不可穿羊毛细麻两样搀杂料作的衣服。"独一无二、脱俗纯正、纯净不杂等都是圣洁此字的本意。

故此，以赛亚如此说："耶和华以色列的圣者……此外再没有别神……公义、能力，惟独在乎耶和华"（赛四十五 11、14、18、21、24）。在神以外，再没有别神值得人去敬拜。至于以色列人却要"归我〔耶和华〕作祭司的国度、为圣洁的国民"（出十九 6）。耶和华神向人宣告："我是耶和华你们的神，所以你们要成为圣洁，因为我是圣洁的"（利十一 44）。

此圣洁的观念不单在律法书和被掳前的先知书内都有详细记述，甚至于被掳时期的先知以西结也是如此记录："我〔耶和华〕要使我的大名显为圣……在你们身上显为圣的时候，他们就知道我是耶和华……我必用清水洒在你们身上，你们就洁净了。我要洁净你们，使你们脱离一切的污垢，弃掉一切的偶像"（结三十六 23～25）。

（二）圣洁的回应

难怪文士以斯拉将律法和先知的信息，切合当时环境，进行实际的诠释。他发现归回的以色列人若与外邦异族的女子通婚，会导致将异教信仰及道德生活，引进以色列人的社会当中。故此，以斯拉采取极严厉的反应，"撕裂衣服和外袍，拔了头发和胡须，惊惧忧闷而坐"（九 3）。

分别不搀杂的原意，很明显地在以下这段经文中表露出来："以色列民和祭司，并利未人，没有离绝迦南人、赫人、比利洗人、耶布斯人、亚扪人、摩押人、埃及人、亚摩利人，仍效法这些国的民，行可憎的事。因他们为自己和儿子，娶了这些外邦女子为妻，以致圣洁的种类和这些国的民混杂"（九 1～2）。

（三）圣洁的实践

以斯拉对律法的诠释开导了后世所谓米大示式的释经法，他以神的神性为始点，然后引申出属灵的原则，再应用于实际的生活中。[⑭]

律法书利未记启示神是圣洁的（神的本性），所以引申出圣洁的原则。将此原则适切地与以斯拉时代吻合，即归回的犹太人需要持守信仰与道德的纯一。与异族人通婚将会搀杂种族、信仰与道德，故此，以

---

⑭ 神的本性（Person），引出神的原则（Principle），再将此原则应用于日常生活，成为典范（Precept）。

斯拉极力地反对此事(九 12)。

今天当我们读到以斯拉记中有关反对与异族人通婚的诫命时,需要明辨此诫命的历史含义。此诫命是有它的处境性,而非一成不变的规条;但是,我们仍可以将此诫命引申为一不受地区、时代、处境所支配的原则——要过圣洁的生活。此原则不是只限制于通婚的问题上,乃涉及我们今日所切身体验的问题,譬如言语、思想、家庭、工作、事奉等范畴内;然后,将此原则落实于我们现今的生活当中,从此原则中去体验神的本性,并因此更认识神,更能活出神的样式。

这是一般诠释学所谓从经文中建立应用桥,使律例原则化。经文必须按其正意解释(经文正意化),然后将正意的经文原则化,最后将经文生活化,使之与现今日常的生活结合。这也就是读经的三步曲;以斯拉的诠释法与生活化的读经,实在可以帮助我们。

(IV) 神在历史中的作为

以斯拉记被列入希伯来史的一部分,然而,旧约圣经的历史并非只局限于以色列的发展事迹。作者对历史文献及事件的选材,皆是基于一个神学目的。所以,神学角度的救恩历史与叙述角度的事迹历史,相互交织成圣经历史书研究的重要课题。[⑮] 这也是旧约神学方法论的近代两大方向:(一)横观——以横切面式将旧约不同时代分解出来,展示出其中心;(二)纵观——顺着历史时空的走势去发挥其内在动力。[⑯]

---

⑮ 救恩历史(Heilsgeschichte)的历史意识(Geschichts bewusstsein),可参考绪论注脚 23。

⑯ 横观(Synchronic)方法之代表学者为 Walter Eichrodt(*Theology of the OT*, 2 vols. [Philadelphia: Westminster Press, 1961]),纵观(Diachronic)方法之代表学者为 Gerhard von Rad(*Theology of the OT*, 2 vols. [New York: Scribner's, 1962])。福音派学者亦同样采用这两种方法,代表 Walter Kaiser(*Toward an OT Theology* [Grand Rapids: Zondervan, 1978])。Kaiser 认为横观方法能够建立一个恒常不变的中心,去维系众多旧约主题,他将神的应许定为整本旧约之中心。不过此方法经不起历史考据的冲击,他认为纵观方法可以长补短。纵观重视口授的传统,将救恩历史的道(Kerygma)不断薪传下去。

(一)救恩历史

无论是纵观、横观或是纵横观,神在历史中的作为都是明显可寻的。历史是神在时空沙丘中所遗留下来的脚印,历史本身虽不完全是神的启示,但历史的记录承载着神的启示。圣经并非只是一本记录人类历史的巨册,也不只有历史哲学,将历史的意义进行一番哲理的分析。圣经作者结合历史与神学,熔为一炉,将人类发展史与神的作为熔化为一体。故此,圣经的历史就是救恩的历史,圣经历史书的作者,是以先知的角度去撰写历史。先知的角度就是于历史的动态中,察觉到神的手在其中施展。⑩

历史一词源于希腊文 *Historia*,然后经由拉丁文引进近代的英文或德文之字汇中。它的基本意思是指着对事件的认识,故此,一个历史家(*Histor*)乃是对事件有所认识的人,或是一个目击见证人。原先历史的事件与认识是一致不可分割的;但是,近代德国的旧约学者,一方面备受历史批判学所影响,对圣经之历史记载大肆批判,使之失去了当有的历史地位与价值。另一方面,有些学者为了避开历史批判的刀锋,于是提倡历史事实(*Historie*)与历史意义(*Geschichte*)分割为二。他们认为纵使圣经的历史事实充满不准确,甚至错漏百出,圣经作者对历史意义的解释仍是可以接受的宗教经验。这两者都不是可取的方向;当我们讨论救恩历史时,必须回到起先历史家的初衷,历史的客观实在性与历史家的主观解释是不能分开的。⑯

---

⑩ 历史哲学以黑格尔(Hegal)的唯心辩证法为代表,马克思(Marx)将之转化为唯物辩证法。近代英国的史学家 Toynbee 运用科学实证法去解释历史的哲理。但圣经展示历史神学(Historical-Theological)方法,将人的事件与神的作为融为一体。参 Wolfhart - Pannenberg, "Redemptive Event and History," in *Essays on OT Hermeneutics* (Atlanta: John Knox Press, 1960),pp. 314 - 335;－,*Revelation as History* (New York: Macmillan, 1968);－,*Theology as History* (New York: Harper & Row), 1967.

⑯ von Rad,Eichrodt 等学者皆将此两个观念分开,*Historie* 与 *Geschichte* 代表两个范畴,*Historie* 属历史批判范畴,他们认为圣经并不能站立得稳,*Geschichte* 则属信仰范畴,可以逃避历史批判家的解剖。参 James Barr, *Old and New in Interpretation* (London: SCM, 1982),pp. 65 - 102;Siegfried Herrmann, *Time and History* (Nashville: Abingdon, 1977),pp. 45 - 91.

（二）神的作为

　　以斯拉记将希伯来史与世界史糅合在一起，耶和华神不独是以色列的神，更是历史的主宰，他在历史中掌管着帝王的兴衰。亚述是神手中的杖（赛十5），巴比伦尼布甲尼撒也是神的仆人。在以斯拉时代，波斯的古列、大利乌、亚达薛西等王都为神所统管。他们的政纲谕旨都是成就神的旨意的途径。以斯拉记起首就记述："波斯王古列元年，耶和华为要应验藉耶利米口所说的话，就激动波斯王古列的心，使他下诏通告全国。"（一1）此诏书展示古列认为神赐万国给他，也嘱咐他在耶路撒冷重建圣殿。我们虽然不完全明了有何事故促使古列有这样的观念，但圣经很明显地指出，神激动他的心。王的心在耶和华的手中，如同陇沟的水，随神的意思流转，这是圣经一贯的启示。

　　耶和华神除了激动外邦的君王，也激动他的百姓，让有些人甘愿顺服归回耶路撒冷，于废墟中重建圣殿（一5）。神所感动的人包括皇室的所罗巴伯、大祭司耶书亚、文士祭司以斯拉、先知哈该、撒迦利亚、书珊宫中的酒政尼希米等，不同阶级之士领受了神的感动，就毅然放下一切来跟从神的呼召。他们前仆后继，不断地归回以遵行神的旨意。

　　神的感动配合人的顺服，神的旨意就可以成就。以斯拉记中不乏记述人如何排除万难去重建圣殿（拉四），以斯拉如何长时间在神面前祈祷（拉九），以色列人如何要将境内一切不合乎主心意的行为除掉（拉十）。神的全能作为与人的忠诚责任，互相糅合紧扣在一起。神的主权涵盖了人的责任，结果，神的旨意行在地上就如同行在天上。

注释

第一篇
所罗巴伯的归回
与圣殿的重建
（一 1～六 22）

第一篇　所罗巴伯的归回与圣殿的重建（一 1～六 22）

以斯拉记,顾名思义是由以斯拉('ezrā')其人的名字而定名的。希腊文七十士译本称为Ἔσδρας(Esdras),拉丁文武加大译本名为 Liber Esdrae。

此书记述犹太人亡国被掳后,"祖国陆沉人有责,天涯飘泊我无家",这股游子离客的故国情怀。于历史契机缘起时,所罗巴伯和以斯拉等人,怀着一腔热血,万里乘风回归故里。归回之目的乃是重建:一方面是重建有形及外在圣殿之建筑物,另一方面更是重建无形及内在的、圣民之信仰道德生活。此两个艰巨之目的分别由两位属灵领袖来策励:(一)所罗巴伯身先士卒带领首批犹太人归回耶路撒冷,兴建圣殿的根基,又排除万难、披荆斩棘地完成圣殿的重建。(二)以斯拉匡时济世,深察外在有形的圣殿必须配合内在无形的属灵生活。故此,他万死不辞地以神的律法去革新人心,冀能力挽乾坤,使人的生命与生活都能回转归向神。

所以,此书以精简的结构、清劲的风骨将神在历史中的作为,并他如何藉着他的仆人,于举国风云之际,显明他奇妙的引导,一一细述出来。全书可分为两部分:第一部分由第一至六章,记述所罗巴伯带领第一批圣民归回与重建耶路撒冷的圣殿;第二部分由第七至十章,记录以斯拉带领第二批圣民归回,及重整他们的信仰与道德生活。

A　所罗巴伯带领下第一批圣民的归回和圣殿的重建

无情的野火,趁着巴比伦的东风烧遍犹大各地。荒烟落照、牧马长嘶,以色列人身处异域、天涯芳草的日子,转瞬又过了七十个年头。

　　以斯拉记第一部分的开头，就是波斯王古列元年，耶和华透过这位地上的君王，去成就他的旨意。神的圣旨藉着古列的谕旨彰显于全地，犹太人可以归回到耶路撒冷，去重建圣殿(一 1～4)。于是圣民以色列人与四围的人，甚至古列都相继地回应神的圣旨，将财物送出来、圣殿的圣物也如数归还(一 5～11)。耶和华神实在是使人感到意外惊喜的神。于是，他们收拾行装、踏上归回的旅途，万里迢迢，向着寥落的田园跋涉。终于，天涯的沦落客安然抵达耶路撒冷。当时，顺利归回的人数约有四万九千八百九十七人之众(二 1～70)。归回首要的任务乃是重建圣殿，于是上下齐心，群策群力地动工将圣殿的根基立定(三 1～13)。可惜，好景不长，敌对的势力汹涌而至，排山倒海般紧压而来，以致工程被迫停顿(四 1～六 12)。后来，深得先知们的鼓舞、领袖们的摆上，终于大工告成(六 13～15)。那时献殿典礼充满着庆典的气氛与颂赞(六 16～22)。

壹 古列王下诏通告圣民 的归回与圣殿的重建 （一 1～4）

(I) 古列王谕旨与先知耶利米的预言应验（一 1）

1 波斯王古列元年，耶和华为要应验藉耶利米口所说的话，就激动波斯王古列的心，使他下诏通告全国说：

以斯拉记的引言与历代志下（代下三十六 22～23）的结尾几乎是完全一样的。可见作者是刻意将以斯拉记所记录的历史，与历代志所记述的犹大国历史衔接起来。①

一 1 "波斯王古列元年" 作者开宗明义地引用希伯来文的连贯语 w，将历史巧妙地接连起来。悲愤的亡国与被掳的一页，终于结束了，而历史崭新的一页，将由一位波斯王古列所开展。波斯与玛代属伊朗民族的两大支派，伊朗位于撒格鲁山脉之东，高加索山系和里海之南，波斯湾以北。波斯盘踞于南，玛代居北。玛代王朝到了亚士帖基（584－550 B.C.）时，被古列所败，玛代京城亚马他被攻占，玛代国就于公元前 550 年间成为了波斯国的一省。②

古列（kôreš）波斯文为 Kuruš，属于波斯国亚基米尼（700－675 B.C.）王朝，统称为安山王。安山既是地区，也是一座城的名。③ 他的帝

---

① 有关以斯拉记与历代志的关系，可参绪论之"文体结构"内所讨论"文体合一"有关"以斯拉记之开端与历代志之结尾相应"部分。

② 玛代王朝表如下：戴伍固（Deioces，721－705 B.C.）、克沙推达（Khshaathrita，673－652 B.C.）、居亚撒列一世（Cyaxares I，625－585 B.C.）、亚士帖基（Astyages，584－550 B.C.）。京城亚马他英文名为 Ecbatana。

③ 波斯亚基米尼一世（Achaemenes I, King of Anshan，700－675 B.C.）、太士比士 （转下页）

号为古列二世大帝(559－530 B.C.)，与祖父古列一世(640－600 B.C.)同称为古列，但帝号分明。古列二世大帝于公元前 550 年击败玛代王后，一统玛代波斯国，将政治、军事、经济与宗教共冶一炉。随即挥军往西，将玛代属土置诸掌下，并进军直达哈利河小亚细亚的吕底亚，将吕底亚王克鲁索击败(546 B.C.)。④ 此举直接威胁着巴比伦国，于是巴比伦王尼布尼杜斯派出援军以助吕底亚王一臂之力。可惜，远水不能救近火，况且那时巴比伦的尼布尼杜斯疏于朝政，他的儿子伯沙撒任摄政王，未能一振朝风，致使国家疲弱不堪。

公元前 539 年古列的大军犯境巴比伦，波斯大将乌巴鲁围攻巴比伦城，并于伯沙撒王大宴群臣之际攻入巴比伦城。及后，古列进京巴比伦城，成为了普天下万族的解放者，他封立玛代人哥巴鲁为巴比伦城总督，此玛代人哥巴鲁也是但以理书所提及的"玛代人大利乌，年六十二岁，取了迦勒底国"(但五 31)。此哥巴鲁(即玛代人大利乌)不要与波斯大将乌巴鲁混淆，乌巴鲁于攻陷巴比伦城不久后即去世，并在城中举行极大的丧礼。⑤

当古列二世攻陷巴比伦城后，即他称为古列大帝之开国元年，这是公元前 539 年，古列一统巴比伦帝国为始。波斯王是当时的一般称号，考古发现巴比伦王尼布尼杜斯历代志第二章十五节，称古列为波斯王。

(接上页)(Teispes，675－640 B.C.)、古列一世(Cyrus I，640－600 B.C.)、冈比西斯一世(Cambyses I，600－559 B.C.)、古列二世大帝(Cyrus II The Great，559－530 B.C.)。此古列二世大帝才是以斯拉记所言之古列。参谢友王，页 45－55。

④ 哈利河是 River Halys in Asia Minor；吕底亚王克鲁索(King Lydia，Croesus)。参 R. N. Frye，*The Heritage of Persia*，pp. 74ff.

⑤ 巴比伦城的沦陷年代纪如下：

539 B.C.	4 月 7 日	巴比伦王尼布尼杜斯(Nabonidus)庆祝新年，献祭太阳神 Sin。
539 B.C.	10 月 10 日	乌巴鲁（Ugbaru）大将 Belshazzar 攻取底格里斯河畔之 Opis 城。
	10 月 12 日	乌巴鲁于伯沙撒大宴群臣时攻取巴比伦城。
	10 月 29 日	古列进京巴比伦城，封立玛代人哥巴鲁（Gubaru 或 Gobryas，即玛代大利乌王）为总督(迦勒底王)。
	11 月 6 日	乌巴鲁逝世于巴比伦城。

参 John Whitcomb，*Darius the Mede*（New Jersey：Presbyterian & Reformed Publishing Co.，1959)，p. 73；*ANET*，306，314－316(Nabonidus Chronicle，"The Verse Account of Nabonidus"，and the "Cyrus Cylinder")。

后来的希腊史学家希罗多德（公元前五世纪），也是以此称号形容古列。⑥

"耶和华为要应验藉耶利米口所说的话" 中文圣经的翻译是将语句流畅地译出，但若将希伯来文的文句逐一解释，则会更详尽。此句可以有如此的译法"为着应验耶和华的话——就是藉耶利米的口所说的话"。圣经作者首先将古列谕旨之目的写出来，"为着应验"(likᵉlôt)此词之"为着"(l)，就是将目的引申出来。据圣经作者而言，人类的历史就是救恩的历史，这是以神学角度去解释历史。世界历史中所发生的每一件事，都与救恩历史有关，尤其是处于被掳的后期，更是救恩历史的契机时期。

古列的诏书据圣经作者而言，乃是耶和华应许的应验。耶和华应许以色列人的话是不会落空的，他藉着先知们向以色列和犹大国所发出的警告，若不悔改，审判（包括灭亡及被掳）即会临到；倘若回转过来，被掳的可以复兴归回。⑦ 此处所提及耶利米口所说的话，可以与历代志下第三十六章二十一节对照："这就应验耶和华藉耶利米口所说的话，地享受安息，因为地土荒凉便守安息，直满了七十年"。历代志所言的七十年安息的计算法，指明是应验先知耶利米的预言。耶利米书第二十五章十一至十二节，有如此记载："这全地必然荒凉，令人惊骇，这些国民要服事巴比伦王七十年。七十年满了以后，我必刑罚巴比伦王，和那国民，并迦勒底人之地，因他们的罪孽使那地永远荒凉，这是耶和华说的。"耶利米书第二十九章十节又说："耶和华如此说，为巴比伦所定的七十年满了以后，我要眷顾你们，向你们成就我的恩言，使你们仍回此地。"耶利米书第二十九章十七至二十节进一步指示，以色列人被掳的原因是因为他们没有听从神的话："万军之耶和华如此说，看哪，我

---

⑥ 希罗多德(Herodotus)是希腊主前五世纪之史学家，世称为史学之鼻祖，他所涉及的历史包罗了亚细亚、美索不达米亚、腓尼基、埃及、叙利亚等地。参 George Woodcock, *The Marvellous Century* (Markham：Fitzheury & Whiteside, 1989), pp. 133 - 135；R. D. Wilson, "The Title 'King of Persia' in the Scripture," *Princeton Theological Review* 15 (1917), pp. 90 - 145.

⑦ 被外邦掳去之信息，可参赛三十九 5～8；耶二十 5；弥四 9～12。归回的信息，可参弥七 18～20；番三 9～13；结三十七 1～28。

必使刀剑、饥荒、瘟疫临到他们……使他们在天下万国抛来抛去……这是因为他们没有听从我的话……所以你们一切被掳去的,就是我从耶路撒冷打发到巴比伦去的。"

先知耶利米预言到,因为以色列人没有遵照耶和华的话,去遵守安息年的律例,以致他们的土地会荒凉,百姓会被掳。按照利未记所言:"我要把你们散在列邦中,我也要拔刀追赶你们,你们的地要成为荒场,你们的城邑要变为荒凉。你们在仇敌之地居住的时候,你们的地荒凉要享受众安息。正在那时候地要歇息,享受安息。地多时为荒场,就要多时歇息,地这样歇息,是你们住在其上的安息年所不能得的。"(利二十六 33～35)

究竟耶利米所指的,是从耶路撒冷圣殿被毁(586 B.C.)至圣殿重建完毕(515 B.C.)的七十年被掳流亡的生涯?还是按耶利米书第二十五章十二节所言:"我必刑罚巴比伦王"的伯沙撒被灭(539 B.C.),推演倒数七十年至尼布甲尼撒王登基(605 B.C.)或尼尼微城被灭(612 B.C.),巴比伦管辖当权的时代呢?

若将耶利米书第二十五章与以斯拉记第一章综合来看,不难看得出,后者的解释比较符合经文的意思。七十年的计算法是以古列大帝攻陷巴比伦城称帝后开始计算(即 539 B.C.)。若以约数为解释,则尼布甲尼撒登基之年(605 B.C.)与尼尼微城被灭(612 B.C.),皆是有可能的历史事件。[⑧]

"就激动波斯王古列的心,使他下诏通告全国说" 希伯来文将全句的主词"耶和华"放在"激动"之后,中文和合译本将"耶和华"放在全句之前端,使句子的意思流畅通顺。耶和华神是主动地操纵策划着他的救恩历史,当他的仆人耶利米先知所预言的日期满足了,耶和华就亲自感动古列的心。"激动"(hē ʿîr)属于牵动式(Hiphil)时态,耶利米曾

---

⑧ 参 P. R. Ackroyd, *Exile and Restoration* (Philadelphia: OTL, 1968), p. 240; -, "The Historical Problems of the Early Persian Period," *JNES* 17(1958), pp. 23 - 27; C. F. Whiteley, "The Term Seventy Years Captivity," *VT* 4(1954), pp. 60 - 72; -, "The Seventy Years Desolation — A Rejoinder," *VT* 7(1957), pp. 416 - 418; A. Orr, "The Seventy Years of Babylon," *VT* 6(1956), pp. 304 - 306; G. Larrson, "When did the Babylonian Captivity Begin?" *JTS* 18(1967), pp. 417 - 423.

如此使用："耶和华定意攻击巴比伦,将他毁灭,所以激动了玛代君王的心……"(耶五十一 11)耶和华牵动君王的心去完成他的旨意。申命记第三十二章十一节有如此生动的描述:"又如鹰搅动巢窝,在雏鹰以上两翅搧展,接取雏鹰,背在两翼之上。"老鹰如何用它的翅膀搅动(yāʿîr)巢窝,耶和华也是如此在人的心中激动,使人去完成他的心意。

此处所言的乃是古列的心,希伯来文谓古列的灵(rûaḥ)。古列的心灵里有一股意念,此意念可能是基于古列对众神的兼容并纳之态度,他在"古列铭筒"中曾记录:"惟愿我所遣送归回各国圣城的神,天天在巴比和尼布前为我求长寿。"⑨古列希望巴比伦王所征服的众神不再与他为敌,反而为他祈福。这种宗教宽容并存的态度,影响着整个波斯帝国的历史。后来到了大利乌王时,更由哲学宗教家琐罗亚斯德集其大成,创立善恶并存,相生相克的宗教信念。⑩

但是,圣经作者却以神学的角度去解释此回事,他直言是耶和华激动古列的心。究竟,古列如何会有此意念?是他的多种兼容世界观催使?还是耶和华藉着他本身已有的宽大信念,进一步去搅动他的心,使他下诏通告全国?我们不将界线划分得过分清楚。"下诏通告"希伯来文是"他将一道声音传遍",从第一章一节起首的开卷语,作者指出耶和华的话,藉着耶利米先知的口,也透过波斯王古列的声音传遍各地。

(II) 古列王谕旨的内容(一 2~4)

² 波斯王古列如此说:"耶和华天上的神已将天下万国赐给我,又嘱咐我在犹大的耶路撒冷为他建造殿宇。

³ 在你们中间凡作他子民的,可以上犹大的耶路撒冷,在耶路撒冷重建

---

⑨ Cyrus Cylinder 是一件刻有铭文的圆柱形陶器,记载古列陷城经过或事后的政策。*ANET*, p. 316 所记载的巴比(Bel,即巴比伦城的卫城神马杜克[Marduk])和尼布(Nebo),即尼布尼杜斯王(Nabonides)所拜的神。

⑩ Zoroaster(或称为 Zarathustra)于亚基米尼王朝(Achaemenide)提出一种盛行一时的多神主义,并提倡兼容并纳的哲学,参 Zaehner, *The Dawn and Twilight of Zoroastrianism* (London, 1959); V. Strouve, "The Religion of the Achaemenids and Zoroastrianism," *Cahiers d'histoire mondiale* 5(1959‒1960), pp. 529‒545.

耶和华以色列神的殿。(只有他是神)愿神与这人同在。

4 凡剩下的人，无论寄居何处，那地的人要用金银、财物、牲畜帮助他；另外也要为耶路撒冷神的殿甘心献上礼物。"

古列的谕旨不独是在波斯全国境内以口授传遍的声音，更是以文字书写下来的诏书。据古代的王命谕旨而言，重要的王令都是以诏书传递的。最典型的一个旧约例子，就是犹大的约沙法王吩咐利未人，"带着耶和华的律法书，走遍犹大各城教训百姓"(代下十七 9)。⑪ 此诏书可能首先是用亚兰文书写而成，在波斯各地扬声诵读出来的；然后此谕旨收藏于王库内，当大利乌王降旨寻察"典籍库"时，在玛代省的亚马他城的宫内寻觅到此谕旨(六 1～5)。

一 2 "波斯王古列如此说" 这是古代公文的一般格式，可以在宗教经典或世俗的谕旨诏书中发现。通常的引言是由"如此说"作为开端，然后以完成时态去形容现况("已将天下万国赐给我")；最后，以王御命令时态结束("可以上犹大……在耶路撒冷重建……要用金银财物牲畜帮助他"，一 3～4)。⑫ 亚基米尼王朝的诸波斯王经常使用此格式去传递谕旨。虽然在其他古代文献中找不到古列以波斯王称呼自己，其他亚基米尼王，譬如大利乌和薛西王都曾如此称呼自己的帝号。⑬ 此处的称号可能是圣经作者的旁述语，以呼应第一节所引用的"波斯王古列"。

"耶和华天上的神" 古列的一般作风乃是以他所统治之百姓的神号，作为诏书上的称呼，譬如在"古列铭筒"的刻文中，有如此记载："〔古列的〕统治为巴比与尼布所喜爱，他们的心喜悦古列为王"。"巴比"与

---

⑪ 历代志充满口传及信达的例子，代下二十一 12，三十五 4。参 K. Kitchen, *Ancient Orient and OT*, pp. 135 - 138. 拉一 1 的末部也是记录此谕旨是"如此写下"(wᵉgamᵇmiktāb)，可见古列的谕旨是有文献记录的。K. E. Bailey，"以色列的口传传统与圣经"，*Asian Journal of Theology* (1991), pp. 34 - 54.

⑫ 在旧约及其他文献都可稽查到此格式，创四十五 9；民二十二 4～6；王下十九 3～4。参 C. Westerman, *Basic Forms of Prophetic Speech* (London: Lutterworth, 1967), pp. 100 - 115；J. Harmatta, "The Literary Patterns of the Babylonian Edict of Gras," *Acta Antiqua* 19(1972), pp. 217 - 231.

⑬ Darius in Behistun inscription, Xerxes and Cambyses in Herodotus III: 21.

"尼布"皆是巴比伦人所敬奉的神;甚至古列称他是巴比伦护城之神玛督的信奉者。考古学家在巴比伦王尼布尼杜斯所敬奉的太阳神"鲜"(Sin)的庙里,发掘到古列的刻文:"鲜、天地的光(Nannar),全地四方的万国已赐了给我,如今我将这些神像回归他们的圣所内"。[14] 故此,古列的诏书中,称呼犹太人的神为"耶和华天上的神",也是十分合宜的。

况且,古列的信仰是一种综合性的天体敬拜,他既拜巴比伦的"鲜、天地的光",也同样地敬奉这位犹太人所拜的"耶和华、天上的神"。据考古学家发现,波斯人将耶和华以一辆有翅膀轮子作征号,刻在钱币上。倘若当时的犹太人趁着古列登基元年,上奏请愿,他们必定会强调天上的神的名号,以争取古列的同情(五 12;尼一 4~5,二 4、20;伊里芬丁蒲草纸文献也有类似的称号)。[15]

"已将天下万国赐给我,又嘱咐我" 这是谕旨的一般格式,也是古列曾经如此奉"鲜"的名提述过的。不过,若对旧约以赛亚先知有所认识,不难发现于被掳之前,以赛亚曾如此论及古列:"论古列说:他是我的牧人,必成就我所喜悦的,必下令建造耶路撒冷,发命立稳圣殿的根基。我耶和华所膏的古列,我搀扶他的右手,使列国降伏在他面前 ……"(赛四十四 28,四十五 1)

因此,王的心实在是在耶和华的手中,随着他的旨意流转。古列的意念竟在一百多年前,藉着先知的口传讲了出来。古列的出现乃是在神全能的救恩计划中的一环。不管古列当时有否觉察到他所下的谕旨确是应验耶和华的旨意,神的旨意仍是安定于天,当时候满足,他的旨意必定成全。经文提及"又嘱咐我",可见,古列的多神兼容信仰容许他如此下诏,并且深深觉察到各地的神都喜悦他这道谕旨。

"嘱咐"(pāqad)此词原意为"到访或相遇",是否耶和华在梦中曾

---

[14] C. J. Gadd & L. Legrain, *Ur Excavation Texts 1: Royal Inscriptions* (London: British Museum, 1928), No. 194,307.

[15] 亚兰文 ʾlh šmy (Aramaic Papyri 30:2),参 D. K. Andrews, "Yahweh, the God of Heavens," in W. S. McCullough, ed., *The Seed of Wisdom*, Festschrift, T. J. Meek (Toronto: Univ. of Toronto Press, 1964), pp. 45 - 57; Y. Meshorer, "Jewish Coins," Tel-Aviv: Am Hassefer (1967), p. 37, plate A; V. W. Jackson, "The Religion of the Achaemenian Kings," *JAOS* 21(1960), pp. 160 - 184.

向古列显现,不得而知。不过,神在古列的心灵中激动他,使他有此受托感,倒是确实的。古列深深体验到耶和华天上的神托付委任他,去履行一件任务,就是为耶路撒冷重建圣殿。

"在犹大的耶路撒冷为他建造殿宇"　这是以斯拉记第一部分的重点——耶路撒冷圣殿的重建。如此重要的信息竟然首先由一位外邦的君王传递出来,并且构成下文发展的中心思想。"犹大的耶路撒冷"是繁冗的复述,可见是出于非犹太人的手笔,去描述当时的地理环境。虽然耶路撒冷的圣殿是由犹太人所兴建的,但是对古列而言,他所下的诏书允许犹太人归回,间接也参与在建造圣殿的工程中。

一 3　"在你们中间凡作他子民的"　从上文的地理"犹大的耶路撒冷",及下文的伦理"犹大和便雅悯的族长"(一 5),可见此处所指"凡作他子民的",应该是指着南国犹大的子民。巴比伦王尼布甲尼撒所掳去三批的人全是犹大人,古列谕旨中归回的也是这些犹大人。他们是"可以上犹大的耶路撒冷",但古列的谕旨并没有强迫归回,因为强迫政策与他的宽容政策有所抵触。[16] 凡甘愿归回的都可以允准如此作。并且,他们归回的任务乃是十分清晰确定的,是要"在耶路撒冷重建耶和华以色列神的殿"。此处和合本意译出来"只有他是神",此译法的文句似乎是肯定耶和华才是独一的神。但是,希伯来的文句直译是"他是在以色列中的神"。据古列的多神信念而言,他只是肯定耶和华是以色列人所敬奉的神而已。

此节的中文译法是将"愿神与这人同在"放在句子的最后,文理比较流畅通达。希伯来文则将此祝福语放在中间,在"凡作他子民的"之后,并将他的子民重复再述一次,即"愿神与他的子民同在"。在此谕旨中神的圣民与神的圣旨是息息相关的,神的旨意是透过神的子民去完成的。并且,神应许与人同在,也确保了神的旨意能够成就。

一 4　"凡剩下的人,无论寄居何处"　希伯来文"剩下的人"于此节中出现了两次,并且文法句子结构繁复,可能是从公文亚兰文翻译过来的结果。首先,此处所指的人应该是犹大人,因为古列的谕旨不是针

---

⑯ 此节的两个动词"上"(ya'al)与"重建"(yiben),都属允许式的语气(Jussive),而非命令的时态。

对所有人。"剩下的人"可以是指着脱离巴比伦刀剑,而被掳到外国的犹大人(代下三十六 20)。但从上下文脉而言,他们可能是不愿归回耶路撒冷,仍留居波斯境内的犹大人。凡是寄居在波斯帝国疆域内的犹大人,若不愿归回的,古列的谕旨要求他们以财物来支持那些甘愿再度回归故里的犹大人。

"要用金银、财物、牲畜帮助他;另外也要为耶路撒冷神的殿甘心献上礼物" 金银、财物与"甘心献上之礼物"(或作感恩祭),都是在希伯来文中并列在一起的。这些物件都是为回归者捐献出来,以作重建圣殿之用的。有些学者认为"甘心祭"或"感恩祭"过分犹太化,不应该在古列谕旨中出现的,因此必定是历代志作者的编辑手笔的结果。不过,古列的谕旨很可能是回应犹太人的上奏,故此,用词及细节皆是按着奏书上,犹太人的术语用词而写成的。[17] 况且,谕旨中可以觉察到非犹太人的色彩,譬如此处希伯来文指着"神的殿,就是在耶路撒冷的"。可见,古列所指只是一个地区性的神,他的圣所只是在耶路撒冷。

耶和华神的旨意乃是要重建圣殿,于是有些犹大人领受了此托负,甘愿再度将已经安顿好的家园拔起来,投身加入归回的行列。又有些人虽然不能动身起程,仍甘愿以财物支援归回的同胞。最终的目的乃是神的殿可以重建起来。

---

[17] Rudolph, *Esra und Nehemia*, p. 3; E. Bickermann, "The Edict of Cyrus in Ezra 1," *JBL* 65(1946), pp. 249 - 275.

贰 圣民、四围的人与古列王的回应行动(— 5～11)

5 于是,犹大和便雅悯的族长、祭司、利未人,就是一切被神激动他心的人,都起来要上耶路撒冷去建造耶和华的殿。

6 他们四围的人就拿银器、金子、财物、牲畜、珍宝帮助他们(原文作"坚固他们的手")。另外还有甘心献的礼物。

7 古列王也将耶和华殿的器皿拿出来;这器皿是尼布甲尼撒从耶路撒冷掠来,放在自己神之庙中的。

8 波斯王古列派库官米提利达将这器皿拿出来,按数交给犹大的首领设巴萨。

9 器皿的数目记在下面:金盘三十个,银盘一千个,刀二十九把,

10 金碗三十个,银碗之次的四百一十个,别样的器皿一千件。

11 金银器皿共有五千四百件。被掳的人从巴比伦上耶路撒冷的时候,设巴萨将这一切都带上来。

　　归回的犹大人仿佛是第二次出埃及。于首次出埃及时,法老命令他们离去,埃及人将金器、银器等物送给他们(出十二 35～36,三 21～22,十一 2)。被掳归回的犹大人同样地得到古列的王谕,四围的外邦人都拿金器、银器等物赠送给他们。甚至圣经作者刻意将古列的谕旨中的金、银等物,加上器皿($k^e lî$)一字,使之与出埃及的用词相似,让读者产生联想。①

---

① G. W. Coats, "Despoiling of the Egyptians," *VT* 18(1968), pp. 450 – 457; P. R. Ackroyd, p. 215; D. Daube, *The Exodus Pattern in the Bible* (London: Faber and Faber, 1963), p. 11; B. W. Anderson, "Exodus Typology in Second Isaiah," in *Israel's Prophetic Heritage: Essays in Honor of J. Muilenburg* (New York: Haper & Bro, 1962), pp. 182 – 184.

(I) 圣民之领袖们都起来归回去建造圣殿(一5)

一5 "于是,犹大和便雅悯的族长、祭司、利未人" 犹大、便雅悯及利未人都是属于南国犹大的子民,也是代表着归回的"真以色列人",或后来发展形成的犹太人(四1;尼十一4;王上十二23;代上十二16;代下十一12)。② 他们中间的领袖首先回应神的感动,计有族长和祭司。"族长"(rā'šê hā'ābôt)是一家族之长,是为首作带领的。祭司与利未人在希伯来文中是分开的个体,每一个祭司都是利未人,但不是每一个利未人都是祭司。无论是民间首领或是宗教领袖,都以身作则、身先士卒地回应神的呼召。

"就是一切被神激动他心的人" 此处的词汇与第一章一节耶和华"激动古列的心"几乎是一样的。由此可见,圣经作者是要表明一个重要的神学思想,神是主动地在历史中,施展他奇妙的作为。他会藉着环境的因素、心灵的负担或其他途径,将人引导到一个地步,他们的心灵与神的灵产生共鸣,于是甘愿地以行动去回应神的呼召,神的旨意就因此得以完成了。

"都起来要上耶路撒冷去建造耶和华的殿" "起来"(wayyāqûmû)此动词是放在全句的前端,作为重点行动之回应。然后,在句尾处将"要上"及"去建造",用不定式(infinitive)并排在一起(la'ᵃlôt libᵉnôt),使之产生一连串行动效应。作者以这些动词串连起来,让读者亲身感受到这些领袖们如何心里火热,前呼后拥地相继自动请缨,去回应神的感动。

(II) 四围的人甘愿将财物送赠给他们(一6)

一6 "他们四围的人" 古列的谕旨包含了不愿归回,留居各处

---

② 犹大人是旧约用词,被掳前此字首先在王下十六6出现,耶三十二2,三十四9,五十二28都以此称呼住在犹大的居民。被掳后即以此来形容与外邦人分别出来的选民(但三8~12;斯八17)。归回后则指着信仰、宗教、民族、血源纯一的真以色列人(四2;尼十三24;亚八23)。新约即采用犹太人形容以上旧约的观念,与外邦人不同(可七3;约五1;徒十一19)。

的犹大人，都要拿出财物来帮助愿意归回的人（一 4）。可是，此处所指的可能不是犹大人而是四围外邦的邻居。若是指犹大人，作者通常用"兄弟"('ēhîhem)一词。虽然古列的诏书主要是向犹大人施令，然而神亦会感动其余外邦人，正如于出埃及时，"耶和华叫百姓在埃及人眼前蒙恩"（出十二 36），以致埃及人也甘愿地赠送财物来帮助他们。

"帮助他们" 希伯来文描写得很有意思，这些四围的人，甚至外邦人都赠送财物去"坚固他们的手"(ḥizz°qû biḏêhem)。这些归回的百姓得到各处各方的人之馈赠，以致手中得到建造圣殿的材料，心中又得到坚定，能够刚强壮胆地迎向前面艰巨的挑战。当这些首领们愿意踏出信心的一步，神又从旁鼓励他们，并且肯定他们的心志。这一群归回的犹大人好像昔日出埃及的以色列人般，经历到神奇妙的供应，甚至四围的外邦人都以财物送行。

(III) 古列王也将圣殿中的器皿交还给他们 (一 7～11)

一 7 "古列王也将耶和华殿的器皿拿出来" "拿出来"(hôṣî')的原意是释放，出埃及记曾以此字去形容以色列人出埃及（出三 10～12，十四 11，十八 1，二十 2，十三 3、9、14、16，三十二 11）。圣经作者刻意使用此字，好让读者（首先是文士以斯拉时期的犹太人及历代的读者）联想起神如何在埃及兴起摩西成为以色列的释放者，如今同样地在波斯兴起古列作为他们的释放者。

在"古列铭筒"曾记录古列于其他地方也是有些政策，将当地圣殿里被掳的器皿归还原属的庙宇。"我将〔圣物〕归还他们的圣城，就是在底格里斯河另外一端之地……再者，我将苏默和亚喀的神像——就是尼布尼杜斯掳掠至巴比伦的归回原处"。③ 由此可见，古列登基初年大施宽容政策，将各地的神像归回原处。

"这器皿是尼布甲尼撒从耶路撒冷掠来，放在自己神之庙中的"

---

③ *ANET*，p.316.

据列王纪下第二十四章十三节，二十五章十三至十六节；历代志下第三十六章十、十八节；耶利米书第五十二章十七至十九节所记述，尼布甲尼撒王确实在毁灭耶路撒冷时将圣殿里的圣物掳走。巴比伦的历代志泥版亦有此记录，及刻画尼布甲尼撒入京耶路撒冷后，将金灯台及各样圣殿的器皿掠去。④

古时的帝王得胜后，必定将当地庙宇内的神像及圣物掳走，然后放在自己的神庙内，以示帝王的神胜过了当地的神。这也是要向当地的人民示意，他们的神像圣物被掳了，他们也要服从得胜君王的统治。在撒母耳时代，以色列人与非利士人争战，约柜被掳，非利士人也是如此将它放在大衮庙里（撒上四17，五1～5）。

一8 "波斯王古列派库官米提利达将这器皿拿出来" 库官是波斯的外借语（希伯来文 haggizbār，波斯文 ganzabara）是财务大臣，负责管理王的御库。他的名字"米提利达"是普遍的名字，意思谓"献给米提利（神）"。米提利（Mithra）是雅利安之神像，后来玛代波斯摄政敬奉。此库臣可能不是玛代波斯人，可能是雅利安人，蒙古列所恩宠信任为库臣，正如尼希米在亚达薛西王任酒政般。⑤ 他将这些器皿拿出来（释放），可见圣经作者不断地藉着文字的措辞，将归回与出埃及作联想对照。

"按数交给犹大的首领设巴萨" 设巴萨与所罗巴伯的关系已经在本书绪论中讨论过（参绪论"归回的次序"），笔者认为将这两个名称视为同一个人物，问题比较少一点。历史文献亦有此依据，犹太史学家约瑟夫将他们认同为一人。⑥ 依此解释，设巴萨为波斯名字，古列所称呼的名号，而所罗巴伯可能是希伯来文，是他的父亲撒拉铁取名以记念他

---

④ D. J. Wiseman, *Chronicles of Chaldaean Kings* (London：British Museum，1956). 此珍藏留在英国的伦敦博物馆内，我曾在以色列耶路撒冷大卫楼的博物馆内看过此仿制品。

⑤ 雅利安即 Aryan，参 G. Widengren, *Stand und Aufgaben der iranischen Religionsgeschichte* (Leiden，1955)，pp. 22ff.

⑥ Josephus, *Antiquities*，xi：13 - 14；参近代学者 A. Bartel，"Once Again - Who was Sheshbazzar?" *BMik* 79(1979)，pp. 357 - 369（希伯来文章）；M. Ben-Yashar，"On the Problem of Sheshbazzar and Zerubbabel," *BMik* 88(1981)，pp. 46 - 56（希伯来文），K & D，p. 26.

是"生于巴比"。⑦ 此论点可以避免第一批的归回是分几个阶段，并且历时数年之久。有些学者认为第一个阶段以设巴萨为首，然后，所罗巴伯再带领另外一些归回。以斯拉记第二章的数目乃是第一批归回的总数。这种讲法将第一批的回归者分开而论，并且由两个不同的领袖带领，是不必要的预设。再者，第二章很明显将第一批归回的人数列举，并且将为首的领袖归于所罗巴伯，所罗巴伯于第二章的出现又没有介绍，可能圣经作者已经预设了当时的犹太人知道上文所介绍的设巴萨就是所罗巴伯。设巴萨的名字没有在第二章出现，因为设巴萨其人就是所罗巴伯。⑧

设巴萨称为"首领"（hannāʹsíʼ），此字有时用作形容以色列支派的首领（代下五 2），有时用于所罗门"终身为君"（王上十一 34），有时形容以色列的王（结四十五 7、9、16~17）。设巴萨既有王族的身份，与所罗巴伯为犹大的后裔、大卫家族约雅斤王的孙子相同，两者的身份同属王族。先知撒迦利亚明显地指出所罗巴伯就是受膏者，与大祭司约书亚一起同工去兴建圣殿（亚四 11~14）。再者。所罗巴伯王族的身份没有在以斯拉记中被强调，可能作者是为了避开波斯皇室对他的猜忌。因为古列之后的其他波斯王亚基米尼，虽仍有宽大兼容的政策，但对异议背叛分子仍是非常注视。故此，文士以斯拉撰写以斯拉记时，也不大愿意过分挑起波斯皇室的猜忌。可能因此所罗巴伯王族的身份就被隐藏，每次上奏提及圣殿的建造时，则以官式波斯名字设巴萨来表达（五 14~16）。

一 9~11　"器皿的数目记在下面：金盘三十个，银盘一千个，刀二十九把，金碗三十个，银碗之次的四百一十个，别样的器皿一千件。金银器皿共有五千四百件。被掳的人从巴比伦上耶路撒冷的时候，设巴萨将这一切都带上来"　此段是圣殿器皿的点数，文中出现了两个问题：（一）数据；（二）文字。依数据而言，各样器皿加起来的总数应该是

---

⑦ 有些学者认为所罗巴伯也是波斯文（Williamson，p. 17），故此认为一个人不可能拥有两个波斯名字。不过所罗巴伯不一定是波斯文，就算是波斯文，也可能是父母记念此儿子是出于巴比伦。

⑧ 设巴萨的希伯来文是 šēšʹbbaṣṣar，七十士译本为 Σασαβασαρ、Σαβαχασαρ 或 Σαναβασσαρος；以斯拉壹书（1 Esdras）为 Σαμανασσαρ，或 Σαναβασσαρ；约瑟夫（Josephus）为 ʼΑβασσαρ。

二千四百九十九件。但是,第一章十一节却记录为五千四百件。有些学者认为这些数目上的差距可能是文献抄录的错漏,将二千五百(二千四百九十九之约数)误写为五千四百。[9] 有些则认为可能原先的记录是亚兰文,当作者用希伯来文记录时,就出现了数据上的出入。[10] 另外有些学者认为第十节中银碗的数目遗失不明,若能知道此数目,可能总和即会接近。[11] 圣殿内归回的器皿,包括了金、银及其余物件,有五千四百件。与银器的数目,共有二千四百九十九件。而第十一节是记录所有另外一个可行的解释,就是将第九与十节为记录金器。至于实在的原因,很难明确解释,以上的尝试解答都是有可能的。

有关文字方面,此数据中充满不少外借语,其确实意思也不容易分辨。第一章九节中的"盘"('ĕgarᵉṭlê),可能是外借语,但来源及意思则很难确定。又第一章九节的"刀"(maḥălāpîm),也可能是不知来源的外借语。[12] 此字于后来犹太经典他勒目中是指着"刀",故此传统上翻译为刀。

这一切圣殿中的器皿,是"被掳的人"上耶路撒冷带出来的。被掳的人(gôlāh),此字在以斯拉记中出现过好几次(六 21,九 4,十 6、8,二 1,四 1,六 19~20,八 35,十 7、16)。可见这是以斯拉记的主题——被掳的人归回耶路撒冷,重建圣殿。"从巴比伦上耶路撒冷",仿佛好像昔日摩西带领以色列人出埃及去迦南地一般。如今是设巴萨引导之下,将犹大被掳的人并各样圣殿的器皿,带出来归回耶路撒冷。这是一件奇妙的事,是神在历史中的作为。

---

[9] Keil & Delitzsch, p. 29, J. D. Whitehead, "Some Distinctive Features of the Language of the Aramaic Arsames Correspondence," *JNES* 37(1978), pp. 119–140.

[10] Fensham, pp. 46–47.

[11] Williamson, pp. 4–6; K. Galling, "Von Naboned zur Darius," *ZDPV* 70(1954), pp. 4–10.

[12] M. Ellenbogen, *Foreign Words in the OT* (London: Luzac, 1962), pp. 9–11; Batten, *Ezra*, p. 69.

叁　圣民归回的名单
（二 1～70）

　　被掳回归者的名单对以斯拉记整本书的发展是很重要的。若从文体结构来看,第一部分(一～六章)是引述有关所罗巴伯带领首批归回之圣民的任务。第二章则记录回归者的人数。数点清楚以后,再引申出这群归回的圣民开始按着神的意思,兴建圣殿的艰巨工程。我们可以期待于第二部分(七～十章)所记述,以斯拉为首带领第二批归回的圣民中,也有相同的数点人数。果然,于第八章即有第二批回归者的名单。他们归回的任务乃是要圣民在地上建立圣洁的生活。故此,首部与下两部的文体结构十分工整完善,实在是出于一位文学造诣颇深的作者之手笔,而非近代批判学者所谓,全书是由一位后世的编辑,随意将一些历史不实在的记录与以斯拉的回忆录,拼合而成的一卷书。①

　　若就全书的神学发展而言,圣经作者意欲将出波斯入耶城与古时摩西时代的出埃及入迦南作对比,并藉此联想对照彰显神的全能,及激励归回的圣民,让他们知道出波斯归回耶路撒冷是神的旨意,正如昔日以色列的先祖出埃及入迦南一般。以色列人出埃及后的第二年,神就吩咐摩西核点民数(民一 1～3,拉一～三章)。故此,文士以斯拉所记述的"第二次出埃及",同样地有数点归回的人数。当时的读者很清楚感受到圣经作者将核数放在第二章内的目的,他们就是第二次出埃及的圣民,他们所作的也就是活在耶和华的旨意中。

---

① Rudolph, *Esra und Nehemia*, p. 17. Rudolph 认为此名单为杂乱无章的后期组合,不可一信。Hölscher 认为此名单只是波斯的税务人口统计(G. Hölscher, *Die Bücher Esra und Nehemia*, HSAT II〔Bonn, 1923〕, pp. 303 - 304)。Galling 认为此名单之目的乃是要稽查那些纯正的犹大人(*Studien zur Geschichte Israels*, p. 92)。不过这些批判学者忽略了圣经作者于文体与神学论点上都是有其重要构思的。

(I) 首次被掳回归者的名单(二 1～63)

(i) 前言(二 1～2)

¹ 巴比伦王尼布甲尼撒从前掳到巴比伦之犹大省的人,现在他们的子
孙从被掳到之地回耶路撒冷和犹大,各归本城。

² 他们是同着所罗巴伯、耶书亚、尼希米、西莱雅、利来雅、末底改、必
珊、米斯拔、比革瓦伊、利宏、巴拿回来的。

　　二 1　"巴比伦王尼布甲尼撒从前掳到巴比伦之犹大省的人,现在
他们的子孙从被掳到之地回耶路撒冷和犹大,各归本城"　希伯来文圣
经承接上文"从巴比伦到耶路撒冷"(一 11 的希伯来文次序),开始申述
"这些所属省份的子孙们"(bᵉnê hammᵉdînāh)。究竟所属的省份是指
哪里呢?中文圣经则删去此文法结构,将省份一词与句子尾部的犹大
拼合为"犹大省"。一些近代学者也是如此解释,他们按照第五章八节
及尼希米记第一章二节为例,指出当时的犹大已经在波斯国的行政管
辖区中归化为省份。但是,如此解释受到批判学者诸多批评,谓古列元
年不可能立即可以将犹大划分为省份。②

　　从文理而言,中文和合译本是将意思翻译得颇清楚准确,"他们子
孙从被掳到之地"归回,希伯来文的"所属省份的子孙们"之后就是"被
掳居住之地"。故此,所属的省份应该是指着被掳的犹大人寄居于巴比
伦各省份中,他们从那些地方出来归回耶路撒冷和犹大,各归本城。③
我们可以想象到这股欢欣的心情;正如诗人所言:"当耶和华将那些被掳
的带回锡安的时候,我们好像作梦的人。我们满口喜笑、满舌欢呼的时
候,外邦中就有人说:耶和华为他们行了大事!"(诗一二六 1～2)

　　"被掳"(hā ʿōlîm miššᵉbî haggôlā)此希伯来文在文句上出现过两
次。gālāh 一词有双重意思:(一)被夺去(赛四十九 21),这是一般较熟

---

② Keil & Delitzsch 解释为犹大省(p. 31),但批判学者 Alt 攻击之(KS II, p. 335)。

③ F. C. Fensham, "Medînâ in Ezra and Nehemiah," *VT* 25(1975), pp. 795 - 797。

悉的用处；（二）此字也可以用作"显露"（赛四十九 9）——"对那被捆绑的人说：出来吧！对那在黑暗的人说：显露吧（higgālû）！"有时候此字也会被翻为"显现"（"因我的救恩临近、我的公义将要显现"，赛五十六 1），或"指示"等意思（"耶和华已经指示撒母耳"，撒上九 15）。④

"被掳"与"启示"本是相对的观念，但是藉着这个字的使用（共二十八次，十二次是被掳前、十六次是被掳后用的），神在历史中显露他奇妙的作为。以色列人的被掳显露了耶和华的公义，他们的归回也显现了神的救赎。正如出埃及时，神藉大能的膀臂将以色列人，从为奴之家的埃及地领出来。如今，他也是藉其大能的作为，将犹太人从巴比伦领出来。神藉着"被掳"去"显露"他的作为，此处双重的意思是圣经作者技巧地藉文字的词藻表达出来。再者，第九章十四至十五节，作者更进一步将 gôlāh 与剩余之民连接在一起，这些被掳归回之民，就是剩余之民，也是神在历史中所使用之民，透过他们去显露他的作为。

二 2 "他们是同着所罗巴伯、耶书亚、尼希米" 此名单的前言中，首先将归回的领袖们列举出来。所罗巴伯与约书亚（或耶书亚）都是先知哈该与撒迦利亚所宣告，神已经选立了他们；并且，他们是受膏去重建圣殿的（该二 21～23；亚三 8，四 6～7、11～14，六 12）。撒迦利亚先知更于异象中，看到金灯台左右的两棵橄榄树，就是指着所罗巴伯和约书亚，他们"站在普天下主的旁边"，为两位受膏者（亚四 14）。并且，"所罗巴伯的手，立了这殿的根基，他的手也必完成这工"（亚四 9）。

由此可见，所罗巴伯是于第一批归回的犹大人中间，并且，他是直接参与圣殿根基之建造的。此见证与一些近代批判学者所谓第一批归回至少分为两阶段，完全不符，他们认为首先设巴萨带领一些人回去，建造圣殿的根基（五 16）。后来，他们遇上难处而停工，设巴萨后来也去世了。然后，经过约十二年以后，所罗巴伯再带领一些人回耶路撒冷，他们仍属第一批回归者，但是属第二阶段。归回后，藉着先知哈该与撒迦利亚的鼓励，所罗巴伯再次振臂一呼，鼓舞犹太人齐心去兴建圣殿，终于完成了。不过，先知撒迦利亚的见证是于圣殿兴建根基时，所

---

④ F. I. Anderson, *ABR* 6(1958), pp. 12ff; Zobel, "gālāh," *TDOT*, II, pp. 476 - 488.

罗巴伯已经作带领;后来工作虽然停了,但是神坚定了所罗巴伯的心,由他再带领犹大人去完成此艰巨的事工。所以,批判学者的预设是不必要的。

犹太经典常将所罗门与所罗巴伯相提并论(传道经四十九 11;以斯拉壹书三 1~五 6),所罗门以七年之久兴建了长二十七点五米、宽九米、高十三点七米的圣殿。所罗门的圣殿存留了约五百年,后来所罗巴伯共花了十七年之久,将圣殿重建,此圣殿也留存了五百多年之久。由此可见,犹太传统的确将所罗巴伯推崇备至。

所罗巴伯显然是属于大卫家族,虽然一些经文提到所罗巴伯的父亲是撒拉铁(三 2、8,五 2;尼十二 1;该一 1、12、14,二 2、23),但是,历代志上第三章十九节却指出,撒拉铁的兄弟毗大雅才是他的父亲。有些学者认为撒拉铁于所罗巴伯出生前已经过世,他的兄弟毗大雅根据娶兄遗孀之律例(申二十五 5~10),娶了撒拉铁的遗孀而生所罗巴伯。可惜,历代志的作者却没有清楚解释此论点。故此,据希腊文七十士译本的历代志第三章十九节,撒拉铁是所罗巴伯的亲生父亲,我们就此接受圣经的一般字义。但无论如何,所罗巴伯是大卫家族的王约雅斤的孙子。[5]

"耶书亚"——在哈该书及撒迦利亚书中,耶书亚又作约书亚。他是大祭司约萨答的儿子,约萨答被尼布甲尼撒王掳到巴比伦(代上六 14~15)。耶书亚在外邦继承父亲为大祭司,与所罗巴伯同行回到耶路撒冷(二 2;尼七 7,十二 1)。耶书亚带领归回的犹大人建造神的圣坛(三 2,五 2),及与所罗巴伯同工,一起建造圣殿(三 8),并且力拒外族的阻挠,终于与所罗巴伯一起完成圣殿的工程(四 3)。在尼希米时代,他的儿子遵从以斯拉等的劝告,将在巴比伦所娶的异族妻子休去(十 18)。此儿子约雅金,就是在尼希米时期,继承其父为大祭司的(尼十二 7、26)。

"尼希米",据一些批判学者所言,尼希米此处的排列实在是错误,

---

[5] Jehoiachim Tablets (*ANET*, 308); K. M. Beyse, *Serubbabel und die Königserwartungen der Propheten Haggai und Sacharja* (Stuttgart: Calwer Verlag, 1972); S. Japhet, "Sheshbazzar and Zerubbabel," *ZAW* 94(1982), pp. 66 - 98; - , 95(1983), pp. 218 - 229.

他们认为此处的尼希米必定是后期犹大的省长,重建耶路撒冷城墙的尼希米,故此,他们认为以斯拉记所记述的名单错漏百出。⑥ 可是,这些批判学者忽略了一件事实,尼希米是被掳后的一个普通名字。除了此处所提及与所罗巴伯一起归回的尼希米以外,尚有"管理伯夙一半,押卜的儿子尼希米"(尼三 16)。此人是于公元前 444 年协助重建耶路撒冷城墙的人。故此,不能预设以斯拉记第二章二节所言之尼希米,就是哈迦利亚的儿子,负责重建城墙的尼希米。此处之尼希米可能是另外一人,与所罗巴伯一起回到耶路撒冷,开始重建圣殿的工程。

"西莱雅、利来雅、末底改、必珊、米斯拔、比革瓦伊、利宏、巴拿回来的" 第二章二节所记录的十一个名字,可能原先是十二个,代表以色列十二个支派的。若与尼希米记第七章七节对照,则发现第二章二节的西莱雅即是尼希米记第七章七节的亚撒利雅、利来雅即是拉米,而尼希米记第七章七节的拿哈玛尼即于第二章二节删去,其余名字都是相同的。这可能是古抄本的文献评鉴的问题,希腊文以斯拉记第五章八节即有 Eueineos 此名字。可见,原抄本中可能于第二章二节中共有十二个名字,代表着以色列的十二支派。尤其是第二章三节提及"以色列人民的数目",更可以使读者联想到古时以色列出埃及时的十二支派的情景。当然,每一个代表很难追查到他们是否真正由此十二支派而来,不过,此乃是文学上的代表法。此处的末底改并非以斯帖时代的末底改(斯二 5～7)。以斯帖的养父末底改是犹大人归回后六十年的人物,住在波斯的书珊城中,每日在王宫前朝门的(斯二 21)。他并非与所罗巴伯一起归回的那位领袖。

(ii) 家族(二 3～20)

3   以色列人民的数目记在下面,巴录的子孙二千一百七十二名。

4   示法提雅的子孙三百七十二名,

5   亚拉的子孙七百七十五名,

---

⑥ Brockington, *Ezra, Nehemiah, and Esther*, NCB (1977), p. 52.

[6] 巴哈摩押的后裔,就是耶书亚和约押的子孙二千八百一十二名,

[7] 以拦的子孙一千二百五十四名,

[8] 萨土的子孙九百四十五名,

[9] 萨改的子孙七百六十名

[10] 巴尼的子孙六百四十二名,

[11] 比拜的子孙六百二十三名,

[12] 押甲的子孙一千二百二十二名,

[13] 亚多尼干的子孙六百六十六名,

[14] 比革瓦伊的子孙二千零五十六名,

[15] 亚丁的子孙四百五十四名,

[16] 亚特的后裔,就是希西家的子孙九十八名,

[17] 比赛的子孙三百二十三名,

[18] 约拉的子孙一百一十二名,

[19] 哈顺的子孙二百二十三名,

[20] 吉罢珥人九十五名。

　　以斯拉记第二章及尼希米记第七章所记录,首批回归者的名单颇相似,但是个别姓名及数目是有差距的。于是,批判学者认为这两个名录可能出现抄写文献的错漏。他们亦认为第二章的名录是依据尼希米记第七章为根据而成的,理由是:(一)尼希米记第八章一节所提及的"七月",与尼希米记第八章二节互相呼应,而第三章所提及的历史背景则是悬空虚架,与上下文脉并不相连;(二)第二章六十八至六十九节归纳了尼希米记第七章七十至七十二节,并且第二章的数据多采用约数。[⑦]

　　这些批判学者认为第二章既依据尼希米记第七章,就必须属于后期的作品,因此他们推论,整部第一至六章都属于后期历代志编者的手笔,与以斯拉回忆录(七~十章)分开为不同时期的作品。但是,若详细

---

⑦ 批判学者以尼七章为本的包括 K. Galling, "Die Liste der aus dem Exil Heimge-kehrten," *IEJ* 29(1979), pp. 37 - 39; A. C. Hervey, "The Chronology of Ezra II and IV 6 - 23," *The Expositor* iv/7(1983), pp. 431 - 443; J. P. Weinberg, "Demogra-phische Notizen zur Geschichte der nachexilischen Gemeinde in Jude," *Klio* 54(972), pp. 45 - 59.

察看,第二章的独特性是不难发现的。第三章一节所提及的"七月",是犹大人归回耶路撒冷后的七月,而尼希米记第八章一节的"七月",是尼希米于以禄月(即六月;尼六 15)重建城墙后的七月。相同的七月,犹太人有聚集、献祭、宣读律法书并不难解释,因为七月称为犹太人的"他什里图月",也是犹太人的新年。⑧ 故此七月初一(新年)有聚集是合理的,况且七月初十是重大的赎罪日,十五至二十一是住棚节,可见七月份是一个重要的宗教月份。

以斯拉记陈述回归者的第一个新年庆典是十分合理的。尼希米记顺着历史发展,记述城墙于六月(以禄月,或称为宇鲁月)完毕,然后,七月初一新年时举行隆重庆祝,也是十分合理的。我们不必因此就断言没有记录日期的第二章,就缺少历史价值;而只记录七月的日期之尼希米记第八章,则有历史根据。更不能断论尼希米记第八章为主,而本书第二章为次,属于后期的抄录。

再者,第二章六十八至六十九节与尼希米记第七章七十至七十二节,都是寥寥两三节,如何可以由此引申出,较短的第二章是依据比它长一节的尼希米记第七章而写成的?况且,约数并非不准确的记录。综合以上的论点,以斯拉记的名录并不需要依据尼希米记名录去解释,也并非属于后期的编录而成的。此名录实际上于全书而言,是占有一重要的位置,它将出波斯入耶路撒冷的犹太人,与出埃及入迦南地的以色列人对照。以色列人的民数与回归者的名录互相共鸣,使读者可以联想起神昔日如何在历史中显出他奇妙的作为,今日也可以如此作工。

至于名录中的数目统计,第二章与尼希米记第七章的名录各有出入,我们不必依照批判学者的解释,谓历代志编者按照尼希米记第七章的名单抄录时有错漏。当然,抄本流传时出现文献抄本的分歧是必然有的,抄写文士的错漏也是可能发生的。故此,文献鉴定学是圣经研究所必需的,但是,批判学者预设尼希米记第七章在先,以斯拉记第二章在后,是出于历代志编者的手笔,则是不必要的。⑨ 以斯拉记的名录也

---

⑧ 参绪论注脚 36,他什里图目即 Tishri,公历为九至十月。

⑨ Williamson,pp. 29 - 31; D. B. Weisberg, *Guild Structure and Political Allegiance in Early Archaemenid Mesopotamia* (New Haven: Yale Univ. Press, 1967).

可能是回归者于出发前在波斯境内所记录的名单,而尼希米记的名录可能是抵达耶路撒冷后所记录的名单。有些人可能临时改变主意不归回,也有些人于记录名单后加入,有些人也许会于途中去世,途中又会有些孩子出生。故此,如果第二章与尼希米记第七章为两个独立的名单,第二章在先为归回前的数据,尼希米记第七章在后为归回后的数据,两者有出入是可以理解的。⑩

第二章三至二十节所记录的名单,都有"子孙"($b^e nê$)一字,而第二章二十一至三十五节则设有标题。可见圣经作者是刻意将有关的家族归纳起来,与第二章二十一至三十五节所记录住在不同城邑的人分开而论。这些家族只代表犹大及便雅悯人一部分家族而已,尚有一些不愿意归回,仍留居波斯境内的家族没有记录于此。这些记名的家族只有族长的名字记录于名单内,他们名字可能是源于被掳前的。虽然这些名字没有在历代志(代上九章)记载,也没有出于别的经典,但是他们

---

⑩ 兹将拉二与尼七的名录对比如下:

名录	拉二章	尼七章	差距
巴录(Parosh)	2172	2172	—
示法提雅(Shephatiah)	372	372	—
亚拉(Arah)	775	652	− 123
巴哈摩押(Pahath-Moab)	2812	2818	+ 6
以拦(Elam)	1254	1254	—
萨土(Zattu)	945	845	− 100
萨改(Zaccai)	760	760	—
巴尼(Bani)(Binnui)*	642	648	+ 6
比拜(Bebai)	623	628	+ 5
押甲(Azgad)	1222	2322	+ 1100
亚多尼干(Adonikam)	666	667	+ 1
比革瓦伊(Bigvai)	2056	2067	+ 11
亚丁(Adin)	454	655	+ 201
亚特(Ater)	98	98	—
比赛(Bezai)	323	324	+ 1
约拉(Jorah)(Hariph)*	112	112	—
哈顺(Hashum)	223	328	+ 105
吉罢珥(Gibbar)(Gibeon)*	95	95	—

* 尼希米记录之名字

吉罢珥可能是人名,也可能是地名

的真实性是不容置疑的。⑪ 此名单共有十八个家族,总数共一万五千六百零四人。

(iii) 城邑居民(二 21～35)

21 伯利恒人一百二十三名,

22 尼陀法人五十六名,

23 亚拿突人一百二十八名,

24 亚斯玛弗人四十二名,

25 基列耶琳人、基非拉人、比录人共七百四十三名,

26 拉玛人、迦巴人共六百二十一名,

27 默玛人一百二十二名,

28 伯特利人、艾人共二百二十三名,

29 尼波人五十二名,

30 末必人一百五十六名,

31 别的以拦子孙一千二百五十四名,

32 哈琳的子孙三百二十名,

33 罗德人、哈第人、阿挪人共七百二十五名,

34 耶利哥人三百四十五名,

35 西拿人三千六百三十名。

前段名单的特点乃是每一家族后面都有"子孙"此字,此段则明显地由城邑的名字所组合而成的。有些人认为第二章二十节的吉罢珥应该是地名,与尼希米记第七章二十五节的基遍相同。不过,在希伯来文中吉罢珥之前有"子孙"(beｎê)一字,可见吉罢珥是人的名字而非地名。但是,这也不能绝对言之,因为第二章二十一至三十五节中,有时使用 'aneｓ̌ê,代表当地居民(二 22～23)。但也有时采用 beｎê,表示当地人(二 21、25、26)。故此,我们不能断言此段所有专有名称都是地名。

---

⑪ K. & D., pp. 35 - 36.

　　此名单内的城邑都是离开耶路撒冷不远之地,据第一章五节而言,首批归回的是"犹大和便雅悯"人。故此,犹大及便雅悯的城邑居首也是合理的。况且,据考古发现,尼布甲尼撒王于公元前597、598年几乎将所有犹大人掳去。⑫ 所以,归回的犹大人顺理成章也是回到自己原居的城邑去。

　　按地理的分布而论,此名单首先从南部的伯利恒和尼陀法开始计算,然后往北移至亚拿突和亚斯玛弗,再往西移至基列耶琳等基遍人的联邦,最后移至犹大北端的伯特利和艾。及后,作者又回到西南边的尼波、末必、以拦、哈琳等地。最后,作者又记录西北部的罗德、哈第、阿挪及东北部的城邑耶利哥。若将此排列与约书亚时代攻取迦南各城邑的战略作对照,亦可以看出一些相同之处。约书亚首先从中部的耶利哥城切入迦南腹地(书六～九章),然后往南移(书十章),再向北攻(书十一章)。圣经作者是否藉着此地理城邑的分布,进一步引申出埃及入迦南的联想呢? 若然果真有此联想,此名单不独有出埃及后数点人数的作用,更有入迦南争战之胜利。耶和华神不单是过去历史的神,也是今时胜利的主。以斯拉所拟撰书的对象,当时归回重建圣殿的犹大人,不难觉察到神在他们中间奇妙的作为。⑬

　　这些以城邑为单位计算的人数,与尼希米记第七章的名单大致相同,总人数为八千五百四十人,来自二十一个犹大和便雅悯的城邑,兹将第二章与尼希米记第七章的名单人数及差距列举如下:

城邑居民	拉二章	尼七章	差距
伯利恒、尼陀法	179	188	+9
亚拿突	128	128	—
亚斯玛弗	42	42	—
基列耶琳、基非拉、比录	743	743	—
拉玛、迦巴	621	621	—

---

⑫ S. S. Weinberg, *Post-Exilic Palestine—An Archaeological Report*, The Israel Academy of Sciences and Humanities Proceedings, vol. 4, no. 5 (Jerusalem: Ahva, 1969).

⑬ Y. Aharoni, *The Macmillan Bible Atlas* (New York: Macmillan, 1968), p. 109.

默玛	122	122	—
伯特利、艾	223	123	- 100
尼波	52	52	—
末必(尼希米记删去)	156	—	- 156
别的以拦	1254	1254	
哈琳	320	320	
罗德、哈第、阿挪	725	721	- 4
耶利哥	345	345	—
西拿	3630	3930	+ 300
总数	8540	8589	+ 49

(iv) 祭司、利未人(二 36～42)

36 祭司：耶书亚家耶大雅的子孙九百七十三名，

37 音麦的子孙一千零五十二名，

38 巴施户珥的子孙一千二百四十七名，

39 哈琳的子孙一千零一十七名。

40 利未人：何达威雅的后裔，就是耶书亚和甲篾的子孙七十四名。

41 歌唱的：亚萨的子孙一百二十八名。

42 守门的：沙龙的子孙，亚特的子孙，达们的子孙，亚谷的子孙，哈底大的子孙，朔拜的子孙共一百三十九名。

　　按着亚伦的等次作祭司的，才能执行圣殿礼仪的职责(亚伦家族的利未人)，其余利未人(亚伦家族以外的利未人)仍可事奉，但不能作祭司的职事。第二章三十六至三十九节记录了归回祭司家系的人数，共四千二百八十九人，占全部回归者的十分之一。其中耶书亚是归回的大祭司(该一1)，凡是大祭司都是亚伦的子孙，经授命按立而成的(出二十九章；利八章)。大祭司是代表着神，他胸牌内的乌陵和土明是判别神旨意的圣物。据第二章六十三节而言，那时尚未"有用乌陵和土明决疑的祭司兴起来"。可见，当归回初年，耶书亚尚未被授命为大祭司。后来，到了大利乌王第二年，那时先知哈该已经启示"约撒答的儿子大祭司约书亚"（该一 1）。耶书亚（或作约书亚）被授命为大祭司，是于归回后及大利乌王之间的事情。

"耶大雅的子孙"可能与被掳前的耶大雅相同（代上九 10，二十四 7）。由此可见，作者特意将被掳前后期的历史，由祭司去承接起来，并且他们在被掳后期及归回后，都扮演着重要的角色。以斯拉记的首部（一～六章）是记述圣民归回重建圣殿，祭司们的贡献是不可缺少的。"音麦"是亚伦照着耶和华所吩咐的条例的第十六班次（代上二十四 14）。"巴施户珥"虽然不在历代志上第二十四章的二十四班次内，但在历代志上第九章十二节中记载他是玛基雅的儿子。"哈琳"记载于第十章十八至二十二节，可能也是亚伦的第三班次的祭司（代上二十四 8）。若将此段经文与第十章十八至二十二节对照，可知被掳归回的祭司只有四个班次。

利未人的归回总数只有七十四人，甚至后来当文士以斯拉要归回时，也只能找到三十八人（八 15～19）。利未人不大愿归回耶路撒冷，可能是因为他们在圣殿内的职事只限于一些日常的琐事，并且身份上不如祭司的崇高。归回之利未人的班次只有两个——耶书亚（并非祭司耶书亚）与甲篾，都是何达威雅的后裔。何达威雅并没有记载于历代志上第二十四章利未人的名单内。他们与所罗巴伯和祭司耶书亚一起兴建圣殿、任督工、穿礼服吹号、参与献殿礼等圣职（三 8～10）。利未人于归回后，职事并不琐碎，乃是与祭司们并肩同步，以完成神所托付他们的重任。

"歌唱的：亚萨的子孙"，亚萨很明显是大卫王朝的圣殿音乐家及诗人（代上六 31～32，39）。亚萨与圣殿歌长希幔和以探同时受命，在恭迎约柜入耶路撒冷的圣典中主司铜、钹（代上十五 1～19）。后来，大卫命亚萨及他的子孙"在耶和华的约柜面前事奉、颂扬、称谢、赞美耶和华以色列的神"（代上十六 4～5）。亚萨所奠定的圣诗班皆有"亚萨子孙"之称（代上二十五 1；代下三十五 15）。

亚萨也是利未人，专长于敲钹（代上十六 4～6），所以当立圣殿根基时，他们的子孙是穿着礼服敲钹的（三 10）。虽然此名单中利未人似乎与亚萨的子孙有所分别，但是历代志上第十六章四节的见证显明利未人与亚萨之关系，第三章十节称"亚萨的子孙利未人"。名单内的三重分类可能是就功能划分,而非代表演变的过程。⑭

　　"守门的"——圣殿守门的人共有六个班次的人归回耶路撒冷。被掳之前圣殿守门可以是祭司作的(王下十二 9),也可以是利未的职事(代上九 17～27),他们的职责乃是按着班次看守耶和华殿的门。除了守门外,他们尚要看守约柜(代上十五 23)、掌管"乐意献与神的礼物、发放献与耶和华的供物和至圣的物"(代下三十一 14)。守门的人于大卫时期共有四千多人(代上二十三 5),但是归回的却只有一百三十九人。

(ⅴ) 殿役(二 43～54)

43 尼提宁(就是殿役):西哈的子孙,哈苏巴的子孙,答巴俄的子孙,

44 基绿的子孙,西亚的子孙,巴顿的子孙,

45 利巴拿的子孙,哈迦巴的子孙,亚谷的子孙,

46 哈甲的子孙,萨买的子孙,哈难的子孙,

47 吉德的子孙,迦哈的子孙,利亚雅的子孙,

48 利汛的子孙,尼哥大的子孙,迦散的子孙,

49 乌撒的子孙,巴西亚的子孙,比赛的子孙,

50 押拿的子孙,米乌宁的子孙,尼普心的子孙,

51 巴卜的子孙,哈古巴的子孙,哈忽的子孙,

52 巴洗律的子孙,米希大的子孙,哈沙的子孙,

53 巴柯的子孙,西西拉的子孙,答玛的子孙,

54 尼细亚的子孙,哈提法的子孙。

　　"尼提宁"或称为殿役,代表圣殿事奉人员最低的一等。尼提宁(hann°tînîm)可能源于战犯俘虏,去服役圣殿事奉的祭司及利未人。犹太经典他勒目谓尼提宁人是基遍人的后裔,约书亚召他们来作奴仆,

---

⑭ 一些批判学者认为二 41 表示亚萨的子孙仍未归化为利未人,而三 10 为后期历代志编者的手笔。但是此见解与代上十六 4～6 不相符。参 H. Gese, *Vom Sinai zum Zion* (Munich: Chr. Kaiser Verlag, 1974), pp. 147 - 158.

在神的殿中，"作劈柴挑水的人"（书九 22～23）。⑮ 以斯拉记第八章二十节指出，"从前大卫和众首领，派尼提宁服事利未人"。考古发现也指示迦南及乌格列文献皆有此风俗，将俘虏的战犯征收为奴仆，在神庙中服役祭司。乌格列文为 ytnm，并且在神庙宗教生活中，成为一个颇有规模的组织。⑯

当所罗巴伯首批归回时，尼提宁人与所罗门的仆人共有三百九十二人。后来，以斯拉于八十年后归回时，亦带了二百二十尼提宁人回去。他们逐渐与祭司、利未人形成了圣殿专职不可缺少的人员之一。甚至在亚达薛西的王谕中，将他们与祭司、利未、歌唱的、守门的，都豁免课税（七 24）。并且于尼希米时期，"尼提宁住在俄斐勒，直到朝东水门的对面和凸出来的城楼"（尼三 26）。

归回的尼提宁中为首的"西哈"（sîhāʾ）（二 43）可能是埃及名字，此名字曾于伊里芬丁文献内出现过。⑰ 又第二章四十六节所记"哈甲"（hāgāb）此字曾于拉吉信集中出现过。此信集在拉吉发现，属耶利米时代的文献。⑱ 第二章五十节所言的"米乌宁"或米乌尼人，曾住在以东地西珥山一带（代上四 41～42），也曾攻击过犹大王约沙法（代下二十 1），后来犹大王乌西雅曾制伏他们（代下二十六 7）。有些学者认为士师记第十章十一至十二节的"马云人"就是"米乌尼人"，因为两者的字音相近，这些马云人曾欺压过以色列人，后来被掳成为了殿役（结四十四 6～8）。尼普心（Nᵉpîsîm）可能是以实玛利人，成为了战俘，被交在圣殿里服役利未人。又

---

⑮ Talmud，T. B. Yebamoth 78b － 79，R. de Vaux，*Ancient Israel*，I（New York：McGraw-Hiel，1965），pp. 88 － 90.

⑯ 尼提宁此字源于"拿单"（hātan），意思谓"给予"或"交出来"或"献身"，七十士译本译为"献身人"，约瑟夫用作殿役（《犹太古史》11.5.1）。C. H. Gordon，*Ugaritic Textbook*（Rome：Pontificum Institutum Biblicum，1965），p. 416；B. A. Levine，"The Netîmîn，" *JBL* 82（1963），pp. 207 － 212.

⑰ A. Cowley，*The Aramaic Papyri of the Fifth Century B . C .*，p. 307.

⑱ 拉吉信集（Lachish Letter），又称为"耶利米书附件"，共二十一封信，用木笔或芦苇杆蘸墨水，写在陶片上的，字体为腓尼基体的古希伯来文，年代为尼布甲尼撒王围攻耶路撒冷城时。"哈甲"此名字在 ostracon I 的陶片上出现。参 L. Lemaire，*Inscriptions Hebraïques* I（Paris：Les é ditions du Cerf，1977），pp. 96，182 － 183.

第二章五十三节的"巴柯"（barqôs），可能是巴比伦名字 Barqûsu，[19]这也是常有的外借名字，譬如所罗巴伯或设巴萨都是波斯语。

（vi）所罗门仆人（二 55～58）

55 所罗门仆人的后裔，就是：琐太的子孙，琐斐列的子孙，比路大的子孙，

56 雅拉的子孙，达昆的子孙，吉德的子孙，

57 示法提雅的子孙，哈替的子孙，玻黑列哈斯巴音的子孙，亚米的子孙。

58 尼提宁和所罗门仆人的后裔共三百九十二名。

所罗门的仆人的人数与尼提宁并列，共三百九十二人，七十士译本指出为三百七十二人，而尼希米记第七章五十七至六十节与第二章五十五至五十八节所提的人数相同。他们可能与尼提宁的际遇相似，属于战俘，所不同之处，尼提宁是交在圣殿中服役祭司和利未人，而所罗门的仆人是交在王宫中服役皇室的人。

圣经记载大卫攻取亚扪人的京城拉巴之后，将城里的人服役为奴，强迫他们用锯、铁耙、铁斧等作粗重工作，或使在砖窑里服役（撒下十二26～31）。所罗门也是如此"挑取服苦的人"（王上九 15），其中包括埃及人、迦南人，并有如此记载："至于国中所剩下不属以色列人的亚摩利人、赫人、比利洗人、希未人、耶布斯人……所罗门挑取他们的后裔，作服苦的奴仆，直到如今"（王上九 20～21）。[20] 甚至所罗门有督工五百五十人之众负责监管工人，兴建宫殿、制造船只，尤其是在"以东地、红海边，靠近以禄的以旬迦别"（王上九 23、26），可见当时"所罗门的仆人"

---

[19] Batten，*Ezra & Nehemiah*，NCC，p. 89.

[20] 古代战俘奴役是很普遍的作风，譬如亚述王西拿基立（Sennacherib，或称 Sin-Akhkhe-Eriba），将四十一个战俘送给他所敬奉的神庙中服役。参 I. Mendelsohn，*Slavery in the Ancient Near East*（New York，1949），pp. 96 - 99；甚至以色列人在埃及时也是被迫成为服苦役的奴隶（出一 11～14，五 4～19；申二十六 6）。

（王上九 27）之数目是十分庞大的。[21]

到了被掳后期，这些所罗门的仆人也甘愿归回，参与重建耶路撒冷的工作。身份不分贵贱，只要自洁，也蒙神的洁净，即可以事奉神。甚至后来在尼希米的时期，尼提宁及所罗门的仆人皆住在犹大各城邑（尼十一 3），也有自己管理的地业（尼十一 21）。

旧约圣经对奴隶制度是采取宽大的立场，律法书中设有对弟兄豁免债务的律例（申十五 1～6），又有对奴仆服事六年，第七年要定例释放他们自由。并以色列人"要记念在埃及地作过奴仆"，耶和华如何救赎释放他们（申十五 12～18）。再者，于七七禧年（四十九年）时，对奴仆要宣告自由，使他们可以各归自己的产业，各归本家（利二十五 8～17）。但是，以上之律例只适用于以色列人，外邦的战俘服苦役的不适用。故此，尼提宁及所罗门的仆人仍保留服役的身份。但是，以色列人的被掳已经在社会架构上产生很大的变化，这些本来是奴仆的已经在归回的犹太人中间建立起新的地位与力量，对归回的社团而言，占有十分重要的贡献。[22]

(vii) 不明族谱的（二 59～63）

59 从特米拉、特哈萨、基绿、押但、音麦上来的，不能指明他们的宗族谱系是以色列人不是。

60 他们是第来雅的子孙、多比雅的子孙、尼哥大的子孙共六百五十二名。

61 祭司中哈巴雅的子孙、哈哥斯的子孙、巴西莱的子孙，因为他们的先祖娶了基列人巴西莱的女儿为妻，所以起名叫巴西莱。

62 这三家的人在族谱之中寻查自己的谱系，却寻不着；因此算为不洁，

---

[21] 外邦服苦役的人，据王上九 15～21 所言，是被称为 mas 'obed。当所罗门建圣殿时，以色列服苦役的共三万，轮流每日一万人去黎巴嫩服役苦工。他又用七万抬扛的，八万凿石的，三千三百督工，与希兰的匠人和迦巴勒人将石头凿好，预备木料，以作建殿之用（王上五 13～18）。参 R. de Vaux, pp. 141–142.

[22] J. P. M. van der Ploeg, "Slavey in the OT," *Supplements to Vetus Testamentum* 22 (1972), pp. 72–87.

不准供祭司的职任。

63　省长对他们说：不可吃至圣的物，直到有用乌陵和土明决疑的祭司兴起来。

"宗族谱系"(bêt-ʾ ăbôtām)，直译为"他们的父家"。尼希米记第七章五节所用的是"家谱"(hayyaḥaś)，家谱此名词只有在这里出现过，其余的地方都是以"后代"或"后代的记录"(tôlᵉdôt)，来表达传宗接代的意思。旧约对家谱、族谱的注重可以从创世记整本书的结构看得出来。创世记全书都是由tôlᵉdôt此词为思路进展的文体结构，譬如：天地的后代(创二 4～四 26)，亚当的后代(创五 1～六 8)，挪亚的后代(创六9～九 29)，闪、含、雅弗的后代(创十 1～十一 9)，闪的后代(创十一 10～26)，他拉的后代(创十一 27～二十五 11)，以实玛利的后代(创二十五 12～18)，以撒的后代(创二十五 19～三十五 29)，以扫的后代(创三十六)和雅各的后代(创三十七 1～五十 26)。㉓

保存家谱记录是十分重要的，可作继承祖先产业的凭据，可作判定祭司身份的合法证明，可作承接大卫王位的继位权，更可作保存纯种的担保。保存纯种的以色列人，就是归回后以斯拉和尼希米等所面对的问题。他们按照律法书所记，"不可与他们〔外族人〕结亲、不可将你的女儿嫁他们的儿子、也不可叫你的儿子娶他们的女儿，因为他必使你的儿子转离不跟从主，去事奉别神……因为你归耶和华你神为圣洁的民，耶和华你神从地上的万民中拣选你，特作自己的子民"(申七 3～6)。故此，以斯拉及尼希米定意要将外族人从归回的犹太人中剪除(二59～63，十 9～44，尼十三 23～28)。㉔

第二章五十九至六十节提到三个家系都考查不出其族谱，他们并非祭司或利未人。从原居城市的名称来看，这三家人是来自巴比伦的城邑，可能是外邦人加入了犹太教，也可能是与异族人通婚的犹太人，故此他们"是以色列人不是"也未能确知。虽然他们不能确定以色列人

㉓　M. H. Woudstra, "The Tôlᵉdôt of the Book of Genesis and their Redemptive-Historical Significance," *Calvin Theological Journal* 5(Nov. 1970), pp. 184 - 189.

㉔　R. R. Wilson, "The OT Genealogies in Recent Research," *JBL* 94(1975), pp. 169 - 189.

的身份,但是仍愿意与其他犹太人一起归回;所罗巴伯也赐予他们"公民权益",与其余回归者有同等权益,可以留居耶路撒冷及附近的城邑。

　　第二章六十一至六十三节记述那些族谱不明的三家祭司,于祭司而言,家谱是非常重要的,因为每一位祭司必须是亚伦的后裔。亚伦有四个儿子:拿答、亚比户、以利亚撒和以他玛,祭司的职权也是由此四个等次开枝散叶、流传出来的。据历代志上第二十四章所记载:拿答与亚比户在父亲之先死去,又没有留下儿子,故此,祭司之职是由以利亚撒的子孙中十六个族长,与以他玛子孙中八个族长,组合成祭司职的二十四个班次,进入圣殿事奉耶和华神(代上二十四 1～19)。

　　依历代志上第二十四章十节来看,祭司的第七班次是"哈歌斯"(haqqôs)。此祭司的名字与第二章六十一节所提到的祭司"哈哥斯"(haqqôs)同音。不过,同音不一定等于名字相同。若是相同,归回的犹太人必定可以证明出来。再者,"巴西莱"本来是"基列的罗基琳人巴西莱"(撒下十七 27)。大卫逃避押沙龙的叛变时,巴西莱雪中送炭,将食物送给大卫及他的臣仆。后来,大卫要迎接巴西莱进耶路撒冷,他婉拒不去。大卫就与他立约(撒下十九 31～39),甚至大卫在临终前仍嘱咐所罗门要恩待巴西莱的子孙(王上二 7)。可能有些祭司以后娶了巴西莱的后代,并且改用了巴西莱的名称。当他们归回时,虽然仍要保留祭司职分,但是他们以巴西莱的名称,引起了别人的猜疑,谓族谱不清楚。

　　由于这三家祭司寻查不明自己的族谱,因此就算为不洁,"不准供祭司的职任"(wayᵉgōʾălû min⁻ hakkᵉhunnāh)。gāʾal此字本义为拯救,但与前置词 min 一起用时,即表示从某处救拔出来,或从某些位分中豁免出来。⑤ 当时,作判事的官是省长,此人不独有行政权,更是德高望重,归回的会众都以他为判别宗教问题的官员。省长此字为波斯外借语 tîršātāʾ,通常的希伯来文是pēḥâ,然而 pēḥâ 也是古亚喀文的外

---

⑤ Ringgren, "gāʾal," *TDOT*, II, pp. 350 - 355. 有些学者认为若将 ʾ 以 ʿ 取代,即是 gāʿal,意谓"以污泥遮盖",他们觉得此意比 gāʾal 更贴切。但并没有文献可以支持此更改,gāʾal 是有很重的圣约神学作为背景,故此未必符合二 62 的意思。参 Fuhs, "gāʾal," *TDOT*, III, pp. 45 - 48.

借语,AKK. pīḫatu。耶利米时代,基大利被巴比伦王立为"犹大城邑的省长(peḥâ)"(耶四十5、7、11)。有外借语的存在并非就可以独断为后期历代志编者的润笔。何况尼希米也被称为省长(tîršātā')(尼八9,十1);由此可见,此外借语可能通用于归回时期的波斯境内。[26]

以斯拉记的省长可能是所罗巴伯,此段经文更吻合所罗巴伯与设巴萨为一人而有不同的称号之论点。设巴萨很明显地被称为省长(一8,五14),若将他与所罗巴伯分开为二人,他先归回耶路撒冷,不久后就死了。后来,所罗巴伯率队归回后,接着设巴萨的工作,将圣殿重建完毕。此说并不能解释设巴萨如何能够于宗教方面有如此重大的影响力。除非设巴萨就是所罗巴伯,他的政治身份为波斯属下的省长,而他与祭司耶书亚有着密切的关系,于归回后即筑坛献祭(三1~3),又发起守住棚节的圣会(三4)。如此就可以解释到所罗巴伯身为省长,可以宣告宗教方案,不准未明族谱的祭司供职,也不准他们吃至圣的物(二63)。此至圣的物乃是祭司于事奉中所享用的祭物(利二十二10~16)。

"乌陵与土明"是大祭司胸牌内的两块玉石,用途为求问神的时候,耶和华神藉此向人显明他的指示(出二十八30;利八8;申三十三8;民二十七21;撒上二十八6)。乌陵与土明的解释众多,一般皆认为类似骰子的玉石。寻求神的时候,将两块抛掷,若两块朝天的是乌陵,就是否定的答复,若两块朝天的是土明,则是肯定的答案,若乌陵与土明各一,就是没有答复。

据以色列历史而言,自王国成立以后,乌陵与土明即甚少使用,故此,归回后省长只是以此为托辞判别祭司身份之借口。据犹太教的拉比传统来看,所罗巴伯之圣殿并没有使用过乌陵与土明。[27] 擅于使用乌陵与土明决疑的祭司,并不是当耶书亚为大祭司时被兴起来的,省长

[26] W. Iu der Smitten,"Der Tirshātā' in Esra-Nehemiah,"*VT* 21(1971),pp. 618 – 620.

[27] Talmud Sota 48a, E. Lipinsk,"Urim and Tumin,"*VT* 20(1970),pp. 495 – 496;K. Galling,"Urim and Tummim,"*Religion in Geschichte und Gegenwart* VI, 1957 – 1965,pp. 1193 – 1194. 乌陵与土明于归回后没有使用的原因,除了需要圣殿的存在,尚要有施恩座(出二十五22),大祭司穿上圣袍,决断胸牌带在胸前,然后才进入至圣所的施恩座前求问决断。可惜,当巴比伦人侵耶路撒冷时,施恩座就遗失了,故此乌陵与土明的使用也就消失了。

只是以此借口来缓冲当时一些颇敏感的问题而已。

(II) 回归者的总数(二 64~67)

64 会众共有四万二千三百六十名,

65 此外还有他们的仆婢七千三百三十七名,又有歌唱的男女二百名。

66 他们有马七百三十六匹、骡子二百四十五匹、

67 骆驼四百三十五只、驴六千七百二十匹。

若将以上各类人加起来,第二章一至六十三节的总和是二万九千八百一十八,尼希米记第七章五至六十五节的总和却是三万一千零八十九人。上文已经交代过,简言之,解释有二:(一)抄写文士之错漏;(二)第二章记录归回出发前之人数,尼希米记第七章记载抵达后之数目,故有差距不同之处。但是,问题在于总和与第二章六十四节所记录会众的总人数为四万二千三百六十人,此数字与总和二万九千八百一十八差距甚大。有些学者坚持为抄写文士之错误,[28]但是,如此巨大的差距很难只以错漏为合理的解释。于是,其他学者则认为:(一)二万多人的总和只记录犹大和便雅悯人,至于其他以色列人则未有记录;[29](二)二万多人只是记录男丁,女人的余数为一万多人。[30]

以色列的"会众"或"大会"(qāhāl)(代下三十 13)是宗教节期的聚集,内中包括男与女(十 1)、仆婢、歌唱的男女等类人。此处所指"歌唱的",可能与第二章四十一节所提及在圣殿里歌唱的利未人不同,他们可能是另外一类人,属于富贵人家所拥有的"音乐娱乐界人士"(撒下十九 35)。从马、骡、骆驼、驴的数目,可见有些归回的犹大人是相当富有的。耶和华神确实在犹大人中间成了一件大事。当他们被掳时,沦落为亡国奴的身份,凄凉萧瑟,但是,七十年离乡背井的生涯,确是经历过

---

[28] Keil & Delitzsch, p. 45; Allrick, *BASOR* 136(1954), pp. 21 - 27.

[29] Seder Olam, Raschi, Ussher, J. H. Mich.

[30] Williamson, pp. 37 - 38; H. L. Allrik, "The Lists of Zerubbabel (Nehemiah 7 and Ezra 2) and the Hebrew Numeral Notation," *BASOR* 136(1954), pp. 21 - 27.

神的祝福。被掳的以色列人在外邦竟然可以成为富甲一方的要人政客，并且归回时，充充溢溢地满载而归。

　　苦难可能是恩典的化身，被掳的噩运却成为了能力显露的机会。当神的时候来到，沙漠会出现绿洲，旷野会变成花圃。

(III) 回归者定居后即开始重建圣殿(二 68～70)

⁶⁸ 有些族长到了耶路撒冷耶和华殿的地方便为神的殿甘心献上礼物，要重新建造。

⁶⁹ 他们量力捐入工程库的金子六万一千达利克、银子五千弥拿，并祭司的礼服一百件。

⁷⁰ 于是，祭司、利未人、民中的一些人、歌唱的、守门的、尼提宁，并以色列众人，各住在自己的城里。

　　族长为首以身作则，归回耶路撒冷后，第一件记载的事，乃是将甘心献上的礼物送入神的仓库，以作为兴建圣殿之用。当大卫为圣殿预备材料时，他的准则乃是首先将自己献给耶和华，然后才甘心乐意地将礼物或祭物献上(代上二十九5～6)。这就是甘心祭(hiṯnaddēḇ)，于律法书而言，这是一种自愿献上的平安祭(利七16；申十二6)。回归者都是心被恩感(一5)，甘愿奉献给耶和华。毅然把已经在异域建好的家园拔起，从新踏上旅途，为的是要重建神的殿。"建造"(heʿĕmîḏ)一字为新兴建竖立的意思，以斯拉采用此字共四次(二68，三8、10，九9)，重点是放在竖立的意思上。另外一个惯用语bānâ，则在以斯拉记中使用过八次(一2、3、5，三2，四1、2、3、4)，重点是放在工程的兴建上。

　　犹大人由上至下都甘愿将金、银献上，作为兴建圣殿之用。出波斯人迦南的"第二次出埃及"的过程中，圣经作者多方面刻意藉着文字和文体的技巧，使读者产生联想对照。当摩西带领以色列人出埃及，到了西乃山安营后，"耶和华晓谕摩西说：'你告诉以色列人当为我送礼物来，凡甘心乐意的，你们就可以收下归我。所要收的礼物，就是金、银、铜……又当为我造圣所，使我可以住在他们中间'"(出二十五1～8)。

　　归回的犹太人，甘心乐意仿照昔日出埃及的以色列人般，量力(代上二十九 2)将金子、银子捐上。以斯拉记录约数,金子为六万一千达利克。达利克(darkᵉmōnîm)是波斯官府发行的钱币。金币达利克形椭圆,阳面铸有波斯王加冕图,通常王的面向右、半跪、左手拿弓、右手拿箭。达利克为圣经首次提及正式的货币单位,一枚金币价值相等于十五枚银币。尼希米记第七章七十至七十二节记载犹太人共捐了四万一千达利克金子。尼希米记第七章与以斯拉记第二章记录数据之差别,可能是出于文士抄写流传的错漏。他们又捐上银子五千弥拿(尼七为四千二),"弥拿"(mānîm)并非货币单位,而是巴比伦重量单位,与古时希伯来重量单位"他连得"或"舍客勒"相似。

由于达利克是货币单位,于大利乌王期间才正式使用,古列王朝时达利克可能仍是重量单位的计算法,与弥拿一般为重量单位。第二章的记录是于古列王朝时期,可能当时仍以重量方法计算,而尼希米记第七章的记录是于大利乌王朝以后,达利克金币已经通行流传于巴勒斯坦,故此尼希米记第七章正式以货币为计算单位。数额的差距也可能是出于重量单位与货币单位的演变而形成。[31]

最后,当圣民归回圣城后,众人各归各城,回到自己原居的城里。圣民与圣地是神对以色列民的应许,也是亚伯拉罕之约的核心(创十二1~3)。耶和华神是与人立约的神,他自己与世人一同进入圣约的关系里。亚伯拉罕的约涵概了圣地的应许(申三十 3~5)也包括了圣民能够成为国度(撒下七 11、13、16)。耶和华神对亚伯拉罕所立的约,乃是永远的约:"我必使你与你世世代代的后裔坚立我的约,作永远的约,是要作你和你后裔的神,我要将你现在寄居的地,就是迦南全地,赐给你和你的后裔,永远为业,我也必作他们的神"(创十七 7~8)。由此观之,圣民与圣地于亚伯拉罕之约中已经确实保证了。以后希伯来的历史乃是此圣约如何实现、扩展、应验出来的历史。故此,归回的犹大人自觉是应验了神藉先知耶利米所预言的,更是基于神圣约的应许,落实地完成神的旨意。

---

[31] 《证主圣经百科全书》,III,"钱币",pp. 2031 - 2039。重量与钱币的关系仍需考古确定,但至少此解释仍是可行,即二 69 记录达利克与弥拿皆为重量单位计算。达利克可能与亚述重量单位 darag mana 相通,即是波斯大利乌之前的通行单位(*ISBE*,I,p. 867)。

肆　圣殿的重建

（三 1～六 15）

　　圣经作者除了刻意将所罗巴伯时期的出波斯入迦南,与摩西时期的出埃及入迦南联想对照,使归回的经历成为了"第二次出埃及"的经历,他亦将所罗门的第一个圣殿与所罗巴伯的第二个圣殿互相映照。若详细留心圣经作者的措辞文藻,不难发现此章所提及圣殿的重建,实在是作者要让读者联想起先前所罗门建圣殿的过程。归回的犹大人早晚在坛上献燔祭(三 3～5),可以与所罗门登基后,即在铜坛上为耶和华献燔祭对照(代下一 6)。回归者将建殿的材料,经由黎巴嫩、西顿及推罗,从海道运到约帕(三 7)。提及约帕时,读者很快可以联想到所罗门亦将各类的材料,"扎成筏子,浮海运到约帕"(代下二 16)。甚至回归者于抵达耶路撒冷后第二年二月(三 8),也是刻意的文体选材,使人立时回想到所罗门于登基后"第四年二月初二日开工建造"(代下三 2)。

　　显然地,圣经作者是要表明回归者所兴建的圣殿,乃是照着神的旨意来建造的,正如所罗门王那时,也是在耶和华神引导下兴建圣殿的。此目的是非常重要的,因为到了第四章的时候,大敌当前,人心惶惶,信心动摇之际,履行神的旨意成为了日后能够完成圣殿工程的重要动力。并且,对以斯拉当时的读者而言,他们在亚达薛西王在位时所遇上的难处,不代表没有神的同在。以斯拉特意在第四章,将难处一直从古列讲到亚达薛西,以表明问题是经常都会存在的。但是,自觉行在神的旨意中,就能促使以色列人于大利乌王时,可以完成圣殿的工程。同样地,于以斯拉及尼希米时期,可以在亚达薛西王年间,完成圣城墙垣的重建。甚至于后来的日子,以色列人也可以排除各样困难,完成圣民道德宗教生活的重建。

（I）圣殿的祭坛与殿基重新建造（三 1～13）

（i）祭坛的献祭（三 1～6）

1 到了七月，以色列人住在各城，那时他们如同一人，聚集在耶路撒冷。

2 约萨达的儿子耶书亚和他的弟兄众祭司，并撒拉铁的儿子所罗巴伯与他的弟兄，都起来建筑以色列神的坛，要照神人摩西律法书上所写的在坛上献燔祭。

3 他们在原有的根基上筑坛；因惧怕邻国的民，又在其上向耶和华早晚献燔祭。

4 又照律法书上所写的守住棚节；按数照例献每日所当献的燔祭。

5 其后献常献的燔祭，并在月朔与耶和华的一切圣节献祭，又向耶和华献各人的甘心祭。

6 从七月初一日起，他们就向耶和华献燔祭；但耶和华殿的根基尚未立定。

三 1 "到了七月" 七月是希伯来年历的宗教月份，称之为提斯利月（Tishri），即公历的九至十月。七月是以色列宗教繁忙的月份，共有三个宗教节期于此月份内守节的，有七月初一日的吹角节（利二十三 23～25）、七月十日的赎罪日（利二十三 26～32）和七月十五至二十一日的住棚节（利二十三 33～36）。此处所指的七月是归回后第一年的七月，故为上文（二 68）提到他们到了耶路撒冷，而下文（三 8）记述他们抵达耶路撒冷的第二年二月。

有一些批判学者认为此七月并非首批回归者，抵达耶路撒冷后的七月。他们认为第一批是设巴萨于古列元年后（538 B.C.）归回，然后所罗巴伯是于公元前 520 年才回去。此处所记载的是所罗巴伯的归回，因为据他们的论点而言，哈该先知将回归者建殿基及圣殿的过程，都描述为所罗巴伯所带领下一气呵成的工程，而且是于大利乌第二年就动工的(520 B.C.)。① 可是,经文的上文下理及年代的发展,与批判学者的论点相违。(一)第三章一节所用的措辞,明显地接连着第二章七十节。以色列众民,各住在自己的城里,然后到了七月,他们如同一人地聚集在耶城。既然上文(拉二)是记述所罗巴伯所带领首批犹大人于古列元年归回(538 B.C.)耶路撒冷,下文(拉三)也是记录历史的承接延伸。(二)第三章八节所提到的日期是,"百姓到了耶路撒冷神殿的地方,第二年二月"。若将此第二年解释为第四章二十四节"大利乌第二年",是将经文切断堆砌,并非依文体顺序的流畅解释。

除非经文本身刻意地展示,作者因着神学之目的,而将历史的顺序更换,我们还是认为以历史叙述的顺序解释为最适合的。所罗巴伯的首批回归者于抵达耶路撒冷安顿后,即于七月份的宗教月份,"如同一人"地聚集在耶路撒冷。希腊文的以斯拉壹书以 ὁμοθυμαδον (homothumadon)(五 46)来形容当时的以色列人万众一心,上下齐心地聚集在一起。大家充满着期待兴奋的心情,如同作梦的人一般,在耶和华面前献祭。

三 2 "都起来建筑以色列神的坛"　从第三章六节所提及"七月初一日起,他们就向耶和华献燔祭"。可见,归回的犹大人是于七月以前已经动手筑圣坛,到了七月则将坛安放在原处,然后向耶和华献燔祭。起来建造圣坛的,包括了宗教领袖祭司耶书亚,及民间政治领袖省长所罗巴伯。并且,此处将宗教界"耶书亚和他的弟兄众祭司",与民间"所罗巴伯与他的弟兄"都联合起来,为着共同的目标而齐心努力。他们起来建神的坛,所罗门圣殿之坛为铜制,长二十肘(约九米)、宽二十肘(约九米)、高十肘(约四点五米)(代下四 1～5)。此坛可能于尼布甲尼撒王进入耶路撒冷后被毁坏了。如今,所罗巴伯等含辛茹苦地再次按照律法书上所记载的筑坛(出二十七 1～8)。

"在坛上献燔祭"(leha'ălôt),燔祭此字由字根"上升"一字而出,是形容祭物在坛上焚烧,化为烟气上升之意。中文译为燔祭,燔者烧也,

---

① Williamson,pp. 43－45. Williamson 认为不应将第三至四章作为历史文献去解释当时的历史发展之次序。他认为这两章是以神学目的为中心,古列与大利乌并列,不能算是年代倒置,乃是神学目的的表达。

即烧化祭（现代中文译本），祭物整全地放在祭坛上，烧化成为馨香的火祭（利一 3～9）。所以，有些经文以"完全的祭"去形容燔祭（撒上七 9；申三十三 10），其重点在于祭物是无残缺、完美、无瑕疵的，并且献祭者也要全心全意、毫无虚假、动机良善地将献祭带到神的面前。所罗巴伯为首带领第一批回归者，与以斯拉所带领归回的，都有相同之处，乃是归回后，首要的是向神献燔祭（八 35～36）。②

　　三 3 "**他们在原有的根基上筑坛**" 归回的犹大人对祭坛所在的地方十分注意，依一方面来看，古时人认为神是在所指定之处显现的。故此，祭坛或圣所必须按照规矩在原定的地方建造，不然，神则会不悦而降祸（创十二 7，十三 8，二十二 14）。考古发现巴比伦王尼布尼杜斯的刻文，曾记载他如何发现亚述撒珥根王所建神庙之根基，并在原有的根基上筑坛。③ 当然，圣经所记载耶和华的敬拜与迦南人所拜的巴力神明不一样，巴力是属于地区性的土地神明，而耶和华却是天地之主。他并不住在人手所造的殿宇内，然而，他却指令以色列人去为他建造圣殿，并在指定的祭坛上献祭（申十二 5、21，十四 23～24，十六 2、6、11，二十六 2）。

　　从另一方面而言，当回归者接触到留居耶路撒冷一带的"邻国的民"时，这些人可能是撒玛利亚人或其他民族的外邦人。他们已经风闻犹太人要归回重建圣殿，于是自然地产生敌意。希伯来文直译："邻国的民促使他们〔以色列人〕甚惧怕。"④一方面是内忧，另一方面是外患，所以回归者刻意小心从事，将祭坛筑在原有的根基上。

　　并且，按照律法的条例，他们"向耶和华早晚献燔祭"。燔祭是"常献的祭"，一天要献两次：早晨、黄昏各一次。每次要献一只公羊羔（出二十九 38～42），安息日则要多献两只羊羔（民二十八 9～10）。当圣殿

② D. R. Jones, "The Cessation of Sacrifice after the Destruction of the Temple in 586 B. C. ," *JTS* 14(1963), pp. 12 - 31.

③ Eichrodt, *OT Theology* I, pp. 102 - 107; W. R. Smith, *The Religion of the Semites* (New York: Schocken Books, 1972), pp. 84 - 139; R. Ellis, *Foundation Deposits in Ancient Mesopotamia* (New Haven: Yale Univ. Press, 1968), p. 181.

④ E. W. Nicholson, "The Meaning of the Expression 'm h'rṣ in the OT," *JSS* 10(1965), pp. 45 - 46.

于公元前 586 年被毁后,燔祭即止息了,一直到了所罗巴伯等归回后,于五十年后七月初一日,首次再度献与耶和华。

三 4 **"又照律法书上所写的守住棚节"** 以色列人有三个重要的节期,都是记念神的权能与他对以色列人的眷顾。其一是逾越节,其二是七七节或称为五旬节,其三是住棚节或称为收藏节。于这三个节期中,以色列的男丁都要上耶路撒冷的圣殿去守耶和华的节期(出十二14)。⑤ 住棚节与赎罪日(七月十日提斯利月)十分接近,于七月十五日开始,为期一周。节期的首天,一切俗务、农务都要停顿安息,将燔祭献给耶和华。第八天又要守安息日与献燔祭。节期开始时,以色列人要收集棕树、柳树和茂密树上的枝子,筑成简陋的棚,住在其中。并要在安息日守节时公开诵读摩西的律法。

"按数照例献每日所当献的燔祭" 按照民数记第二十九章十二至四十节所记载住棚节的当献之祭,七月十五日圣会之首日,要献公牛犊十三只及其他祭物,第二日要献十二只,以此类推下去,共七日的圣会。可见,当时确实是一项庆典,这群被掳归回的以色列人作梦也想不到,果真有此一天,他们实际上应验了神的应许,可以于止息了五十年的献

⑤ 以色列的节期如下:

节期	被掳后(前)的日期	阳历	经文
逾越节	尼散(亚笔)月 14 日	3/4 月	出十二 11～30; 利二十三 5
除酵节	尼散(亚笔)月 15 日 (共七天)	3/4 月	出三十四 18～21; 利二十三 6～8
五旬节(初熟节、 收割节、七七节)	西弯月 6 日	5/6 月	出三十四 22; 利二十三 15～21
吹角节	提斯利(以他念)月 1 日	9/10 月	利二十三 23～25
赎罪日	提斯利(以他念)月 10 日	9/10 月	利十六 29～34, 二十三 26～32
住棚节(收藏节)	提斯利(以他念)月 15 日 (共七天)	9/10 月	出三十四 22; 利二十三 33～43
诵经节	提斯利(以他念)月 22 日 (共两天)	9/10 月	
修殿节(烛光节)	基斯流月 25 日 (共七天)	11/12 月	马加比壹书四 41～49; 贰书十 6～8;约约十 22
尼迦挪节	亚达月 13 日	2/3 月	马加比壹书七 49
普珥日(掣签日)	亚达月 14 日(共两天)	2/3 月	斯九 21、27～28

祭守节的日子中,重新再次守耶和华的节期。

三5　"其后献常献的燔祭,并在月朔与耶和华的一切圣节献祭"
其后 wᵉʾaḥᵃyêkên 说明了七月初一之后,当吹角节结束后,以色列人即于七月十日守赎罪日,及七月十五日守住棚节。并且耶和华的"一切圣节"皆再度复苏,重新由归回的犹大人按着律法遵行。

此处所指的月朔,即新月(leḥᵃḏāšîm)。犹太历法每月以月相为起迄,始于新月(十五日),迄于新月。每月的间隔约二十九日半,全年约有三百五十四日。被掳后,犹太人放弃了原来迦南的旧名(亚笔月、西弗月、以他念月、布勒月),而采用了巴比伦的名称。他们将亚达月(即阳历二至三月)和尼散月(即三月至四月)之间复加一月,称为"次亚达月",如此可以与太阳年历同步。

"又向耶和华献各人的甘心祭"　甘心祭(nᵉḏāḇāh)是一年三次的圣会中,以色列人可以将礼物带到圣所(出二十三14~15;申十六10、16~17;代下三十五8)。他们甘心乐意地将礼物带来(利七16,二十二18、21、23;申十二6、17)。甘心祭可以是全烧的燔祭,也可以是平安祭。燔祭的祭物要完全无残缺才能献上,而平安祭的祭物是可以四肢长短不一的(利二十二23)。一部分烧献,另一部分可以给祭司享用,余下的祭牲可以交还给献祭者共享,但祭肉必须于第二天吃完,留到第三天就要用火焚烧(利七16~17)。

三6　"但耶和华殿的根基尚未立定"　自七月初一日起,归回的犹大人即按照摩西的律法书而行,守圣节、献燔祭,重新恢复了圣殿献祭的礼仪。可惜礼仪是恢复了,但是圣殿却不存在,圣殿的根基也未动工。根基的希伯来文为 yussāḏ,可以用于城墙的根基(诗一三七7)、圣殿殿门之根基(代下二十三5)。此处是以动词被动的时态表达,圣殿的基础尚未动工建造。

(ⅱ) 殿基的重建(三7~13)

7　他们又将银子给石匠、木匠,把粮食、酒、油,给西顿人、推罗人,使他
　　们将香柏树从黎巴嫩运到海里,浮海运到约帕;是照波斯王古列所

允准的。

8　百姓到了耶路撒冷神殿的地方,第二年二月,撒拉铁的儿子所罗巴伯、约萨达的儿子耶书亚和其余的弟兄,就是祭司、利未人,并一切被掳归回耶路撒冷的人,都兴工建造。又派利未人,从二十岁以外的,督理建造耶和华殿的工作。

9　于是犹大(在二章四十节作何达威雅)的后裔,就是耶书亚和他的子孙与弟兄,甲篾和他的子孙,利未人希拿达的子孙与弟兄,都一同起来督理那在神殿作工的人。

10　匠人立耶和华殿根基的时候,祭司皆穿礼服吹号;亚萨的子孙利未人敲钹,照以色列王大卫所定的例,都站着赞美耶和华。

11　他们彼此唱和,赞美称谢耶和华,说:“他本为善;他向以色列人永发慈爱。”他们赞美耶和华的时候,众民大声呼喊,因耶和华殿的根基已经立定。

12　然而有许多祭司、利未人、族长,就是见过旧殿的老年人,现在亲眼看见立这殿的根基,便大声哭号;也有许多人大声欢呼。

13　甚至百姓不能分辨欢呼的声音和哭号的声音。因为众人大声呼喊,声音传到远处。

　　三 7　“他们又将银子给石匠、木匠”　回归者将银子工价给了匠工,石匠与木匠都是古代的职业。石匠(hōṣᵉḇîm)本属早期腓尼基人的专业(撒下五 11),后来以色列人也学会了此技术,可以独自作工而不需要依赖外国技工(王下十二 12,二十二 6)。显著的例子计有暗利和亚哈在撒玛利亚所建的王宫,都是以色列本土优秀的石匠所造成的(王上十六 24)。从文理推测,此处所指的石匠与木匠,可能是西顿人、推罗人(即腓尼基人)。⑥

　　木匠以木料建梁、柱、屋顶、门窗等,通常与石匠合作一同建造(王下十二 11;代上十四 1)。考古发现一些古代木匠所使用的工具,包括

---

⑥　经文(三 7)的第一个组合:“将银子给石匠(laḥōṣᵉḇîm)、木匠(wᵉleḥārāšîm)”,与第二个组合:“把粮食、酒、油给西顿人(laṣṣidōnîm)、推罗人(wᵉlaṣṣōrîm)”十分对称,可见依文理而言,“石匠和木匠”与“西顿人和推罗人”对照。

圆规、铅笔、刨机、锯子、锤、斧、凿、准绳等（赛四十四 13；摩七 7～8）。
这些工匠于所罗门建造王宫及圣殿时大量使用（王下二十二 6）。尼希
米记第十一章三十五节记载便雅悯人在罗德和阿挪城以木匠、银匠著
名，故有"匠人之谷"的称号。⑦

"使他们将香柏树从黎巴嫩运到海里，浮海运到约帕"　黎巴嫩意
思为"白色"。此名可能是出于山上白色的石灰石及矿物，或是山顶上
每年皆积雪长达六个月之久而定名的（耶十八 14）。黎巴嫩包括了推
罗和西顿两个沿海城市。黎巴嫩著名的两个山脉由推罗为始，沿着海
岸线往东北伸延。此两个山脉平排伸延，由推罗直达安提阿。黎巴嫩
除了出产石灰石以外，尚有著名的香柏树。香柏树又称为雪松，属松
树常青类，其生长速度颇快，高度可达三十七米，树干直径可达二点五
米。以色列人喜用此木材建屋，因为树身粗大、木质坚实，带有芬芳香
气。所罗门派了三万以色列人，轮流前往黎巴嫩的山脉去砍伐香
柏树。

归回的犹大人付钱与粮食，请推罗、西顿人砍伐香柏木，然后运到
沿海城市，再经海道漂浮至以色列的海港约帕。约帕位于耶路撒冷西
北五十六公里的沿海，约帕城建于三十多米的陡峭山上，有一岬突出的
海岸线，离岸约九十多米外，有一列暗礁防堤，成为理想的天然海港。
所罗门时期，约帕是供应耶路撒冷木料的主要港口，用以兴建圣殿（代
下二 16）。此处回归者亦如此浮运香柏木，以供圣殿重建之需用。前
文亦提及圣经作者刻意以文学技巧，将所罗门首次兴建圣殿与所罗巴
伯再次兴建圣殿，作为对照，以显示出被掳后的回归者，是按着耶和华
的心意去建造圣殿的。并且，他们如此安排也"是照波斯王古列所允
准的"。

三 8～9　"百姓到了耶路撒冷神殿的地方，第二年二月"　一般近
代的批判学者都将第三章一至六节与第三章七至十三节分为两段，
并且指出第三章七至十三节所记载圣殿的根基及建造，应该是与第
四章二十四节相连，即大利乌年间。所以，此处的第二年即大利乌的

⑦ R. de Vaux, *Ancient Israel：Social Institutions*，I，pp. 76 - 78.

第二年。他们认为第三章八节所提及的百姓,不是设巴萨于古列王时归回的百姓,乃是所罗巴伯于大利乌王(520 B.C.)所带领归回的百姓。

设巴萨与所罗巴伯的关系已经讨论过(参绪论),两者不必预设为两人,可以是一个人有两个名号。此处经文不必以预表性解释,也不需将经文倒置以符合大利乌王的建造。⑧ 若从文理的发展来看(参二 70,三 1 注释),第二章记述于古列年间所罗巴伯率领四万之众归回耶京,第三章记载他们归回后,首先筑坛献祭,并立即预备各样建造圣殿的材料。于归回后的第二年,即动工兴建根基。

那时,上下齐心,为首的民众领袖所罗巴伯与祭司领袖,连同其余祭司、利未人同心合意,兴工建造。为首的亲自动手,身先士卒地作众人的榜样。并且,他们同心地委派利未人作督工。按照历代志上第二十三章二十四至三十二节所记载,大卫作工时,委任二十岁以上的利未人"办耶和华殿的事务"。可见,此处所言"派利未人,从二十岁以外的,督理建造耶和华殿的工作"是很有根据的。虽然按律法而言,利未人是"从三十岁直到五十岁"任职会幕办事的(民四 3、23、30)。并且,大卫时期也是如此以三十为数点作管理耶和华殿的事(代上二十三 3)。但是,民数记第八章二十四节又有提及利未人是二十五岁以外,前来任职会幕的事,五十岁退任。可见,开始事奉的年岁于早期律法里没有完全规划出来,后期的发展也是有一个幅度,可能是由二十岁至三十之间。归回之群体可能出于实际人手之短缺,而将利未人事奉的年岁降至二十岁。这也可以说明为何要众领袖们的协议后,共同去委派利未人。

于是,利未人即受命去督管工程,此处提及三个利未的班次,犹大(yehûḏāh)的希伯来文与第二章四十节的何达威雅(wᵉhôḏawyāh)有可能是抄写的文士,将两个字混乱了。⑨ 但也有可能犹大是属于第四

---

⑧ Williamson 以预表式解释法(typological interpretation)去分析此段经文,并加上倒置法(recapitulation method),指出此处所言乃是所罗巴伯于大利乌元年归回,第二年二月开始兴建圣殿的根基,且一气呵成、无间断地完成。

⑨ Keil & Delitzsch, p. 54. υίος Ἰωδα τοῦ Ἡλιαδουδ(huior Ἰōda tou Ēliadoud).

个归回利未人的班次,希腊文以斯拉壹书(五56)将犹大分出来为另外一个班次。甲篾有记载于第二章四十节的名单内,但希拿达则没有在此名单内出现。希拿达的儿子宾内被记录于城墙的匠工名单内(尼三24,十9)。

三10~13 "匠人立耶和华殿根基的时候,祭司皆穿礼服吹号"按照律法的规定,祭司要吹号作为世世代代的定例(民十8、10)。即凡圣会、节期、月朔、献燔祭和平安祭时,祭司都要如此作。当所罗门的圣殿工程完竣时,祭司穿上细麻衣礼服,吹号、敲钹、鼓瑟、弹琴,"一齐发声,声合为一,赞美感谢耶和华"(代下五11~14)。文士以斯拉既是祭司,刻意地将被掳前与归回后的以色列人串连起来。

"照以色列王大卫所定的例" 当大卫将约柜迁往大卫城时,他立利未人在约柜前"事奉、颂扬、称谢、赞美耶和华以色列的神:为首的是亚萨……"(代上十六1~6)。第一个细节都是圣经作者的文学技巧,刻意地将此事件与被掳前的以色列人的生活接轨。回归者并非悬空于历史的廊阶中,乃是承接前人的作风。更重要地,他们自觉是应验耶和华的应许。

"都站着赞美耶和华。他们彼此唱和,赞美称谢耶和华" 利未人以赞美诗和称谢诗彼此对唱,此文句也可以译作"以赞美去称谢神"。"他本为善",善(tôb)有双重意思,一方面是形容神的纯一洁净、尊贵善良(创一4、10);另一方面是形容神的美善可悦的本性(申六18,十五16)。善良与美善都包括在神的本性内,他对待以色列人也是如此。"他向以色列人永发慈爱(ḥesed)",慈爱与圣约(bᵉrît)是息息相关的,基于耶和华与以色列所立的约,他将永远不变的慈爱去对待以色列人(申七12)。神的诚实不易的属性,确保了他永远不变的慈爱(诗九十八3)。⑩

奠基礼就是如此庄严欢欣地,以赞美称谢为祭献给神。祭司吹号,利未人敲钹,众民大声呼喊,一片升平景象,耶和华殿的根基就是如此

---

⑩ N. Glueck, *Ḥesed in the Bible* (Cincinnati: The Hebrew Union College Press, 1967), pp.70-102. Ḥesed 此字是旧约中一个非常重要的字,值得进一步去研究。此字可以用于神,也可以用于人事上(七28,九9)。

立定了。当所罗门立圣殿之根基,"长六十肘、宽二十肘",约二十七点五米长、九米宽(代下三 3),以古时的建筑而言,是十分雄伟可观的。至于所罗巴伯的圣殿大小不详,但其能屹立约五百年之久,也应该是十分宏伟的。并且,当马加比独立时代,犹太人并不需修葺圣殿,只是加强防御而已,可见所罗巴伯的圣殿,其实用可观处并不亚于所罗门的圣殿。[①]

此处所言,"有许多祭司、利未人、族长,就是见过旧殿的老年人,现在亲眼看见立这殿的根基,便大声哭号"。他们内心极其激动,耶和华神果真在他们中间成就了大事(参绪论)。但"也有许多人大声欢呼",他们这群被掳回归的犹太人,能够重新建造圣殿,真如诗篇第一二六篇二节所言一般,"满口喜笑、满舌欢呼","流泪撒种的,必欢呼收割"。激情与欢欣交织在一起,在此奠基礼的进行中,"声音传到远处"。这是文学上的伏笔,将上文总结后,即引出下文的转折。下文则是因着此呼喊的声音之大,引起了外邦人的注目。于是他们进行了一项敌对的计谋,终于使重建圣殿的工程停顿下来。

(II) 圣殿重建时所遇到的敌对势力(四 1～六 12)

以斯拉记的神学主题是"第二次出埃及"。故此,第一章的焦点是归回的圣民(正如出埃及的以色列要成为圣洁的国民般);第二章则注重回归者核数之后各归各城,返回圣地(正如出埃及后即入迦南,神所应许之地);而第三章则记述归回的圣民,在圣地上重建圣殿(正如以色列民出埃及的目的,乃是要敬拜事奉耶和华)。

第四章是承接第三章的主题,当回归者兴高采烈地动工兴建殿基时,拦阻就来到了。此章圣经将古列年间回归者所遇上的敌对势力,与亚哈随鲁王(即薛西王)的攻击,至大利乌王的亨通及亚达薛西王的拦阻,都一并列举出来。批判学者认为圣经作者对年代事件的发展混淆

[①] K. M. Kenyon, *Royal Cities of the OT* (New York: Schocken, 1971), pp. 111 - 112, 177 - 178; H. T. Frank, *Bible, Archaeology, and Faith* (Nashville: Abingdon Press, 1971), p. 220.

不清,又有些比较温和的批判学者尝试将第三章一节至第四章三节,放在大利乌年间,所罗巴伯归回后,一气呵成地将殿奠基及重建完毕。至于第四章四至六节则认为应该放在第三章一节以前,记述大利乌王以前的拦阻,而第四章七至二十三节,即是以斯拉时代,亚达薛西王时期所遇上的问题。

可是,这些批判学者犯了一个严重的错误,他们预设近代历史批判学对年代事件的发生,比当时圣经作者更清楚可靠,但是,此预设是不必要的。我们应该首先接受圣经作者所记录的可靠性,然后将之诠释。有关此章的历史问题,可参照绪论的"圣殿重建"部分。⑫

(ⅰ)敌对势力的谋算由古列至大利乌王时即存在(四 1~5)

¹ 犹大和便雅悯的敌人听说被掳归回的人为耶和华以色列的神建造殿宇,

² 就去见所罗巴伯和以色列的族长,对他们说:"请容我们与你们一同建造,因为我们寻求你们的神与你们一样。自从亚述王以撒哈顿带我们上这地以来,我们常祭祀神。"

³ 但所罗巴伯、耶书亚和其余以色列的族长对他们说:"我们建造神的殿与你们无干。我们自己为耶和华以色列的神协力建造,是照波斯王古列所吩咐的。"

⁴ 那地的民,就在犹大人建造的时候,使他们的手发软,扰乱他们。

⁵ 从波斯王古列年间,直到波斯王大利乌登基的时候,贿买谋士,要败坏他们的谋算。

---

⑫ Williamson(pp. 45 - 50)认为哈该所记述的,应该是大利乌王第二年九月二十四日立好圣殿的根基(520 B.C.,该二 18)为确定的日期,若以此推测三 8 的第二年为大利乌第二年,二月开始动工建造殿基,九月完成。工程并没有停止,至第六年圣殿竣工(六 15)。可是,此说忽略了五 16,大利乌王查询圣殿工程时,见证当古列王时,省长设巴萨已经将圣殿的根基建立起来了。按文理顺序而言,三 1 是记录归回耶路撒冷的第一年七月,他们即筑坛献祭。三 8 是归回后的第二年二月,重建殿基,四 1~6 记录敌对势力使工程于古列年间就停顿下来,直到大利乌王(四 24)的第二年。至于四 7~23 乃是附加部分,展示出敌对势力甚至到了以斯拉、尼希米时期,亚达薛西王年间仍存在。

四 1～2　"犹大和便雅悯的敌人"　第三章三节提及"邻国的民",促使归回的犹大和便雅悯人惧怕。他们可能是撒玛利亚人、阿拉伯人、亚扪人或亚实突等人民(尼四 1、7)。[13] 他们自认为亚述王以撒哈顿(677 B.C.),从"巴比伦、古他、亚瓦、哈马和西法瓦音迁移人来,安置在撒玛利亚的城邑,代替以色列人"(王下十七 24)。这些邻国的民突然看见四五万犹大人从波斯地归回,又看到他们立即筑坛献祭,并开始动工建立圣殿的根基,且以极大声音呼喊庆祝,很自然会产生猜忌。他们过去七十年来所植根于此地的生活直接受到威胁,难怪他们成为了回归者历久的敌人。

他们先礼后兵,首先向所罗巴伯及以色列的族长献出友善之礼,愿意参与他们建造圣殿的工程。这些人的理由是"因为我们寻求你们的神与你们一样"(四 2)。这些因着历史的情与结而归化敬拜耶和华的,却以同化为借口,去分化以色列人的力量。撒玛利亚人的信仰是混合主义的信念,难接受摩西五经,但高举基利心山为亚伯第一个祭坛(创四 4),挪亚在洪水后亦于此献过祭(创八 20),亚伯拉罕和麦基洗德曾于此地相会(创十四 18)等解释。他们自认为"世界的光",不接受先知书,只承认申命记第十八章十五至十八节所提及一位"像摩西的先知"。这位期待的先知被称为"他哈",即"复兴者"的弥赛亚,将来会于末后的日子显现,在基利心山恢复真正的祭祀敬拜。

但是,这些邻国的民却以归化为分化的手段,去诱惑以色列人。并且说:"我们常祭祀神",希伯来文出现了口传(Keri)与书授(Kethiv)的文献分别。口传的意思即是中文所翻译的意思:"对他(weˉlô),我们常祭祀。"但书授的抄写即 weˉlo',意思却是相反:"我们不经常祭祀"。此处可能是圣经作者刻意藉此相反词,将他们真正的动机原意显露出来。

---

[13] 我们不必将犹太人与邻国争持的问题,推延至公元前第三世纪,后期所引发犹太与撒玛利亚之争论敌视(传道经五十 25～26)。次经利未遗训七 2 记录犹太人非常敌视撒玛利亚人,称他们为"愚蠢的人"。马加比壹书一 62～64,提及犹太人于公元前 167 年认为撒玛利亚人提倡希腊化崇拜,甚至支持圣殿改为宙斯神庙。这种民族间的敌视态度于新约时亦可察觉到(约四 9,八 48)。参 R. J. Coggins, *Samaritans and Jews*: *The Origins of Samaritanism Reconsidered* (Oxford: Blackwell, 1975); G. E. Wright, "The Samaritans at Shechem," *HTR* 55(1962), pp. 357-366.

四 3　"我们建造神的殿与你们无干"　所罗巴伯、耶书亚和其余族长们，明察秋毫，他们深明大义，觉察到这些邻国的民实在动机不良，另有阴谋。他们的混合主义，将耶和华贬为地区的神明，可以与其他偶像相提并论、彼此共存，接受敬奉者的礼拜。列王纪下第十七章二十七至四十一节记载得很清楚，当亚述王撒缦以色攻陷撒玛利亚以后，就开始进行人口迁移的工程，并且委派当地的祭司去教导新近迁移进来的人民，学习当地的宗教文化。"有一个从撒玛利亚掳去的祭司回来，住在伯特利，指教他们怎样敬畏耶和华。然而，各族之人在所在的城里，各为自己制造神像，安置在撒玛利亚人所造有邱坛的殿中。巴比伦人造疏割比讷像；古他人造匿甲像；哈马人造亚示玛像；亚瓦人造匿哈和他珥他像；……他们又惧怕耶和华，又事奉自己的神；从何邦迁移，就随何邦的风俗。"（王下十七 28～33）

由此可见，所罗巴伯等回归者并非只有狭隘的民族主义，也是有宗教的原因，为要避免信仰搀杂不纯的现象。并且，他们据理力争，坚持古列的谕旨（一 2～4），只有犹大的原居民才有权利，可以归回建造圣殿。后来，当河西总督达乃等上奏大利乌王时，要问准他们的名字，记录他们首领的名字，奏告于王（五 10）。故此，所罗巴伯等若于此时妥协，日后达乃等即可趁机告状，谓他们因没有遵照古列诏书而行，会遭致停工。

所罗巴伯等直言："我们自己（'ănaḥᵉnû yaḥad）为耶和华以色列的神协力建造。"希伯来文的意思是"惟有我们"可以为耶和华建造圣殿。归回群体中的领袖有慧眼、不妥协、肯果断，斩钉截铁地将这些外族人分别出来，让神的工作不致受到搀杂，至终能够完竣。[14]

四 4～5　"那地的民，就在犹大人建造的时候，使他们的手发软，扰乱他们"　那地的民很明显就是第四章一节所指犹大和便雅悯的敌人，当他们的第一个策略——先礼后兵的方法失败后，即撕裂面具，开始直接阻挠犹大人，使他们的手发软，即打击他们的士气，让他们灰心

[14] P. R. Ackroyd, *Exile and Restoration. A Study of Hebrew Thought of the Sixth Century B. C.* (London: SCM Press, 1968), pp. 138 - 152; N. H. Baynes, "Zerubbabel's Rebuilding of the Temple," *JTS* 25(1924), pp. 154 - 160.

(耶三十八 4)。此乃是兵家战略的厉害武器,所谓攻心至上的心理战。当两阵交锋时,士气高昂与否,可以决定胜败(尼四 2～3)。这些邻国的民扰乱他们(Kethiv 书授 mᵉballᵉhîm;Keri 口传 mᵉbahǎlîm)。口传是希伯来字 bāhal 是从惊慌(piel)此字而来的(代下三十二 18;伯二十一 6)。由此可见,那地的民用尽千方百计,使犹大人闻声丧胆、退缩消沉。

并且,此扰乱并非一时兴起之行动,乃是多次多方的骚扰。四 4 的动词是将来时态 wayᵉhî,意思是不单单建殿基时有些阻力,以后的岁月中仍会有此拦阻。甚至"从波斯王古列年间,直到波斯王大利乌登基的时候,贿买谋士,要败坏他们的谋算"。古列自攻占巴比伦称为大帝后(539 B.C.),执政九年即亡(530 B.C.)。若回归者于古列元年领受诏书,经过一年的预备,于公元前 537 年归回,第二年动工建殿基(536 B.C.),自建殿基起,古列年间即是由公元前 536 至前 530 年,共六年。古列的儿子冈比西斯二世执政七年半,然后士每第七个月,至大利乌第二年(四 24),总数加起来共十五年之久。在这十五年中,犹大的敌人都在败坏圣殿的工程,使之停止不能建造。

于波斯时代,行贿是经常有的现象。[15] 这些犹大的敌人可能在波斯的司法院内行贿,甚至在波斯王宫内贿赂官员(谋士),使他们对犹大人不利,败坏了犹大人的请愿上诉。最终之目的乃是要破坏他们重建圣殿的使命(谋算)。[16] 于是,自古列王至大利乌王第二年,圣殿就因着犹大敌人的破坏,竟然停工了。于文体而言,此段的下文理应是第四章二十四节,但是圣经作者加插了一段附注,让读者体验到这些拦阻一直延续至以斯拉时期、亚达薛西王年间仍然存在。其目的乃是提醒当时的读者,不要为难处而退缩不前。

---

[15] R. Frye,*The Heritage of Iran*(Cleveland:Word,1963),p.110;R.J. Coggins,"The Interpretation of Ezra iv. 4," *JTS* 16(1965),pp. 124 - 127;M. Smith,*Palestinian Parties and Politics that Shaped the OT*(New York:Columbia Univ. Press,1971),pp. 193 - 201.

[16] 以斯拉续编上卷五 70 的希腊文指出敌人以阴谋败坏(βουλας δημαγωγουντες, boulas dēmagōgountes)犹大人的作为。

(ii) 敌对势力甚至于亚达薛西王时仍存在(四6～23)

上文所提及的敌对势力,由古列王伸展到大利乌王。本来就建圣殿的工程而言,到了大利乌王的第二年,犹大人就可以动工。因此,敌对的势力应该停在大利乌的年间就可以了。而且,第一至六章都只是描述所罗巴伯等归回后兴建圣殿的过程。

但是,圣经作者在此处加插了一段附注,显示此敌对势力,伸延到以斯拉时期的亚达薛西年间仍存在。此段可称为作者的编者语,重点并不在历史的年代进展,而是在逻辑的适切性。以斯拉要将敌对势力,从归回时一直描述到以斯拉时期,让当时的读者知道行在神的旨意中,并非一定一帆风顺,困难及敌人总是会有的,正如前人兴建神殿时如此,现在以斯拉时期亦是如此。

在以斯拉归回不久,犹大人可能就进行动工重修城墙(四12～13)。这应该是尼希米之前的工程,他们已经动手筑城墙的基石,及进行有限度的加建工作。但是,遇上了敌对势力的拦阻,于是,工程就停顿了,此消息可能传到尼希米那里,激发了他归回的抱负。

第四章七至二十三节乃是为此而作的,以斯拉从历史的叙述中,将拦阻引申出来。自从以色列人于古列年间归回耶路撒冷后,困难重重,殿基立定后即遇上敌人扰乱,使圣殿工程停顿了十五年之久。后来,于神的施恩带领下,在大利乌年间才可以复工。故此,亚达薛西王时,犹大人所遇上的拦阻乃是可以预料的,不要因此灰心丧志。所以,此段经文被作者放置于此,实有其逻辑上的适切性。虽然于年代事件的发生而言,已是圣殿重建之后约八十年的事。[17]

6　在亚哈随鲁才登基的时候,上本控告犹大和耶路撒冷的居民。

7　亚达薛西年间,比施兰、米特利达、他别和他们的同党,上本奏告波斯王亚达薛西。本章是用亚兰文字、亚兰方言。

---

[17] J. Martin, "Ezra," *The Bible Knowledge Commentary* (Wheaton, Ill.: Victor Books, 1985), pp. 660 – 661.

四 6　"在亚哈随鲁才登基的时候"　亚哈随鲁或称为薛西(486 -
465 B.C.),波斯文为哈沙亚沙,意谓"狮王"。大利乌的第一任妻子生了
亚基米尼后被废,第二任王后爱托纱生亚哈随鲁。[18] 他尚未登基以前,
即以王太子身份任巴比伦总督十二年之久。登基时是公元前 486 年
十一月,但于公元前 485 年已有分封王的御衔。此处所用"登基"
(biṯhillaṯ malkûṯô),可能是专有用词,指公元前 486 与前 485 年间的
过渡时期。[19]

这是重要的观察,因为历史考据发现于亚哈随鲁正式作王前几个
月,埃及出现叛乱。于是,亚哈随鲁挥军南下,于公元前 485 年间经过
巴勒斯坦一带。可能就在此历史的机缘时刻,犹大的敌人把握良机,
"上本控告犹大和耶路撒冷的居民"。当然,这奏本并没有记录于此,
反而圣经作者取录了后期亚达薛西王时期,比施兰等人的奏文。可
见,作者是刻意挑选取材,以达致文体的效应,去配合他要表达的
信息。[20]

当亚哈随鲁平定埃及叛乱后,即封立其同父异母之王兄亚基米尼
为埃及总督,并班师回朝,登基称帝亚哈随鲁一世。此亚哈随鲁一世
就是以斯帖时期的波斯王,当时末底改得悉两位太监辟探和提列想
要设计下手杀害亚哈随鲁王。末底改通知王后以斯帖,以斯帖转奏
亚哈随鲁王,结果王将此两人挂在木头上。不过,亚哈随鲁仍难逃一
劫,于公元前 465 年,被一位大臣亚达班所谋害,其幼子继位即是亚达
薛西一世。

有些学者认为第四章六节的亚哈随鲁王应该是古列的长子,冈比
西斯二世(530 - 522 B.C.)(参绪论注 17)。再者,但以理书第五章三

---

[18] 谢友王:《两约中间史略》,页 62 - 64。亚基米尼(Achaemenes II,484 - 460 B.C.)为亚哈
随鲁王平定埃及之叛乱后封为埃及总督。

[19] 若与伊里芬丁文献对比,即发现伊里芬丁是用亚哈随鲁元年(r'š mlwkt'),表示他正式作王
的第一年(Aram P 6:1 - 2)。

[20] A. T. E. Olmstead, *History of the Persian Empire*; *Achaemeniad Period*(Chicago: Univ.
of Chicago Press,1948),pp. 227 - 228,234 - 236; Williamson,pp. 60 - 61. 从上告亚达薛
西的奏文展示,所告者只是课税进贡问题(四 13),而非背叛脱离波斯统治。故此,不能因
此就判论当时巴勒斯坦与埃及联盟背叛波斯。参 de liagre Böhl,"Die babylonischen
Prätendenten zur Zeit des Xerxes," *BO* 19(1962),pp. 110 - 114.

十一节,第九章一节又提到另一位亚哈随鲁王。不过,但以理书第九章一节清楚表示"玛代族、亚哈随鲁的儿子大利乌,立为迦勒底国的王元年"。很明显但以理书的亚哈随鲁是玛代人而非波斯人,更不是波斯亚基米尼王朝的王。至于第四章六节的亚哈随鲁是否冈比西斯,近代波斯学者一致反对此看法。亚哈随鲁的波斯文为 Ksayarsa,希伯来文为 'ăhašwērôš。从文字来看与冈比西斯(Cambyses,波斯文 Kambudshja)完全不同;而且从历史考据来看,冈比西斯也没有其他别号类似亚哈随鲁。

再者,亚哈随鲁的希腊译文有两个:Κναξαρης(Kuaxareis)及 Ξερξης(Xerxes 即薛西斯)。此两个希腊译文都表明亚哈随鲁即是薛西斯,而并非古列的长子冈比西斯。故此,亚哈随鲁应该是亚达薛西一世的父亲,而这位亚达薛西(四 7)也不可能被认定乃冈比西斯的儿子士每第(Smerdis)。此士每第只作了波斯王共八个月,即被大利乌一世(521 - 486 B.C.)所杀,士每第没有足够的时间下令,停止耶京城墙的建造。此大利乌即是第四章五节、二十四节,第五章五节,第六章一节、十五节等处所言允许犹大人重建圣殿的那位。故此,不能为着将第四章五至七节,定为顺序的历史事件,而强将亚哈随鲁名为冈比西斯,亚达薛西为士每第。

四 7 "亚达薛西年间" 亚达薛西一世外号"长手"(Longimanus,465 - 424 B.C.),波斯文为 Artashashta。他有一只手比较长,故号称"长手"。登基后不久,即为父报仇,在宫中与摄政大臣亚达班(Artabanus)徒手肉搏将之杀死,及后希腊怂恿埃及反叛独立,亚达薛西委任叙利亚总督麦嘉比索(Megabyzus)平复镇压,历六年工夫(460 - 454 B.C.)才得平定。他在位四十一年,算是太平盛世时期。

"亚达薛西年间"于第七章一节、第八章一节都出现过,可见第四章七节的首部与第七章一节的后部是首尾相应。历史的顺序发展可能是亚达薛西平乱后,即一如先祖古列与大利乌般,施布仁政,允准文士以斯拉于亚达薛西第七年归回耶路撒冷(七 7),并赐他谕旨去将耶和华的律例教导以色列人(七 12~26)。当以斯拉回去耶路撒冷后,可能有某些犹大人正要"筑立根基,建造城墙"(七 12)。于是,引起了当地邻国的民反对,这些人——比施兰、米特利达、他别和同党的人,很可能是撒玛利亚人。比施兰可能是于公元前 462 年间,在河西一带作省长的昆书录(Belshunu)。米特利达的名字是波斯外借语,可能指示他是波斯的官员。他别是亚兰名字,可能是当地的撒玛利亚居民。他们联名上本奏告亚达薛西。

至于此奏本是于何时写成上书亚达薛西,则很难确定,但至少是于亚达薛西第七年(458 B.C.)以斯拉归回后,与尼希米建完耶路撒冷城墙(444 B.C.)之前;一般而言,学者将此奏本与叙利亚总督麦嘉比索的背叛联系起来(448 B.C.)。犹大的敌人趁机向犹大人告状,宣称他们要建城墙之目的乃是背叛亚达薛西王,不纳课税给波斯。[21] 但是,又有些学者认为是出于早期埃及叛乱之时(460 - 454 B.C.)。[22] 不过,确实的日期则很难判断,但依历史顺序来看,则以斯拉归回后,撒玛利亚人借口上诉亚达薛西,而亚达薛西因着当地叛乱事件,批准了撒玛利亚人的告状,将犹大人建城墙的工程停顿了,后来,到了酒政尼希米得到亚达薛西的信任,在归回耶路撒冷后才正式将城墙的工程完竣。

"本章是用亚兰文字、亚兰方言" 一般而言,第四章十六至二十三节属文学性的历史叙述,既有历史的成分,亦有文学的伏笔。就历史而言,此段记录亚达薛西时,犹大敌对势力如何上奏停止耶路撒冷城墙的建造。就文学而言,此段相等于近代文学的括弧附录的插段;不过古代文学没有标点符号,故此于措辞上以重复语句为标志。第四章六、七节皆有上本奏告(控告)的词藻;第四章七节相应第四章一节,提到犹大的敌人(同党);第四章七节将亚兰文字与亚兰方言重复。[23] 藉着这些重复赘述,圣经作者将此段插篇加插于第四章五节与二十四节中间,为要达致他所要表达的神学信息——不必为着拦阻而灰心,因为拦阻自古列至亚达薛西皆存在,但施恩的神都一一引导带领以色列人克服一切。

---

[21] Olmstead, *History of Persian Empire*, p. 313.

[22] A. F. Rainley, "The Satrapy Beyond the River," *AJBI* 1(1969), pp. 51 - 78.

[23] J. D. Whitehead, "Some Distinctive Features of the Language of the Aramaic Correspondence," *JNES* 37 (1978), pp. 119 - 140; J. A. Fitzmyer, "Some Notes on Aramaic Epistolography," *JBL* 93(1974), pp. 201 - 225.

　　以斯拉时期的亚兰文为皇室使用的亚兰文，与主前第五世纪伊里芬丁蒲草纸文献的亚兰文相似。㉔ 亚兰文字是方块字，与当时斜体希伯来文字不同（参绪论之"语文的研究"，亚兰文）。此段落第四章八节至第六章十八节都是用亚兰文写成的，一方面所涉及的范围是有关波斯的文献，当然是以当时公文的通俗语文写成。何况，以斯拉时代归回的犹太人通常是用双语（亚兰文及希伯来文）。另一方面，于圣灵的默示下，圣经历史与世界历史有相通之处，正如但以理书中涉及外国事件时，也是用亚兰文写成（但二 4～七 28）。㉕

8　省长利宏、书记伸帅要控告耶路撒冷人，也上本奏告亚达薛西王。

9　省长利宏、书记伸帅和同党的底拿人、亚法萨提迦人、他毗拉人、亚法撒人、亚基卫人、巴比伦人、书珊迦人、底亥人、以拦人，

10　和尊大的亚斯那巴所迁移，安置在撒玛利亚城并大河西一带地方的人等，

11　上奏亚达薛西王说："河西的臣民云云：

12　王该知道，从王那里上到我们这里的犹大人，已经到耶路撒冷重建这反叛恶劣的城，筑立根基，建造城墙。

13　如今王该知道，他们若建造这城，城墙完毕，就不再与王进贡、交课、纳税，终久王必受亏损。

14　我们既食御盐，不忍见王吃亏，因此奏告于王；

15　请王考察先王的实录，必在其上查知这城是反叛的城，与列王和各省有害，自古以来其中常有悖逆的事，因此这城曾被拆毁。

16　我们谨奏王知，这城若再建造，城墙完毕，河西之地王就无份了。"

　　为了增强说服力及证据，犹大人的敌对势力收罗了许多有影响力

㉔ 皇室亚兰文（Imperial Aramaic, *Reichsaramäisch*）是 J. Markwart 于 1927 年时所提倡的分类法。参 P. S. Alexander, "Remarks on Aramaic Epistolography in the Persian Period," *JSS* 23（1978），pp. 155 - 170；F. Altheim and R. Stiehl, *Die aramäische Sprache unter den Achaimeniden*（Frankfurt am Main：Klostermann, 1963）.

㉕ 伊芬丁蒲草纸文献亦有此种引言的方法，以 mṣryt 即"用埃及文"引出以下是用埃及文写成的部分。参 Cowley, *Aramaic Papyri* 26：2, 7（p. 89）；80：7（p. 190）；F. Rosenthal, *A Grammar of Biblical Aramaic*（Wiesbaden：Otto Harrassowitz, 1974），p. 5.

的人士，与他们联合成为统一的战线。这一股联合的势力跨越不同的民族及各种社会阶层的人士，所以来势汹涌，势如破竹地打击犹大人。他们所提出来要反对的事情，乃是犹大人要重建耶路撒冷的城墙。他们并不提出宗教的借口反对，而是以波斯政府最切身的事情为理由——纳税。据估计，每年波斯政府从课税进贡而得收入，相当于现时的二千万至三千五百万美元。㉖ 故此，敌对的势力巧妙地运用"银弹政策"，以波斯政府所最关注的利害关系着手。并且，更进一步控告犹大人，既有背叛的历史，且有反叛的企图来兴建耶路撒冷的城墙。㉗

四 8 "省长利宏、书记伸帅" 此处的省长一职，亚兰文为 bᵉʿēl⁻tᵉʿēm，与第五章十五节的设巴萨为省长（peḥāh）一字不同。波斯国的行政体系十分周详，史学家希罗多德曾描述大利乌王时期约有二十多个省份，而但以理书第六章一节记录有一百二十个总督（ʾăhašdarpᵉnayyāʾ），以斯帖记第一章一节记述"亚哈随鲁作王，从印度直到古实统管一百二十七省"。㉘ 若将这些名称与区域统一，可得到以下的行政体系架构：波斯王将全国划分成二十多个直属的省区，每一省区皆有一省督；省区之下是一百二十个省份，每一省份有一省长。省督是波斯王室的近亲，称之为"波斯王国的护国大臣"。亚哈随鲁王（即薛西）未执政王权前，曾作了十二年巴比伦的省督。基本上省督就等于当地省区内的分封王，去治理省区内一切事宜。为了确保省督对中央政府波斯王效忠，波斯王直接委任一名书记、税务大臣及将军，协助并监管省督及省区内的行政措施。㉙

依此理解，希罗多德所记载的二千多个属省区的省督，而但以理书的一百二十个乃是省长。圣经对省长的名称，至少有十个不同的希伯

㉖ J. N. Postgate, *Taxation and Conscriptions in Assyrian Empire* (Rome: Pontifical Biblical Institute, 1974), p. 119; E. M. Yamauchi, "The Archaeological Background of Ezra," *BSac* 137(July-Sept., 1980), pp. 195 - 211.

㉗ G. Widengren, "The Persians," in *Peoples of OT Times*, ed. D. J. Wiseman (Oxford: Clarendon Press, 1973), pp. 312 - 357.

㉘ Herodotus, iii. 89 - 94, 省份称为 Satrapy, 总督是 Satrap. A. F. Rainey, "The Satrapy 'Beyond the River'," *AJBI* 1(1969), pp. 51 - 78.

㉙ R. E. Hayden, "Satrap," *The International Standard Bible Encyclopedia* (Grand Rapids: Eerdmans, 1988), vol. 4, p. 345. 此行政体系的名称与架构是由以上的参考归纳而成的。

来字根、五个希腊文字根来描述。中英文的翻译并不一致,如监督、官长、地方的王、巡抚、提督、总督、省长等名衔。以上所讲的,只是将波斯行政体系划一而论。

第四章八节省长利宏的管辖区域甚广,包括"撒玛利亚并大河西一带地方"(四 10、17),并且,此段经文数次提及省长与书记。由此可见,利宏可能属于省督级的波斯行政官员,其省区包括叙利亚、撒玛利亚、犹大等地区。他是在一般省长之上,直属波斯王的省督,与所罗巴伯(四 2)和尼希米(尼七 65)的官阶不相等。因此,这处的亚兰文取用了一个较为特别的名衔来形容他。

书记伸帅(sāpᵉrā')可能也是直属波斯王的行政官员,专门负责协助与监视省督及与波斯王文书上的联络。㉚ 这些犹大的敌对势力,争取了波斯行政区内的要员,联名"上本奏告波斯王亚达薛西",㉛为的是"要控告耶路撒冷的人"。

四 9~10 "省长利宏、书记伸帅和同党的底拿人、亚法萨提迦人、他毗拉人、亚法撒人、亚基卫人、巴比伦人、书珊迦人、底亥人、以拦人和尊大的亚斯那巴所迁移,安置在撒玛利亚城,并大河西一带地方的人等" 上奏的署名首先记录出来,可能是将名单列为标题,以亚兰用词 ᵃdayin 表达示意。㉜ 此名单以省督利宏及书记伸帅为首。为了增加其声势,奏本上将其他同党也列举出来。这些人很可能也是颇具声望的官员代表,中文翻译为专有的名字,但也可以翻译作这些人的专职。"底拿"可以译作审判官(法官),㉝"亚法萨提迦"可译作使者(或巡

㉚ 此亚兰文与亚喀文 AKK. šāpirum 都指着皇室所御任之使者级大臣,类似近代美国的国务卿大臣。参 A. Crown, *VT* 24(1974), pp. 366 - 370; H. H. Schaeder, *Iranische Beiträge* 1(1930), p. 265.

㉛ 亚兰文不断地演变,此处所记录的亚达薛西('artahšaśtᵉ')与七 21 的'artahšastᵉ',其中的ś更换成 s(即ś改为 s),此现象亦可于五 12 得见。参 Rosenthal, *A Grammar of Biblical Aramaic*, p. 16. 伊里芬丁蒲草纸文献的写法为'artahšasaś,类似楔形文字 Artakšatsu 或 Artakšassu。Torrey 认为凡有 s 出现即是亚达薛西二世(七、八),并不正确(p. 170)。

㉜ Keil & Delitzsch 称此两节(四 9~10)为前后不衔接的语句(Anacoluton),并且它缺少了动词;应该是标题(Superscript)或楔子前言(Preamble of the letter),目的在于增加声势(p. 65)。

㉝ G. Hoffmann, "Namen und Sachen," *ZAW* 2(1887), pp. 54 - 55.

抚)。㉞ 以上这四个名称的排列颇有规律,利宏和伸帅都有头衔,之后即提到同党(四 7)。然后,底拿与亚法萨提迦都附有连贯词 wa,此两个名称属于官阶等级。接下来的七个名称,并没有连贯词,而且,巴比伦、书珊、以拦很明显是地方名字。所以,这七个名称可能属于地名,与以上二个官阶及专有名字,于结构中是有分别的。

　　"他毗拉"依此结构分析来看,是属于地名,可能是巴比伦境内一个不熟悉的地方,一些古历史家认为是以拦东部的居民,后来被迁移到撒玛利亚。㉟ "亚法撒"可能是波斯 prsy' 此字前面附加上 ' 而形成 'ăpārsāyē'。若此理解是正确,亚法撒是波斯某些地方,以前曾被亚述所攻陷,人民也因此被迫迁移至巴勒斯坦。㊱ "亚基卫"('ark^ewāye) 此亚兰文可能与希伯来文的"以力"('erek)有关,"以力"是创世记第十章十节所记录于示拿地(即美索不达米亚、古巴比伦一带的地域)。㊲ 巴比伦是清楚可寻的地名,"书珊迦"是波斯的书珊地,曾被亚述掳掠到撒玛利亚。"底亥"(d^ehāyē')可能是希罗多德所谓的希腊,㊳但亚兰文的文法书有提到此字应该翻译为"即是"(d^ehû')。书珊迦全意即是以拦人,因为书珊城位于以拦地。㊴

㉞ W. Eilers, *Iranische Beamfennamen in der Keilschrifthichen Überlieferung* (Leipzig: Brockhaus, 1940), pp. 330 – 340; 据标准亚兰文法书作者 Rosenthal 所言,'āparsat^ekāyē' 属于外借语,可能是波斯文 apara-saraka,即巡使(p. 29, §57)。

㉟ R. A. Bowman, "Introduction and Exegesis to the Book of Ezra and the Book of Nehemiah," *IB* III, pp. 551 – 819. 但 Galling 却认为此字的翻译应该是 Tripolis,即是城市的名字,故此以下的应该是某地的人(K. Galling, "Kronzeugen des Artaxerxes? Eine Interpretation von Esra 4, 9f," *ZAW* 63[1951], pp. 66 – 74)。他毗拉(tarp^elāyē')据史学家 Junius 译作希腊文 Ταπουροι,为以拦东部地方(Ptol. vi. 2. 6; quoted from Keil & Delitzsch, p. 66)。

㊱ Keil & Delitzsche 谓此'是时常出现的字前附加语(Prosthetic K & D, p. 66),Meyer 称为伊朗惯用之 Preformative '(*Die Entstehung des Judenthums* [Halle: Max Niemeyer, 1896], pp. 35 – 41)。

㊲ 此字的亚兰文可能是'ark^ewāyē'(C. C. Torrey, *Ezra Studies*, p. 170),亚基卫与以力的关系可参照 K & D, p. 66, 及 Brockington, *Ezra*, *Nehemiah and Esther*, p. 68。

㊳ Herodotus 1. 125, quoted from K & D, p. 66。

㊴ Rosenthal, *A Grammar of Biblical Aramaic*, p. 21, §35. 此处有口传本(Keri)的d^ehāyē' 与抄写本(Kethiv)的 dehāwē',Rosenthal 是按照抄写本来解释的;Keil & Delitzsche 取自口传本与希罗多德对照。

　　第四章十节提及以上人民都是于亚述王亚斯那巴（669－626 B.C.）期间所迁移的。亚述王的政策乃将所征服的国家，进行人口搬迁。亚斯那巴亦译作亚述巴尼帕，即先知那鸿所提及亚述毁灭埃及京城提比斯的那位王（663 B.C.）。那时北国以色列已经被灭（722 B.C.），成为亚述的藩国。亚述巴尼帕王东征西讨，是唯一曾经攻陷过书珊城的亚述王。[40] 希腊的译本将亚斯那巴翻译为撒缦以色 Σαλμανασαρης（Salmanasareis），可能是受了列王纪下第十七章三节、二十四节所影响，但是亚述王撒缦以色五世（727－722 B.C.）并没有攻陷书珊城及希腊等地。故此，一般而言，此处所指的亚斯那巴是指着亚述巴尼帕。[41]

　　他将"大河西一带地方的人等"进行人口迁徙，河西一带就是指着幼发拉底河以西，直到地中海一带的地方。由此可见，当时敌对的势力是声势浩大的联盟，要将犹太人重建城墙的事，视为重大的威胁。因此，他们联名上诉亚达薛西王。

　　四 11 "上奏亚达薛西王""上奏"或"上谕"（四 23）、"上本"（五 6）、"谕旨"（七 11），都是指着一封信函，以传递信息（斯三 14，四 8）。[42] 这可以是下属呈上的奏本，也可以是由王所发出的谕旨。此处是衔接第八节，也是奏本的正文之开端。上奏者表明自己是从河西而来的，即上文所言"大河西一带的地方"，他们是臣民或臣仆，很明显此处的用词是刻意将他们（这些忠实的臣仆）与犹大人（那些反叛恶劣的人）作为对比。这与同期的伊里芬丁蒲草纸文献（约 407 B.C.）的公文格式相似："致我们的主巴哥雅斯、犹大的省长，我们是你的臣民耶道勒雅和他的

---

⑳　亚斯那巴（'ăsᵉnappar）可能是波斯的发音，与正常的 Ashurbanipal 有不同，但是从此亚述王的历史可知，此处应该是提到他的国策。他所遗留给后世的楔形文献，并搜集保存于国家图书馆内的各类铭文雕绘，都是考古学的珍宝。参 A. R. Millard, "Assyrian Royal Names in Biblical Hebrew," *JSS* 21(1976), pp. 11－12；A. Malamat, "The Historical Background of the Assassination of Amon, King of Judah," *IEJ* 3(1953), pp. 101－179；28(1957), pp. 15－47；31(1960), pp. 1－29. 亚述巴尼帕在位期间，犹大经历过三个王位：玛拿西（686－641 B.C.）、亚们（642－640 B.C.）及约西亚（640－609 B.C.）。

⑪　Keil 认为王下十七 3、24 所指应该是以撒哈顿（Esarhaddon, 681－669 B.C.），即亚述巴尼帕的父亲，而四 10 的亚斯那巴只是属下的一名"尊大"的将军（pp. 66－67）。

⑫　以斯拉记的用词是 paršegen，而以斯帖记是 patšegen，这可能是亚兰文本身的演变，或是抄写文士的错误。Torrey 指出可能是波斯的外借语（p. 177）。

同党,并在伊里芬丁城邑中的祭司们……"㊸

　　四 12　"王该知道,从王那里上到我们这里的犹大人"　此奏本的选词语气都是十分有技巧,以争取亚达薛西王的好感。奏本开卷即示意"为着王的好处,王该知道此事"。这些"臣仆"现在要向王提供特殊的情报,那些从王那里来的犹大人,正在进行一项阴谋。"从王那里"来的犹大人可以是指着古列时迁移的犹大人,也可以指着不久前从亚达薛西归回的以斯拉等。此处有双重意思,一方面全章是指着所罗巴伯等于古列王时的归回,另一方面此插章(四 7～23)是引用以斯拉归回后的敌对势力。当然,于奏本而言,这些从王那里来的人,可能是指着不久前回去的以斯拉等人。

　　"已经到耶路撒冷重建这反叛恶劣的城,筑立根基,建造城墙"　上本的犹大敌人,将耶路撒冷形容为"反叛恶劣的城"。当然,这是恶意的毁谤,故意将耶京与一些反叛的势力串连一起,以加强其说服力。至于这些反叛的势力属于哪里而来,却甚难确定。可能是与腓尼基于公元前 451 年之反叛有关,也许是与叙利亚总督麦嘉比索于公元前 456 年所平定埃及之背叛有关。后者的可能性较大,因为以斯拉于公元前 458 年(亚达薛西第七年)归回,不久后犹大人即进行重建耶京城墙的工程。故此,敌对的势力可能将两三年前的反叛作为借口去毁谤犹大人。㊹

　　此处所谓之根基,乃是城墙的根基,可能是在原有的根基上加速维修,甚至将厚度增加,以筑更高的围墙。当然,除了此处经文以外,就没有别的经文描述这段日子的建造工程。但是,从后来尼希米之工程能够顺利地于五十二日内完成,可见城墙的根基于此时已经重新筑好。㊺就是因为工程正在如火如荼地进行,敌对的势力也因此而变本加厉地增加。

㊸ Pritchard, *ANET*, pp. 491‒492;不过伊里芬丁蒲草纸文献内有诸多称颂巴哥雅斯(Bagoas)的言词,于此处(四 11)则没有了。

㊹ Olmstead, *History*, p. 308. 实际上麦嘉比索(Megabyzus)从公元前 460 年开始挥军镇压埃及,到了公元前 454 年才正式戡平。所以,于时间方面来看是以斯拉归回时期的叛乱。

㊺ S. Smith, "Foundations: Ezra iv. 12; v. 16; vi. 3," *Essays in Honor of the very Rev. Dr. J. H. Hertz* (London: Edward Golston, 1945), pp. 385‒396.

四 13 "如今王该知道，他们若建造这城，城墙完毕" 奏本处处表明是出于对王的善意而写的，上文将犹大人建造这"恶劣背叛"的城之事实描绘出来，如今将这等人的动机也剖析出来。大意是指出犹大人正在励兵图治，建造城墙，其目的乃是背叛亚达薛西王。由此可见，当这些敌对势力上本奏告时，犹太人的确是马不停蹄地动工建城墙。此处所用的"若"字，亚兰文是十分肯定的 dî hēn，意思是"他们因真建完城墙后，就肯定不再与王进贡的"。[46]

"就不再与王进贡、交课、纳税，终久王必受亏损" 进贡是波斯百姓的人头税，可能是亚喀文的外借语（"交课""纳税"也是外借语）。此处之个人进贡类似近代的个人入息税。[47] "交课"即消费税，"纳税"即进口税或海关税。狡猾的敌对势力，不以宗教原因去反对犹大人，却以利害关系之课税国家收入为主要原因。并且，王的国库收入终久受亏损，此处中文译本没有翻出"王库"（'apᵉtōm）。亚兰文的王库（epitachis）与希腊文的音相近，可能是由波斯文音译过来，意思类似近代的税务局。[48]

撰写奏文的人，处处刻意讨好亚达薛西王。于词藻方面用心挑选，以达致应得的果效。就是此处所用的"王"（malkîm）字，属于复数。一般而言，此复数是尊贵的复数，藉此将亚达薛西王标榜抬高，意思乃是说："如此尊贵威严的王，岂可忍受这些重大的亏损。"[49]

四 14 "我们既食御盐，不忍见王吃亏，因此奏告于王" "食御盐"的亚兰文法很特别，按字面来翻是"我们盐化王宫的盐"。当然，此是寓意的句语，指出这等人是吃皇室俸禄的。由此可见，省长利宏及书记伸帅都是直属波斯王的官员。再者，盐在古代是表示严厉的宣誓。利未记称之为"立约的盐"，供物"要配盐而献"（利二 13）。民数记更进

---

[46] Rosenthal，p. 38，§ 86.

[47] 四 13 的进贡，亚兰文为 mindāh，与四 20 mîddāh 的字形不同，这与亚喀文 madattu 或 mandattu 有关。Rosenthal，pp. 58 - 59，§ 188.

[48] Torrey, *Ezra Studies*, p. 175；Fensham 指出可能与 Avestan 名称 pathma，即"仓库"相同（p. 74）。

[49] 此处的复数，文法上称为 Plural of Majesty。创一 26～27 所言神（Elohim）也是以此来表示神的尊贵威严。Rosenthal 指出是受希伯来文的影响（Hebraism），p. 24，§ 42.

一步谓之"永远的盐约"(民十八 19)。古代近东文化中有此俗语："你我之间有饼和盐",意即彼此之间有关系。神向大卫所立的约也是如此,是永不废掉的盐约(代下十三 5)。这些省长、书记及同党都表示对亚达薛西王效忠,他们誓死不变的态度与耶京"这反叛恶劣的城",成为强烈的对比。

他们"不忍见王吃亏","吃亏"一字是十分强烈的用词,直译为"赤身"。如此为着王的切身利益着想,听起来真是感人肺腑。可见这些敌对犹大的撒玛利亚人工于心计。他们上奏于王,只许成功,不许失败。故此,每一个用字都雕琢刻磨得细腻感人。

四 15　"请王考察先王的实录,必在其上查知这城是反叛的城"　王库的记录是古代的图书馆,现今最古的著述,是在古代美索不达米亚的"图书馆"王库中,可追溯至公元前三千年。可见,王库所搜集的文件是古代档案室,譬如苏默(即示拿地,创十 10)的王库庙宇中,挖掘出数千的楔形文字泥版。古巴比伦的马里与努斯都有数以千计的泥版资料。

此处所谓的先王,除了亚达薛西王以前的波斯王以外,应该包括了巴比伦及亚述的珍藏,因为巴比伦与波斯都自认为继承亚述及巴比伦。他们也尽可能保存前人的文献。第五章十七节,第六章一节都有记载这些"王室图书馆"的档案室,以斯帖记第二章二十三节、第六章一节也有记录亚哈随鲁王如何有系统地辑录古代先贤的文献资料。

再者,所提及"自古以来",即巴比伦王朝犹大的背叛,可能是希西家、西底家等犹大王的背叛。此等敌对犹大的势力从历史的评论来攻击犹大人,这是客观的论证,配合上文所谓较主观的论证,构成一篇非常有说服力的奏文。不独现在犹大人有反叛的企图,甚至他们的先人也有如此反叛的历史。

故此,结论十分明显,"因此,这城曾被拆毁",现在也需要拆毁,不让他们继续修葺城墙,以免后患无穷。撒玛利亚人力谏亚达薛西作出(明智的)判决,斩草要除根,免得春风吹又生。

四 16　"我们谨奏王知,这城若再建造,城墙完毕,河西之地王就无份了"　此结论颇具威胁性,当撒玛利亚等敌人呈奏完毕前,向亚达薛西发出一个严重的宣告:选择反对犹大人建造城墙或是选择失去河西一带的地方。他们所指的利害关系,层层深入,从进贡与纳税,提到反叛,进而失地。这奏本真是一厉害的律师陈词,将案件按部就班地一一分析清楚,最后盼望亚达薛西王可以作出明智之抉择,出令禁止犹大人的工程。

此奏本完全显露出撒玛利亚人的阴谋动机,以斯拉将之放在此处乃是从历史的进展中,让撒玛利亚人自己呈现他们的真面目。第四章二节记录他们自认是与犹大人一样敬奉耶和华,故此理应有份参与圣殿的工程。骤眼间,读者会认为所罗巴伯的回应,委实是过分苛刻,一点都没有容人之量,也许是为狭隘的民族主义所促使。但是,此章经文的发展,却完完全全暴露了撒玛利亚人的真正动机。读者反而会敬重所罗巴伯的智慧,可以明察秋毫地分辨事理人心。

17 那时王谕复省长利宏、书记伸帅和他们的同党,就是住撒玛利亚并河西一带地方的人,说:"愿你们平安云云。

18 你们所上的本已经明读在我面前。

19 我已命人考查,得知此城古来果然背叛列王,其中常有反叛悖逆的事。

20 从前耶路撒冷也有大君王统管河西全地,人就给他们进贡、交课、纳税。

21 现在你们要出告示命这些人停工,使这城不得建造,等我降旨。

22 你们当谨慎,不可迟延,为何容害加重,使王受亏损呢?"

亚达薛西王接获此奏本后,果然认为奏本有理,并且事态严重,关乎课税、反叛及失地的问题。于是立即谕函回应,指示撒玛利亚等人禁止犹大人的工程。犹大的敌人果然达到他们上本的预期效果。

四17 "那时王谕复省长利宏……" "谕复"(pitg̱āmā')放在亚兰文句子之首,以示其重点。此谕复并非谕旨(四21),因为谕旨需要比较长时间并繁复的过程去颁发。但鉴于情势紧急,王回复利宏等的来信。此字曾用于但以理书第三章十六节、第四章十四节,及以斯帖记第一章二十节(希伯来文),于较后期的亚兰文献中,经常使用此字,相等于希伯来文的"话语"(de̱ḇer)。希腊译本常以 ῥημα(hreima)与 λογος(logos)来翻此字(伯六26)。⑩

---

⑩ Torrey, *Ezra Studies*, p. 177.

"愿你们平安云云" 这是古代公函书信的惯用问候语,这些官式通信可以在古代出土的文物中找到,譬如一封亚喀文的信封如此记录:"论到梅雅利户巡抚大人:平安归于你"。[51] 埃及一带伊里芬丁蒲草纸文献亦有类似的问安语。亚兰文即是"平安"与"云云"(四 11),"云云"一字属于时间的指标,可以翻译作"如今"。所以,有些学者将此字放在第四章十八节内,成为亚达薛西谕复的正文。[52]

四 18 "你们所上的本已经明读在我面前" 据以斯帖记第六章一节所记述,亚哈随鲁王请人"取历史来,念给他听",可见,当时的波斯王有习惯请官员将文献朗诵出来给他们听的。这些敌对犹大的撒玛利亚人之奏本,在王的面前,逐一诵读出来。通常是将亚兰文献清晰地宣读(mᵉporāš),然后再以波斯文加以翻译解释。[53]

四 19 "我已命人考查,得知此城古来果然背叛列王,其中常有反叛悖逆的事" 此处是古代的习用语,亚兰文为"王命由我而出"。[54] 于是王的大臣在王库内到处寻觅记录文献,终于查出耶路撒冷城,以前确有背叛过巴比伦王的事。"背叛"此处为"升起来对抗列王"(王上一5)。这是过去历史上曾发生过的事,并且现在正在酝酿,实际上有恶毒及叛逆的事件正在进行中。由此可见,亚达薛西对此事非常关注,他所考查的结果乃是属实。

究竟他的资料是否准确,还是他的大臣已经被贿赂,将对犹大人不利的资料输送到王的面前,则不得而知。际此之时,亚达薛西王的心已经义愤填胸,认为悖逆之事绝不能幸免而不去惩戒。

四 20 "从前耶路撒冷也有大君王统管河西全地,人就给他们进贡、交课、纳税" 中文和合本的翻译似乎承接第十九节,进一步引申耶

---

[51] *ANET*, p.629.

[52] Rosenthal, 40, §89.四 17 kᵉˁet 为四 11kᵉˁenet 的缩写。Torrey 引用 Sachau 所发掘的一封信函,其形态与此相同(Drei aram. Papyrusurkunden, II. 1. 2;Torrey, p.188)。

[53] Keil 认为此字不应译作翻译(K & D, p.70),但一些近代学者却认为必定是翻译成波斯文之意(Schaeder, *Iranische Beitrage*, pp.204ff.,引自 Fensham, p.75)。不过,也不必拘泥于文字上,先宣读亚兰文,再译为波斯文也是很合理的作风。H.J. Polotsky, "Aramäisch prš und das 'Huzvaresch'," *Le Muséon* 45(1932), pp.273-283.

[54] minnî sîm ṭᵉˁēm(四 19,六 14,七 23),此处 minnî 据 Rosenthal 解释为起源(p.35,§80)。

路撒冷城过去的君王曾经有背叛的事件出现。若以此解释来看,真正能够符合此处的条件之王只有所罗门。据艾门的圣经地理挂图所展示,大卫的版图最北只到叙利亚的琐巴,即大马色北部的一座城(撒下八 3～8)。[55] 至于所罗门所占领管辖的区域,据历代志下第九章二十六节所记载:"所罗门统管诸王,从大河到非利士地,直到埃及的边界"。"大河"即幼发拉底河,也是第四章二十节所言之"河西"。

从文理而言,以上之解释也是可行的。耶路撒冷出了所罗门曾统管河西全地,致使这些人要进贡、交课、纳税给他。此谕复所提及耶路撒冷的大君王,对归回的犹大人而论,是值得兴奋的事。[56] 因为,他们的先祖所罗门也被称为大君王,并且也曾统治河西一带。可是,实际上,此谕复乃是要他们停工,不能再建城墙。故此,对当时的犹大人而言,并没有什么可兴奋之处。

再者,所罗门是在波斯、巴比伦及亚述以先的君王,他也未曾向这些帝国的"列王"臣服过,也未曾进贡过。他又如何背叛他们呢?况且,亚述、巴比伦以及波斯的王库图书馆中,是否真的有所罗门的记录,也是一个疑问。于是,有些学者尝试将此处的亚兰文,如此翻译出来:"但是有些大君王曾统管耶路撒冷及河西全地;进贡、交课、纳税都要缴给他们"。[57] 此译法要将"大能君王是在耶路撒冷之上(hᵃwô ʼal yᵉrûšᵉlem)的动词,与下一节"统管(wᵉšallîtîn)河西全地"的动词相连在一起。如此,大能君王即与上文的"列王"(四 15,即亚达薛西的先王,包括了巴比伦及亚述诸王)彼此呼应。这列位大君王曾统管并收纳课税,理应也可以收纳耶路撒冷的课税。但是,犹大人却意图于建完城墙后,即反叛亚达薛西这位大君王,不将课税进贡与他。

四 21　"现在你们要出告示命这些人停工,使这城不得建造,等我降旨"　于是,亚达薛西王授权给这些敌对犹大的撒玛利亚人,特别是省长利宏和书记伸帅,出告示命(tᵉʼēm),要停止这些犹大人的工程。

---

[55] Charles F. Pfeiffer, *Baker's Bible Atlas* (Grand Rapids: Baker, 1973), pp. 131 – 146.

[56] J. Martin, "Ezra," *The Bible Knowledge Commentary of OT*, p. 661.

[57] Williamson, p. 53; B. Luria, "There have been mighty Kings also over Jerusalem," *Beth Mikra* 18(1973), pp. 176 – 182.

这与第四章十七节所提及王的谕复并非谕旨有关,因为他尚未降旨(四21)要完全停止此工程,但是为着当前之紧急要求,他授权撒玛利亚人如此作。此作风与以斯帖期间,亚哈随鲁王过早的降旨,让亚甲族的哈曼得势,去灭绝境内的犹大人不同(斯三 7～11)。可能亚达薛西吸收了前人犯错的教训,认为民族间的仇视,最好还是让他们自己解决。故此,他拖延不降旨定案,而让撒玛利亚人去处理自身的问题。

有些学者认为,"等我降旨"是后来历代志编者的手笔。他们预设以斯拉记与尼希米记为一体,都是出于历代志编者的手。此编者可能为了替尼希米日后,于亚达薛西王后期,蒙宠归回而留一条后路。⑤ 不过,从历史的渊源来看,亚达薛西此举是明智之举,因为民族间的敌对关系,不是一个王谕可以解决的。因此,一方面为要满足撒玛利亚人的奏告,他允许他们可以停止犹大人的工程;但另一方面,他又不要直接介入此漩涡中。故此,他既授权,但不降旨。

四 22 "你们当谨慎,不可迟延,为何容害加重使王受亏损呢" 这政策是波斯王的高见,亚达薛西王不必费一兵一卒之力,让河西一带民族间互相敌视而消减他们的势力。他授权撒玛利亚人先发制人,可以阻吓犹大人,停止他们建造城墙的工程。故此,王似乎是站在同情撒玛利亚人的那边,叫他们速速行动,避免后患无穷,此政策最终还是使王不至于受亏损。

四 23 "亚达薛西王的上谕读在利宏和书记伸帅并他们的同党面前,他们就急忙往耶路撒冷去见犹大人,用势力强迫他们停工" 此谕复由特使送到省长利宏处,然后当面宣读出来。当这些犹大的敌人获取亚达薛西王的授权后,他们并不浪费时间,急忙赶去耶路撒冷,"用势力强迫"犹大人停工。亚兰文直译为"以暴力和军事势力"(bᵉʿedrāʾ wᵉḥāyil),⑤ 强迫犹大人停工。由此可见,这些撒玛利亚人决心要消灭犹大人重建耶

---

⑤ Rudolph, *Esra und Nehemia*, p. 43. 他们认为希腊译本以斯拉叁书二 24 也没有此句话说要"等他降旨"。显然是出于历代志编者润笔的手法。

⑤ 亚兰文的ㄱ(d)与希伯来文的ㄱ(z)相通,此处所谓"军事的武力"(ʿedrāʾ)一字,与希伯来文的 dᵉrôʾa相通。ʾ可能是语音附加在前面。七十士直译 ἐν ἵπποις και δυναμει,但按希伯来的重言法(hendiadys)来译,即是"以军事的武力,强迫犹大人停工"。参 Rosenthal, pp. 14–15, §17; Keil & Delitzsch, p. 71.

京城墙的行动,不惜大动干戈,以武力去迫使他们停工。若将此段与第四章二节一并来看,即可看出这些所罗巴伯时代的撒玛利亚人,并非诚心要与犹大人合作。历史就是明证,他们经不起时间的考验,至终露出了破绽,显明了真面目。

亚达薛西的插段附加文献至此终结,于历史事件而言,确是先后不符。但若于文体及逻辑论证而言,此插段乃是非常有力的历史旁证。文士以斯拉将这段放在所罗巴伯重建圣殿时所遇上之拦阻中,以显明撒玛利亚人的真相,也指出拦阻一直以来都存在,不能因一时之困难就气馁不振,务要以坚定不移的信心,勇往直前。正如保罗所言:"我们有这宝贝放在瓦器里,要显明这莫大的能力,是出于神,不是出于我们。我们四面受敌,却不被困住;心里作难,却不至失望;遭逼迫,却不被丢弃;打倒了,却不至死亡。"(林后四7~9)

(iii) 敌对势力如何在大利乌王时瓦解(四24~六12)

(一) 圣殿重建的工程复工(四24~五5)

若将第四章二十四节与第四章五节衔接在一起,即可见古列初年,所罗巴伯等为圣殿奠基后,四围的敌对势力迫使他们将工程停顿下来,足足有十五年之久。于此期间,这些撒玛利亚人的阴谋层出不穷,计有攻心之术使犹大人手发软,又有武力扰乱,并有贿赂败坏等谋算。终于到了大利乌王年间,情况才有扭转。以下一大段(四24~六12),就是记述敌对势力如何瓦解,圣殿如何可以顺利重建完毕。

四24 于是在耶路撒冷神殿的工程就停止了,直停到波斯王大利乌第二年。

五1 那时,先知哈该和易多的孙子撒迦利亚奉以色列神的名向犹大和耶路撒冷的犹大人说劝勉的话。

2 于是撒拉铁的儿子所罗巴伯和约萨达的儿子耶书亚都起来动手建造耶路撒冷神的殿,有神的先知在那里帮助他们。

3 当时河西的总督达乃和示他波斯乃并他们的同党来问说:"谁降旨让你们建造这殿,修成这墙呢?"

4 我们便告诉他们建造这殿的人叫什么名字。

5 　神的眼目看顾犹大的长老,以致总督等没有叫他们停工,直到这事
　奏告大利乌,得着他的回谕。

　　四 24 　"于是在耶路撒冷神殿的工程就停止了"　中文和合本将
亚兰文 bēʾaḏayin 译作因果关系,与第四章二十三节连接在一起。第
四章二十三节记述亚达薛西时,撒玛利亚人以军事武力强迫犹大人停
止建造耶京的城墙。同样地大利乌以前,圣殿的工程也因敌对的势
力之扰乱而停止了。这是逻辑因果的关系,将第四章二十四节与上文
(四 7～23)之插段接连起来。

　　不过,据亚兰标准文法书而言,此字应该是时间性的指标副词,其
功用乃是将时间指示出来。既是时间的指标,此节就是重要的历史指
标,将圣殿的工程由停工至复工,都连贯在一起。[60] 当然,于时间而言,
并不能指向上文的插段(四 7～23),乃是回复到第四章五节所提到大
利乌的时候。

　　"直停到波斯王大利乌第二年"　大利乌的帝号为大利乌一世大帝
希士他比(521－486 B.C.),其名声与古列二世大帝(一 1,四 5)齐名远
古。于波斯王朝亚基米尼中,只有他们两人号称为大帝。一般而言,大
利乌是王号,希士他比是名字。大利乌的家系与古列为堂兄弟的关系,
本是同根生于曾祖太士比士的安山大王。大利乌的妻子爱托纱是古列
大帝的女儿。当冈比西斯二世死于叙利亚途中,王位即转移给冈比西
斯的弟弟士每第。但是,大利乌觉得王位理应由他去继承,于是,下手
杀了士每第,并嫁祸给术士高马他。著名的壁石敦的石壁赋就是刻着
大利乌踹踏高马他于脚下。不过,各路诸侯不服,遂揭竿起义反抗大利
乌称帝。他于不得已中,东征西讨,打了十九场战役,于公元前 518 年

---

[60] Rosenthal 将 bēʾaḏayīn 或 ʾeḏayīn 列为 temporal demonstrative adverb (p. 40, §89)。依
此而言,Williamson 等学者意欲将此经化解构的转折句,而非历史的指标就不符合亚
兰文法的要求。他预设了圣殿的工程由所罗巴伯于大利乌元年归回耶路撒冷时,就开始
奠基建造,并且没有停工,一气呵成地于大利乌六年(六 15)时竣工。但是,他却忽略了最
基本的亚兰文法语句。

间才算正式平定叛乱。⑥

可能有鉴于登基后之风起云涌、四面烽烟，大利乌采取了一个收拢政策，凡是不敌对他的民族，他都施以仁政。于那些敌对背叛的国家，大利乌则以铁腕靖乱，以巩固他的势力王位。就是如此，犹大人得以良机，开始动工建造圣殿。这是历史的契机，也是神在历史中的作为，让他的百姓可以再次复工，兴建圣殿。天时要配合地利、人和，下文（五1～5）则记述这群犹大人得到两位先知的复兴鼓励，再次将沮丧失落的心捡起来，首先让神来建造他们。然后，透过他们去完成神的工作。

五1 "那时，先知哈该和易多的孙子撒迦利亚奉以色列神的名向犹大和耶路撒冷的犹大人说劝勉的话" "说劝勉的话"或"说预言"（weʰhitnabbî）⑥²是放在文句之首，以强调际此历史契机之时，耶和华神

---

⑥ 大利乌 Darius，亚兰文为 dārʸāweš，波斯文为 Darayavaush victacpa（I the Great Hystaspes）。他的家系与古列之关系如下：

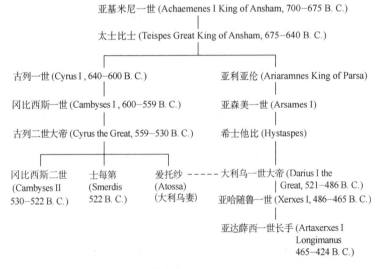

参谢友王：《两约中间史略》，页 47 及绪论注 46。

⑥² 希伯来文的发预言（toprophesy）是 hitnabbiʾ，动词是 Hithpael，常有反射、回响、相互的意思，此处 Lambdin 的标准希伯来文法书将此动词列为 Denominative hithpael，即（转下页）

并不缄默。他藉着先知发预言劝勉他的百姓不要退缩,而是勇往直前,起来动手建造圣殿。耶和华的话是临到两位被掳后的先知身上,哈该于大利乌第二年六月初一日(该一 1)、七月二十一日(该二 1)及九月二十四日(二次,该二 10、20)领受了耶和华的晓谕。他语重心长的肺腑之言,一针见血地指责古列元年,圣殿奠基后,工程即告停顿,各人因着拦阻就放弃了重建圣殿的托付,大家的心消化、手发软,将目标转移到兴建自己的家园上,致使十五年后,圣殿"仍然荒凉"(该一 4)。当为首的领袖所罗巴伯及大祭司耶书亚(或作约书亚)领受哈该的信息后,即听从耶和华的话,于大利乌王第二年六月二十四日再次动工建造圣殿(该一 15)。

那时,河西总督达乃和示他波斯乃等一起前来拦阻(五 3)。但是,耶和华劝勉的话于七月二十一日再次临到哈该,鼓励他当刚强作工,不要惧怕(该二 1、4)。耶和华神再度肯定所罗巴伯的圣殿将会比所罗门先前的荣耀更大(该二 9)。到了大利乌王第二年八月,耶和华的话临到撒迦利亚[33](亚一 1),他劝勉归回的犹大人"回头离开恶道恶行",要转向神(亚一 3～5)。于九月二十四日耶和华的话二次临到先知哈该(二 10、20),警戒犹大人要分别为圣,并且服从所罗巴伯的带领。十一月二十四日,先知撒迦利亚看见四个异象,去安慰犹大人(一 7～11、18～19、20～21、二 1～5)。他又听到天使指示给他有关金灯台的异象,肯定了耶和华所膏抹的所罗巴伯与耶书亚(亚四 11～14)。

这一连串的话都是耶和华藉这两位先知,向为首的民间领袖所罗巴伯和宗教领袖耶书亚所传讲的。他们领受了以后,即激发众人齐心起来,再次兴工建造圣殿。

五 2　"于是撒拉铁的儿子所罗巴伯和约萨达的儿子耶书亚都起来动手建造耶路撒冷神的殿"　这是所罗巴伯的名字最后一次出现在

(接上页)是名词动词化(*Introduction to Biblical Hebrew* [New York: Charles Scribner's Sons, 1971], pp. 249 - 250, §177)。亚兰文亦是如此,hitpᵃ el 以名词作动词用(Rosenthal, p. 138)。五 1 的 hitnabbî 失去了末后的',此乃常有出现的(撒上十 6、13;耶二十六 9)。

[33]　撒迦利亚据拉五 1,称为易多的儿子(和合本译作孙子),而亚一 1 谓"易多的孙子,比利家的儿子先知撒迦利亚"。一般而言儿子(ben)可以是后裔(或孙子)的称号。参 P. R. Ponter, "Son or Grandson (Esra x. 6)?" *JTS* 17(1966), pp. 54 - 67.

以斯拉记中,先知哈该称呼他为省长(pehâ)(该一 1,14,二 2、21)。那时,他与大祭司耶书亚仍然并肩作战,携手合作,再度兴起,开动工程。批判学者认为所罗巴伯之销声匿迹(甚至当圣殿完工后,行献殿礼时,他的名字竟然没有提及),可能是因为于大利乌第二年复工后,至第六年完工前所罗巴伯就去世了。不过,当他们解释设巴萨省长时,也是如此作理由,谓他在古列元年归回后即死去了。后来在大利乌年间所罗巴伯归回时,省长一职则交给了所罗巴伯。大利乌第二年动工建殿基及圣殿,一气呵成地于第六年完工。他们认为所罗巴伯是于完工前即离世的,或因背叛波斯而被贬职,[64]故此名字没有再出现。

可惜,这些都只是猜测而已,若将设巴萨与所罗巴伯视为一人,设巴萨为波斯官职头衔而所罗巴伯为他的名字,就可以看出他在犹大的事奉年月,由古列归回直到大利乌年间都参与在圣殿的工程上。他在河西总督达乃的公函内,以正式的官阶职衔被提名(五 14~16)。至于他在献殿礼时没有被提述,这也是可以理解的,因为耶书亚及其他领袖的名字也没有记述出来。圣经作者认为圣殿的重建虽然涉及许多人的劳力,但是至终是耶和华神的作为。故此,他没有将此荣耀与任何人分享,只将荣耀唯独归与耶和华神。

"**有神的先知在那里帮助他们**" 所罗巴伯所面对的拦阻,既有外患又有内忧。文士以斯拉只记录针对外患的问题。但是,两位先知却是针对内忧的问题,他们竭力呼吁归回的犹大人应以圣殿的工程为首要。甚至哈该提到他们各人因为只顾自己的房屋物业,而忽略了神的殿,以致为此"天就不降甘露,地也不出土产"(该一 10)。先知们劝勉他们的心要坚定,手不要发软;"这殿后来的荣耀必大过先前的荣耀"(该二 9)。他们的力量虽然微小,但是"不是倚靠势力,不是倚靠才能,乃是倚靠神的灵,方能成事"(亚四 6)。

在此节中,所罗巴伯所代表的君王身份,与耶书亚所代表祭司的位分,及哈该和撒迦利亚所代表的先知职事,都一并列举在一起。虽然以

---

[64] Morgenstern 及 Kittel 等人认为,撒迦利亚与哈该煽动所罗巴伯背叛波斯,故此被贬离职,不能参与献殿礼。参 R. Kittel, *Geschichte des Volkes Israel III* (Stuttgart, 1929), pp. 461ff.; Morgenstern, *Hebrew Union College Annual* 27(1957), p. 159.

斯拉记没有将弥赛亚的观念明显地提出来,但是哈该与撒迦利亚则非常重视此弥赛亚观念。甚至所罗巴伯及约书亚都被称为受膏者(即弥赛亚;亚四 14;该二 20～23)。所罗巴伯为大卫后裔及王的身份,虽然因着政治敏感程度而没有明显地强调,但是读者不难从所罗巴伯的族谱中,得知他君王的身份。

弥赛亚(māšîaḥ)即受膏者,于古代旧约时期,君王之登基加冕是以膏油盛满于角内,然后倒在君王的头上,以视为耶和华的拣选(撒上十六 1～13)。大祭司就职上任时,亦是用油膏抹他的头,以视为分别为圣(出三十 30)。先知履行职事也是首先经过油膏才正式为神发预言(赛六十一 1)。这三个职分都同时间出现于第五章二节,弥赛亚的观念正在发展中。归回的犹大读者并不会错失此信息,他们正是身处一个历史契机时期,弥赛亚的职事功能都十分明显地发挥出来。[65]

五 3 "当时河西的总督达乃和示他波斯乃并他们的同党" 此处的总督一字与省长相同,皆为 peḥâ,设巴萨被称为 peḥâ(五 14),所罗巴伯也被称为省长(该一 1、14)。此字与第四章八节的省长一词不同(参四 8 注释),若照第四章八节的统一划分名称,波斯行政体系的省区有省督;省区下有省份,省份有省长。第四章八节的利宏为省督,而第五章三节的达乃为省长,管理河西即叙利亚一带,希腊文的以斯拉壹书亦指出达乃是叙利亚和腓尼基省长,与所罗巴伯为相同官阶的省长。[66]示他波斯乃则可能是达乃的书记(四 9 的伸帅书记)。他们听到撒玛利亚等人的投诉,于是与众人亲自下到耶路撒冷,与犹大省长所罗巴伯等谈判。

"来问说:谁降旨让你们建造这殿,修成这墙呢" 既是官阶与所罗

---

⑥⑤ Hesse & de Jonge, "mśh and māšîah in the OT," *TDNT*, IX, pp. 496 – 517; H. Ringgren, "König u Messias," *ZAW* 64(1952), pp. 120 - 147; "The Messiah in the OT," *SBT* 18(1956).

⑥⑥ F.C. Fensham, "Pehâ in the OT and the Ancient Near East," *OTWSA* 19 (1976), pp. 44 - 52; Fensham 认为达乃乃是省长属下的官阶,后来大利乌把他升为省长。参 A. Ungnad, "Keilinschriftliche Beiträge zum Esra und Ester," *ZAW* 58 (1940 - 1941), pp. 240 - 243; A. T. Olmstead, "Tattenai, Governor of 'Across the River'," *JNES* 3 (1944), pp. 46 - 50.

巴伯同等,达乃只能询问考察,然后上奏回报给大利乌王。他查询是谁的谕旨($t^e\bar{e}m$),让他们可以动工建造。这是十分合理的查询,虽然他们的来意不善,心存敌意,但于波斯的行政体制而言,是非常合宜的。

可能那时工程正进行得如火如荼,圣殿的墙已经竖立起来了。"这墙"(w^e'ušŝarnā' d^enâ')应该是指着圣殿的围墙而言。虽然此字的实际意思尚未能确定,可能是指着木的架构,也可能是围墙,但是很明显与第四章十二节的城墙不相同。⑥⑦

五 4　"我们便告诉他们建造这殿的人叫什么名字"　中文和合译本是按照 MT 翻译出来,意思是犹大人回答达乃建造的人之名字。但是此回答与第五章三节的问题并不符合,七十士译本谓:"他们再查问:'建造这殿的人叫什么名字'"。"我们说"('ǎmarnā')改为"他们说"('ǎmarû)。达乃的考问可能有两部分:(一)谁降旨?(二)谁去建造? 所以,用第三人称去发问是对的。但是,如此解释就构成第五章一至五节没有记录所罗巴伯等的回复。故此,我们仍是接受 MT 的版本,然后将达乃的两个问题与所罗巴伯的回答,视作浓缩之记录,记载于第五章三至四节内。这也是文体上可行的解释(五 9～10)。

有些学者认为达乃的要求引发了所罗巴伯的民数,第二章就是为此而写成的。这种以历史处境去解释经文的缘由,当然有可取之处,但不能因此去否定第二章的历史确实性。⑥⑧并且,若照以斯拉记的神学目的而言,出波斯与出埃及为对照,第二章即出埃及后的民数,两者十分吻合(参第二章的注释)。

五 5　"神的眼目看顾犹大的长老,以致总督等没有叫他们停工,直到这事奏告大利乌,得着他的回谕"　达乃等人没有强迫他们停工,一方面是因为他们未能确定大利乌王的意愿如何,另一方面可能由于他所管辖的区域只在叙利亚一带,而且他的官阶与所罗巴伯同等。但

---

⑥⑦ C. G. Tuland, "'uššayā' and 'uššarnâ: A Classification of Terms, Date and Text," *JNES* 17(1958), pp. 269 - 275; S. Mavinckel, "'uššarnā' Ezra 5:3, 9," *ST* 19(1965), pp. 130 - 135. 此字可能包括了根基(伊里芬丁蒲草纸 1:11)、木的架构及围墙。

⑥⑧ K. Galling, "Die Liste der aus dem Exil Heimgekehrlen," *Studien*, pp. 89 - 108; C. Schultz, "The Political Tensions Reflected in Ezra-Nehemiah," in *Scripture in Context* (Pittsburgh: The Pickwick Press, 1980), pp. 221 - 244.

是,圣经作者却从中看到神的眼目垂看顾念犹大人,向他们施恩惠,让工程继续可以进行。在以斯拉记中有提到耶和华施恩的手(七 6、9),如何引导带领他的百姓。此处他眼目看顾,也是如此表示他的恩惠临到所罗巴伯等(诗三十三 18,三十四 15)。这是拟人法的形容,藉着眼目的垂看,引申出神的顾念。

当达乃考查完后,即动笔提案上奏给大利乌王。但是犹大人并没有因此而停工,他们仍夙夜不懈、披星戴月地勤恳作工。困难终是会存在的,人的责任乃是遇难不退,以信心迎向拦阻,仰赖神解开各样的障碍。

(二) 达乃上本奏告大利乌王(五 6～17)

达乃的奏本是很合宜的文献,于大利乌年间,常有一些奏告关于地区性的宗教诉讼事件,奏文呈送到大利乌处,再由他去处理这些诉讼。譬如著名的"以拦文献",年代约于大利乌第十三至二十八年间(509 - 494 B.C.),是在波斯城中发掘出土的文献。其中一泥版上面刻着:"亚波罗的祭司上本讼告于王,有关葛达他斯身为麦加西亚城的皇室御委长官,处事不公,求诉于王的判决"。[69]

此奏本与第四章七至十六节的格式相同,然而却没有利宏等人的挑拨攻击性,它没有使用令人触目的辞令,譬如"这反叛恶劣的城"(四12)、"终久王必受亏损"(四 13)、"河西之地王就无份了"(四 16)。此奏文本平铺直叙地将事件陈明于大利乌面前,让他去调查审核此案。难怪圣经作者以神学的角度来评此事,他直言是"神的眼目看顾"。

6 河西的总督达乃和示他波斯乃并他们的同党,就是住河西的亚法萨迦人,上本奏告大利乌王。

7 本上写着说:"愿大利乌王诸事平安。

---

[69] 以拦文献(Elamite Texts),于公元 1933 - 1934 年在波斯城(Persepolis)出土,约有数千泥版于波斯护城围墙处发掘出土。Hallock 于 1969 年间翻译出版两千多块的文献(R. T. Hallock, *Persepolis Fortification Tablets* [Chicago: Univ. of Chicago Press, 1969])。Cameron 亦于 1948、1958、1965 年间出版了其他数百块泥版(G. Cameron, *Persepolis Treasury Tablets* [Chicago: Univ. of Chicago Press, 1948])。

⁸ 王该知道,我们往犹大省去,到了至大神的殿;这殿是用大石建造的,
梁木插入墙内,工作甚速,他们手下亨通。

⁹ 我们就问那些长老说:'谁降旨让你们建造这殿,修成这墙呢?'

¹⁰ 又问他们的名字;要记录他们首领的名字,奏告于王。

¹¹ 他们回答说:'我们是天地之神的仆人,重建前多年所建造的殿,就
是以色列的一位大君王建造修成的。

¹² 只因我们列祖惹天上的神发怒,神把他们交在迦勒底人巴比伦王尼
布甲尼撒的手中,他就拆毁这殿,又将百姓掳到巴比伦。

¹³ 然而巴比伦王古列元年,他降旨允准建造神的这殿。

¹⁴ 神殿中的金银、器皿,就是尼布甲尼撒从耶路撒冷的殿中掠去带到
巴比伦庙里的。古列王从巴比伦庙里取出来,交给派为省长的,名
叫设巴萨,

¹⁵ 对他说可以将这些器皿带去,放在耶路撒冷的殿中,在原处建造神
的殿。

¹⁶ 于是这设巴萨来建立耶路撒冷神殿的根基;这殿,从那时直到如今,
尚未造成。'

¹⁷ 现在王若以为美,请察巴比伦王的府库,看古列王降旨,允准在耶路
撒冷建造神的殿没有。王的心意如何,请降旨晓谕我们。"

　　五6～7 "河西的总督达乃和示他波斯乃并他们的同党,就是住
在河西的亚法萨迦人,上本奏告大利乌王。本上写着说:'愿大利乌王
诸事平安'" 这是奏本的楔子和问安语,除了提及上本奏告的达乃和
示他波斯乃外,尚有其他同党,"就是住河西的亚法萨迦人"。此名字据
亚兰文法而言,属外借语,可以是河西一带某些民族的名字,但又可以
指着一个职分,即巡抚或使官(四9)。⑦ 他们联名上奏大利乌王,奏文
是一封信函(paršegen 'iggartā'),是致皇室的公函(四11、23,七11)。
"本上写着说:愿大利乌王诸事平安",此奏本(bᵉgawwēh)完全符合当

---

⑦ 参注释94,四9是亚法萨提迦('ᵃparsatkāyē'),而五6是'ᵃparsᵉkāyē',Torrey指出可能希
伯来人发音将コ与ロ倒置过来,四9的ח可能是助语字母(p.190)。故此,一般认为是相同
的职位——巡抚。Keil & Delitzsche认为是叙利亚民族的一类(p.79),Fensham却认为是
职位(p.82)。

日亚兰文的法律公函。第五章六节所言的信函抄本属一般性的用词,但第五章七节的"奏本"是正式的公函,将案件(pitgāmāʾ)提到大利乌王的廷前,等待判断。

五 8 "王该知道,我们往犹大省去" "奏告王上"(四 12～13)乃是比较合宜的翻译。达乃等表示曾去到犹大省实地考察。由此进一步可知达乃确实管辖的区域是在犹大省以外。以下是他实地查考的结果:"到了至大神的殿;这殿是用大石建造的,梁木插入墙内,工作甚速,他们手下亨通。""至大神"的专称不独于此出现于以斯拉记,但以理书也记述尼布甲尼撒以"至高的神"(ʾĕlāhāʾ ʾillâʾā)(但四 2[三 32],三 26)称呼但以理的神,又说:"你们的神,诚然是万神之神、万王之主"(ʾĕlâh ʾĕlahîn ûmārēʾ malkîn)(但二 47)。甚至近代的考古发现,"以拦文献"也有"至大神"此专称出现。⑦

大石是当时所用的材料,"梁木插入墙内"是当代的建筑方法,所罗门建圣殿时也"用凿成的石头三层、香柏木一层"去建筑圣殿(王上六 36)。甚至圣殿的内层结构是以大石块造成,外层则加以"香柏木板贴墙,从地到棚顶都用木板遮蔽,又用松木板铺地"(王上六 15)。由此可见,当时归回的犹大人是尽可能按照所罗门时代的建筑方法去兴建。并且犹大人奋力作工(ʾāsparnāʾ),工作效率甚高,众志成城地去建造。由这个用字可见,当日的确是犹大人在所罗巴伯、耶书亚与先知们的带领下,显出莫大的毅力,破釜沉舟般要完成圣殿的工程,并且他们所作的工都亨通有果效。这是达乃所观察到的事实,他也忠实地记录下来,上奏大利乌王。

五 9～10 "我们就问那些长老说:谁降旨让你们建造这殿,修成这墙呢" 此处记录达乃等向所罗巴伯等问这两个问题(五 3～4)。其实这些问题都是告状,若所罗巴伯不能提出圆满的答案,达乃等人就有机可乘去控告他们。此处所提及的长老(śāb)属于归回群体新的领导阶层,他们是一族之长。被掳之前长老只是支派联盟中的一个次要的领导地位。摩西时代,耶和华神兴起了七十个长老(zᵉqēnîm),去协助

---

⑦ Hallock, nos. 353,354. 亚兰文为 ʾĕlābāʾ rabbā'。

摩西管理百姓(民十一16、24;出二十四1)。到了士师及王国时代,长老成为了民间的官长领袖,负责讼诉事宜(得四2、11)。他们主持正义,坐在外城与内城中间,去排难解纷,议决讼诉(伯二十九7;箴二十四7)。除了行政司法职权外,长老尚担当敬拜的职分(出二十四1、9)。

耶路撒冷被毁后,君王与祭司的职权都相继被解除。百姓被掳到外邦,既没有了耶京及圣殿,也没有了君王与祭司,他们逐渐地趋向依赖长老的教导与治理。长老遂成为民间活动的中心人物(结八1,十四1,二十1)。各城的长老成为了自治的领导阶层。归回之后的群体更加显示长老于地方行政、宗教活动、社区治理、外交联络等环节不可缺少的一环。甚至于用词上也由 zᵉqēnîm 改为 śābayyā',可见长老的地位逐渐被提升。到了希腊时期成为了有力的政治力量,犹太公会就此产生(马加比叁书一8、23)。[72]

当所罗巴伯与耶书亚等初期归回的领袖,逐渐在以斯拉记的记述中退到幕后,圣经作者刻意地引进长老来(五9、14)。达乃于奏文中特别提到他向长老们查询有关建造圣殿的谕旨及领袖的名单。

第五章十一至十六节是长老们对达乃的回复,首先他们回应达乃的第二个问题——这一群回归的犹大人是谁。然后,他们刻意地详细回复第一个问题——他们凭着什么来重建圣殿,首先他们肯定所罗门的第一圣殿,再从神学的角度去解释圣殿被毁的原因。然后,他们才直接回答达乃的问题——谁降旨——古列。但是,圣殿的根基立好后即被迫停工,直到那时候。

若将此回复与伊里芬丁蒲草纸文献(407 B.C.)对照,会发现有很多地方是相同的。伊里芬丁文献是埃及亚斯维城的一个犹大殖民地中,一些亚兰文书写的蒲草纸文献。其中有提到当地犹太祭司去函向巴西高亚斯申请在伊里芬丁处,重新建造耶和华的殿,仿佛类似耶路撒冷圣殿。函内也介绍致信人的身份,然后指出"天上之神"对他们的

---

[72] Bornkamm, "Elders in Constitutional History of Israel and Judah," *TDNT*, VI, pp. 655 - 661. 犹太公会(Sanhedrin)可以于马加比时代寻到(马加比壹书一26,七33,十一23,十二35,十三36,十四20;马加比贰书十三13,十四37)。

作为。最后,也是要求允许建造耶和华的殿。⑬

五 11　"他们回答说:我们是天地之神的仆人"　犹大的长老以天地之神作回复,一方面既有旧约神学的基础(创一 1;诗三十三 6;赛四十二 5),另一方面也是被掳归回后,因时制宜的一个用词。其用意乃是向波斯王对天体敬拜之申辩及护教(一 2;代下二十 6)。波斯王多是敬拜天体,并将亚赫勒玛斯达神祇名为"天地的神"。他们相信天为衣裳,以遮盖其身。⑭ 犹大人刻意引用此专称,用意在于争取大利乌王的好感,盼望可以得到他的施恩(参一 2 之注释)。大利乌也是如此称呼自己为"天上之神的仆人",所以当犹大长老如此称呼时,实在可以博取大利乌王的认同。

"重建前多年所建造的殿,就是以色列的一位大君王建造修成的"

犹大的长老首先从宗教方面去化解达乃等人带来的困难,因为他们知道波斯王是奉天神之命以征服巴比伦的,⑮也是奉天神之威去治理全地。故此,他们从宗教的角度去申辩,实际上他们归回的主要因素也是宗教方面的。他们特别指出犹大地曾出现了一位大君王——所罗门(波斯王可能不熟悉所罗门的事迹),在耶京的圣殿乃是他多年前所兴建的。犹大长老的措辞十分小心,当他们提及以色列的一位大君王时,他们既要显出以色列的古代也曾经出现过一个辉煌的黄金时代,但又不要过分炫耀此位君王,致使大利乌王猜疑他们是否存心背叛。故此,于亚兰文的措辞上十分讲究。标准的亚兰文法书直言,此文法结构乃是唯一可以表达出那绝对肯定式之方法,即"一位"而不是"那一位"。⑯

此效果是很明显的,以色列曾出现过一位大君王,他建造了神的

---

⑬　参绪论注脚＃9,*ANET*, p. 492; E. Kraeling, *The Brooklyn Aramaic Papyri* (New Haven: Yale Univ. Press, 1972), p. 64.

⑭　Ahuramazda 由 Ahura 及 mazda 合并,即为天上的神之称。J. Duchesne-Guillemin, *la religion de l'Iran ancien* (Paris, 1962), p. 145; Fensham, p. 83 直接引申。

⑮　*ANET*, pp. 315 - 316, 古列泥版刻本很清晰地展示古列自觉是奉天神马杜克之命去降服并释放巴比伦城,并将各神祇之偶像归回原处,和允许各民族可以重建神的殿(R. W. Rogers, *Cuniliform Parallels to the OT* [New York, 1926], pp. 380 - 385)。

⑯　Rosenthal, p. 25, §47. 若将亚兰文法结构如此综合:melek rab leͧ yiśra'el,即是"那位"(the)大君王。但是犹大长老用 melek liśeͧ ra'e rab,即是非肯定式的"一位"(a)大君王。他们如此讲并没有触怒波斯王或使他猜疑。

殿,但后来以色列人触怒了耶和华神,致使他将以色列人交在巴比伦尼布甲尼撒的手中。正如后来巴比伦人触怒了巴比伦之护神马杜克,马杜克就将巴比伦交给波斯王古列一般。

五12 "只因我们列祖惹天上的神发怒" 中文和合译本将此节的连贯词与下文的圣殿被毁,以因果的关系翻译出来。亚兰文的连贯词为(lāhēn),是与上文大君王修葺兴建圣殿是联合在一起的,并且是以相对的语气表达,意即"但是我们列祖惹天上的神发怒"。[77] 大君王得神喜悦,故可以建圣殿,但列祖惹动神的烈怒,以致圣殿被毁。

惹怒(reḡan)的希伯来意思与亚兰文相同,原意是"使之震动"(赛十四16),引伸出来的含义即是"搅扰"(撒上二十八15)。以西结书将此字用作"发怒"(结十六43),并且将它与报应联在一起来讲。此段经文在以斯拉记中是重要的,因为于被掳的先知信息中,以色列人所犯的罪,确是惹动了神的怒气,以致他的报应也因此临到以色列人。

以色列人用('ānap)来形容神的怒气,此字原意为鼻子要冒烟,即发怒之意。摩西从山上领受了两块法版,下山后竟然发现以色列人在拜金牛犊;于是,圣经记载耶和华"要向他们发烈怒"(出三十二10)。先知耶利米于以色列被掳也有如此的信息:"恐怕我的忿怒,因你们的恶行发作,如火着起,甚至无人能以熄灭"(耶四4)。神的忿怒是基于他圣洁公义的本性,被人所犯的罪所触犯了,故此罪引进了报应。报应(nāqam)在旧约出现了八十次之多。报应的观念乃是因为人自己所犯的罪,招致了神公义的审判。

审判是有阻吓的作用,使以色列人不再犯罪(申六12～15,八11),经过管教以后,就痛改前非,不再重蹈覆辙(诗一○七10～16)。但基本上,审判是罪所引致的报应。[78]

"神把他们交在迦勒底人巴比伦王尼布甲尼撒的手中,他就拆毁这殿,又将百姓掳到巴比伦" 历史的事件和人物都可以成为耶和华神所使用的工具,以完成神的旨意。过去"亚述是我怒气的棍,手中拿我恼恨的杖"(赛十5)。神藉着亚述去惩戒列国和以色列,神也会"兴起迦

⑦ Rosenthal,p.37,§85.

⑧ Millard Erickson, *Christian Theology*, II (Grand Rapids:Baker,1984),pp.607－611.

勒底人⑦……耶和华啊，你派定他为要刑罚人"（哈一 6、12）。这是历史的神学观，历史并非盲目地循着机缘进展，无的放矢。在历史中所发生的事件，都有神的主权及旨意在其中。

尼布甲尼撒的兴败实在与神的计划有直接的关系，神将以色列人交在巴比伦王的手中。尼布甲尼撒王就是神手中的杖，以击打犹大。他攻陷耶京，拆毁圣殿，掳走百姓。这一切事件虽然是尼布甲尼撒的计划行动，但是他的心却在耶和华的手中，随着神的心意转动，以成就神的计划。

五 13　"然而巴比伦王古列元年，他降旨允准建造神的这殿"　旧约圣经评古列为"耶和华所膏的"（赛四十五 1），又说："他是我的牧人，必成就我所喜悦的，必下令建造耶路撒冷，发命立稳圣殿的根基。"（赛四十四 28）先知以赛亚是以预言性的宣告，具体提名将古列和他与以色列的关系指出来。⑧ 这位波斯王古列，可能曾经念过以赛亚的预言。史学家约瑟夫如此宣称古列："我深信他就是以色列人所敬拜的神，因为他将我的名字预先藉着先知传递出来，又预告我将重建耶路撒冷神的殿。"（《犹太古史》，十一 3～4）波斯王对预言是非常注重的，依古代文献所展示，古列对巴比伦预言有深入的研究，冈比西斯对埃及预言，大利乌对希腊预言，都十分熟悉。故此，古列熟悉以色列的先知并不希奇。⑧

古列于公元前 539 年十月攻陷巴比伦城，楔形文献记载那年古列称为巴比伦王。他登基称帝的元年，第一个谕旨就是将巴比伦王尼布拉杜斯所敬奉的神像归回他们的庙宇内。古列铭筒诏令各族各方的人士，可以回归故土，重修他们的殿宇。"巴比伦居民啊，他〔古列〕宣告和平升平……他立意将巴比伦城重修。他甚至亲自拿着铲与篮子，动手

---

⑦　迦勒底的希伯来拼法是 kaśdîm，到了被掳后的亚兰文即将 ś 改为 s(ś→s)，kasdāyā'。这是亚兰文本身的变形，圣经中常有此现象（五 12；但七 25）。参 Rosenthal，p. 16，§ 19.

⑧　Oswald Allis，"The Prophecies Regarding Cyrus," *The Unity of Isaiah*（Grand Rapids：Baker，1977），pp. 51 - 60.

⑧　Herodotus 8. 133；9. 42, 151. J. M. Meyers，*The World of the Restoration*（N. J.：Prentice-Hall，1968），p. 51.

去完成巴比伦的城墙……巴比伦的偶像（男与女），他将他们送回去……"㉒

五 14 "神殿中的金银、器皿，就是尼布甲尼撒从耶路撒冷的殿中掠去带到巴比伦庙里的" 尼布甲尼撒与古列并列在一起，作为强烈的对比。尼布甲尼撒拆毁圣殿，但古列诏旨重建；尼布甲尼撒掳掠圣殿的金银器皿，但古列将它们交托给设巴萨带回耶京；尼布甲尼撒掳去百姓，但古列则将百姓释放归回。两个都是古代历史举足轻重的王；然而，他们各自扮演着不同的角色，彼此配合以完成神的旨意。如此解释历史，纯是以神学角度去理解，将历史的发展与神的救恩计划联在一起。

当耶京被毁、圣殿被拆、圣物被掠时，以色列人进入一个黑暗的时代。他们的民族尊严尽丧，这是一个民族失去意向的危机时刻。然而，"古列王从巴比伦庙里取出来，交给派为省长的，名叫设巴萨"。难怪古列自号为释放者，基于他宽容并纳的宗教信仰，致使他采取了一个崭新的方针，将各民族的神释放出来，让他们与自己的百姓可以回归故里。

耶和华神殿的金银器皿，被尼布甲尼撒掠去安置到巴比伦神庙后，曾于巴比伦城被毁前夕，伯沙撒王将一部分拿出来，作为大臣、妃嫔饮酒之器皿。并且，他们讥讽耶和华，赞美金银铜铁木石所造的神（但五 1～4）。当夜，巴比伦城被攻陷，古列入京。于整顿后，即颁谕旨将耶和华殿中的器皿按数交还给省长设巴萨（一 8～11）。设巴萨与所罗巴伯的关系可参照第一章八节之注释，及绪论篇之"归回的次序"。

五 15 "对他说可以将这些器皿带去，放在耶路撒冷的殿中，在原处建造神的殿" 批判学者认为古列所言圣殿已存在乃是历史的错误，他们指出此是历代志编者对历史记载的疏忽，不可能是出于古列的口。首先要注意的地方乃是亚兰文的结构，很明显地，句子的排列先将两个

㉒ "Verse Account of Nabonidus," *ANET*, pp. 312 – 315；J. Harmatta, "The Literary Patterns of the Babylonian Edict of Cyrus," *Acta Antiqua* 19(1971), pp. 217 – 231；W. Eilers, "Der Keilschrift text des Kyros-Zylinder," *Festgabe deutscher Iranisten*, pp. 156 – 166；P. R. Berger, "Der Kyros-Zylinder mit dem Zusatzfragment BIN II. Nr. 32 … ," *Zeitschrift für Assyriologie* 64(1975), pp. 192 – 234；C. B. F. Walker, "A Recently Identified Fragment of the Cyrus Cylinder," *Iran* 10(1972), pp. 158 – 159.

命令时态的动词,"放在"与"建造",由一个连贯词 wû 串连起来。此连贯词放在"神的殿"之前,据希伯来文与亚兰文的文法书之分类,称之为解释前文的连贯词。⊗ 翻译其意思时,则有以下的译法:"可以将这些器皿带去,必须放在耶路撒冷的殿中,并且此殿就是神的殿须在原处上建造。"

依此解释,则古列所言的耶路撒冷圣殿尚未存在,需要在原处上建造。这也是所罗巴伯等人归回之使命;故此,批判学者之攻击也就不攻自破了。至于古时的人之信念,神的殿必须于宗教发源地,或是神显灵的原处建造,可参照第三章三节的注释。此处所记载的并非古列的谕旨,乃是犹大长老们复述他们所理解古列王对设巴萨的诏告。

五 16　"于是这设巴萨来建立耶路撒冷神殿的根基;这殿,从那时直到如今,尚未造成"　达乃颇忠实地将犹大人的申诉记录下来。犹大人的长老首先表示他们与波斯王一般,是天地之神的仆人,他们归回的目的乃是要重建神的殿。然后,他们复述此殿的历史,将巴比伦王尼布甲尼撒与波斯王古列相提并论,指出这两个王都是天上的神的仆人,各有其扮演的角色。前者拆毁、后者建造。不过,此建造的工程尚未完成。

犹大人的长老不独以法律的立场去申辩,表明他们乃是按照古列的谕旨而兴建圣殿;更是以历史作为论证,一方面暗示波斯的亚基米尼王朝(大利乌是其中之一)是承继着历史的新巴比伦王朝而统治天下的;另一方面,古列大帝所开始了的工程,大利乌二世大帝也应该承接下去,把它完成。

设巴萨自古列时归回后,即动工竖立(yᵉhab)了圣殿的根基,及后工程就停顿了。若设巴萨与所罗巴伯为两个不同的人物,就必须假设他于归回后不久即去世;然后于十五年后所罗巴伯于大利乌年间回去,再次动工兴建。不过,此假设既没有历史凭据,并且再要假设设巴萨所建立的根基不稳固,当所罗巴伯归回后,要重新再竖立根基。这是假设上又假设的论点。若顺着圣经作者所描述的,所罗巴伯带领首批犹大

⊗ Kautzsch, *Gesenius' Hebrew Grammar*, p.484, §154, note (b). Gesenius 称此连贯词为 wāw copulativum,并说一般而言此连贯词是解释性,可称之为 wāw explicativum。Rosenthal, pp.37-38, §85-86.

人归回,他在波斯的官衔名称就是设巴萨;此解释虽非绝对,但问题比较少一点。所罗巴伯等所建的根基,很快就完成了(三 8～10)。不过拦阻亦因此加增,工程也就此停顿了,"从那时直到如今,尚未造成"。

此处引用设巴萨此名字,因为犹大人是向大利乌王上本奏告,必须以正式波斯的官阶头衔。故此,所罗巴伯此名字没有被提述。而且,若要稽查古列的谕旨,也只有设巴萨的名字。

五 17 "现在王若以为美,请察巴比伦王的府库,看古列王降旨,允准在耶路撒冷建造神的殿没有。王的心意如何,请降旨晓谕我们" 达乃复述犹大长老的申诉后,即以当时公式的亚兰文体作结束。"王若以为美"是亚兰文的信函奏本之格式,⑧达乃并没有于此奏文中流露出对犹大人的敌意。但是他向大利乌王请示的,也是对犹大人的致命伤。他不必在奏本内表示敌对犹大人,一旦犹大人拿不出古列的谕旨,他们即有合理的途径去拦阻殿工程了。故此,这奏本以一项请求为结束,达乃等人请求大利乌王考察王库后,将王的判决心意,降旨晓谕他们。

"心意"是恩待之意,即"王若恩待,请降旨"。历代志下第十章七节,有此希伯来文的术语,与亚兰文的意思相同:"王若恩待这民,使他们喜悦,用好话回复他们。"⑧

古时的王旨文献,都十分慎重地储存于庙宇或王宫内,以供存档之用。古巴比伦的王府图书馆内,显示著名出土文物的地方,计有马里与努斯。马里位于重要的驿站,建有一座神庙献给伊施他尔的,还有一座庙塔、一所拥有三千房间的王宫。于此宫殿内,考古学家发掘了约二万多块楔形文字泥版。努斯的图书馆储存之出土文献也有四千多块泥版,使后人更熟悉他们的城市生活。⑧ 新巴比伦帝国自尼布甲尼撒王就

---

⑧ 亚兰文为 hēn 'al-malkā' ṭāb,与希伯来文的格式相近('īm ṭôb 'al,斯一 19),也与一般问候语相同(ṭôb lô',申二十三 16)。可参伊里芬丁蒲草纸文献 Aram P 27:21,22;30:23.

⑧ 亚兰文为 rᵉ'ūt,希伯来文是 rāṣâ。亚兰文的 y 代表着二个希伯来的子音(',ṣ),三个闪系语的字音(',ḍ,ġ)。这是语言学要注意的地方,参 Rosenthal,pp. 14-15,§ 17.

⑧ 马里(Mari),位于叙利亚东部,是苏默文化的前哨,沿着幼发拉底河,伸展有二十二英里之遥。伊师塔(Ishtar)庙及庙塔(Ziggurat)皆是古代建筑之奇观。努斯(Nuzi)位于美索不达米亚东北面,古名加苏,公元前三千年代已经具备深远的文化。参《证主圣经百科全书》,页 405,2171.

进入迦勒底民族的高峰时期,他所兴建的巴比伦城更是古代建筑奇观。城内的空中花园与马杜克庙更是考古学之奇迹。第五章十七节所指巴比伦的王府库房,可能包括以上的地方,也可能包括波斯诸王所兴建的图书馆王府等地(六 1)。达乃请求大利乌王作一公正的考察,以作判断。

(三) 大利乌寻察之结果与复谕(六 1～12)

达乃的上本奏告及大利乌亲自查究复谕,都反映出当时的波斯王,尤其是大利乌对宗教的关注及宽容的政策。考古学家曾于土耳其西南部的吕西亚海岸,发掘出土一古代刻文,上面有以希腊文、吕西亚文与亚兰文写成的文件,年代约为公元前四世纪。此刻文记述波斯总督上奏波斯王,提及当地的宗教团体,向波斯法院奏告请求进行宗教活动。文献又提到引用"天地的神"等名称,与以斯拉记颇相似。[57]

由此可见,波斯的宫廷与总督、省长、民间经常有公函来往,并且宗教活动的课题亦是司空见惯的内容。河西总督达乃的奏本也是此段时期中,一件值得注目的文献,[58]在圣经内保存得颇完整。吕西亚的刻文文献可以将批判学者的批评化解,他们认为波斯王不会亲身去处理他方宗教的问题。但是,吕西亚这小地方也是波斯王所关注的,犹大人重建圣殿也不会例外。

1 于是大利乌王降旨,要寻察典籍库内,就是在巴比伦藏宝物之处。

2 在玛代省亚马他城的宫内,寻得一卷,其中记着说:

3 古列王元年,他降旨论到耶路撒冷神的殿,要建造这殿为献祭之处,竖立殿的根基。殿高六十肘,宽六十肘,

4 用三层大石头、一层新木头。经费要出于王库。

---

[57] J. Teixidor, "The Aramaic Text in the Trilingual Stele from Xanthus," *JNES* 37(1978), pp. 181 - 186; T. R. Bryce, "A Recently Discovered Cult in Lycia," *JRH* 10(1978), pp. 115 - 127.

[58] P. Matthiae, *Ebla : An Empire Rediscovered*; G. Pettinato, *The Archives of Ebla : An Empire Inscribed in Clay.* 艾伯拉在马迪克废丘(Tell Mardikh)的考古发现十分珍贵。并且此资料是亚伯拉罕时代的文献,对研究当时的文字、习俗、宗教都有所贡献。

⁵ 并且神殿的金银、器皿,就是尼布甲尼撒从耶路撒冷的殿中掠到巴比伦的,要归还带到耶路撒冷的殿中,各按原处放在神的殿里。

古代对文献的储存与保留,都十分完整。大利乌王就派人四处搜寻犹大人所提及有关古列的谕旨。圣经本身也有记载古人之记录,最早的计有"约书"(出二十四 7)、"耶和华的战记"(民二十一 14)、"雅煞珥书"(书十 13)、"撒母耳的书"、"迦得的书"(代上二十九 29)、"所罗门记"(王上十一 41)、"大卫王记"(代上二十七 24)、"以色列诸王记"(王上十四 19)、"犹大和以色列诸王记"(代下十六 11)等古代记录。

近东一带的远古文化也是如此,将史书、王谕、圣旨、吊文等收藏于庙宇王宫中,以作后世的稽查。

六 1 "于是大利乌王降旨,要寻察典籍库内,就是在巴比伦藏宝物之处" 古代的典籍库与近代的图书馆相似,将各类重要的文献收藏在其中,并且编辑排列得井井有条。譬如考古发现古代叙利亚城邑艾伯拉(即现今之马迪克),年代约是公元前二千多年之久。此城邑不独是古代一座大城(据估计人口约二十六万)。城邑的设计是如蜂窝状的土砖砌成之房屋,其中有一所收藏约二万多块泥版铭文的典籍库。碑铭学家都十分惊讶如此丰富珍贵的收藏。可见古人对记录历史视之如珍宝,他们文学书写的造诣也是十分高超的。

此处所指的巴比伦城是波斯王古列的冬宫,古列将他治理的天下,分作巴比伦城的冬宫殿、书珊城的春宫殿及亚马他城的夏宫殿。⁸⁹ 大利乌王可能首先从巴比伦城的宫殿藏宝物之处开始搜寻古列的谕告。

六 2 "在玛代省亚马他城的宫内,寻得一卷,其中记着说" 亚马他城('aḥmᵉtā')原是玛代国的京城,距离现今伊朗首都约二百九十公里(西南边),是古代丝绸之路的第三要塞。此城位于荷朗他山上,海拔约一千八百米,故夏季清凉,为古代帝王避暑胜地。古列于公元前 548 年从玛代王亚士贴基手中夺过来,据史学家希罗多德所记载,此城

---

⁸⁹ 史学家色诺芬(Xenophon)有此记载:亚马他(Ecbatana)为夏宫,书珊(Susa)为春宫,巴比伦(Babylon)为冬宫(Cyropaedia, viii, 6.22,引自 Fensham, p.86)。

共有七个卫城(bîrᵉtā')(六 2),后来亚历山大大帝于公元前 324 年将它攻陷。⑩

大利乌王由巴比伦城开始寻觅,后来终于在亚马他城寻得一卷。⑪卷内有如此的备忘录(dikrônâ),此备忘录可能是将起初古列谕旨中的细则记录下来。故此,记录中有一些细节是第一章二至四节古列谕旨中没有提到的。有些学者发现在波斯城内有两类谕旨文献,一类是谕旨诏书,通常是通告全国用的。另一类属于备忘录,乃是记录诏书颁发后的实录。第一章二至四节属于前者,而第六章三至五节属于后者。⑫

六 3 "古列王元年,他降旨论到耶路撒冷神的殿,要建造这殿为献祭之处,坚立殿的根基" 此备忘录是为着记录王的决议之用,一般包含四部分:(一)楔子即备忘录,中文译为:"其中记着说"(六 2);(二)年代:"古列王元年"(六 3a);(三)总纲:"论耶路撒冷神的殿";(四)正本:第六章三节上至五节。⑬

和合本虽然是近代亚兰文研究之前的译本,但是于许多地方而言,仍是一本准确可靠的译本。近代学者多认为古列谕旨中"坚立殿的根基"此句意思不明显,故此他们将"根基"(ʼuššôhî)改为"燔祭"(ʼeššôhî)。

---

⑩ 亚马他(Ecbatana)希腊文为 amatha 或 Hagmatana。亚述王提革拉毗列色(Tiglath-pileser)刻文(约 1100 B.C.)称此城为 Amadāna,大利乌的壁石敦(Behistun)刻文称为 Haṅgmatāna,希罗多德(Herodotus)称为 Agbatana,色诺芬为 Ekbatana。此城位于现今 Tehran 附近之 Hamadaun。参 R.E. Hayden,"Ecbatana,"*ISBE*,vol. II,pp. 10 - 11. 六 2 之 bîrᵉtā '可能指着七个卫城(Citadel)之一,王的宫中藏宝处寻找此谕旨(Rosenthal,p. 13,§ 15)。

⑪ "一卷"(mᵉgillâ hădâ),即某一卷(scroll)古列王所遗留下来的文献(Rosenthal, p. 24,§ 46)。dīkrônâ 即希腊文 ὑπομνημα。可能是写在皮革上的书卷,亚兰文蒲草纸文献亦有引用此字 zkvn(*Aram*,p. 123)。

⑫ R.T. Hallock,"A New Look at Persepolis Treasury Tablets,"*JNES* 19(1960),p. 90;B. Porten,"Aramaic Papyri and Parchments:A New Look,"*BA* 49(1979),pp. 74 - 104;—,"Structure and Chiasm in Aramaic Contracts and Letters," in *Chiasmus in Antiquity*,ed. J.W. Weleh(Hildesheim:Gerstenberg,1981),pp. 169 - 182. 大利乌将壁石敦刻文译成亚喀文及亚兰文,颁到各地,考古学家可以在巴比伦与埃及找到这些刻文之译本。参 D.B. Weisberg,*Guild Structure and Political Allegiance in Early Archaemenid Mesopotamia*(New Haven:Yale Univ. Press,1967),pp. 14 - 15.

⑬ L.V. Hensley,*The Official Persian Documents in the Book of Ezra*(University of Liverpool:unpublished dissertation,1977),p. 87.

此句的翻译即为"要建造这殿为献祭之处,并将燔祭带来"。[34] 但是,将此字改为"燔祭"也没有完全解释到它的末端之第三人称单数的结尾,并且这与下文圣殿的大小脱节,将此段的文句更改也没有改善其意思。故此,和合本的翻译仍是适合的,古列的谕旨是要犹大人可以归回,去耶路撒冷建造圣殿,立定根基。

"殿高六十肘,宽六十肘" 所罗门的圣殿长六十肘(约二十七点五米),宽二十肘(约九米),高三十肘(约十三点七米)(王上六 2),若是在原有的根基上建造(三 3,六 3),即大小应该与所罗门的圣殿相同。但是,当圣殿的根基首先被奠定时,"有许多祭司、利未人、族长,就是见过旧殿的老年人,现在亲眼看见立这殿的根基,便大声哭号"(三 12)。可见,所罗巴伯的根基不会大过所罗门的圣殿。故此,有些解经家认为此处所指的圣殿大小,可能有文士抄写的错漏,将宽度与高度混在一起。不过,MT 抄本、七十士希腊抄本及约瑟夫的《犹太古史》(xi 4.6),皆完全吻合一致,见证古列的谕旨是正确的。甚至约瑟夫记录希律大帝的宣告时,亦提述到希律认为所罗巴伯于被掳归回后,所建的圣殿只有六十肘(约二十七点五米)是太不足够了(《犹太古史》,xv 11.1)。故此,当希律建造自己的圣殿时,将圣殿建成一百至一百二十肘(约四十五至五十五米)高、六十肘(约二十七点五米)宽(至圣所二十肘[约九米],圣所二十肘[约九米],院子[约九米])。

至于古列年间归回的犹大人所建圣殿的根基,可能过于简陋,远比不上所罗门时代圣殿的根基,故此引起一些年长者们的惋惜。但是后来于大利乌年间,他们再度动工时,"坚立殿的根基",并且得此谕旨的明证后,即将原先的根基加建。所以,先知哈该直言"这殿后来的荣耀必大过先前的荣耀"(该二 9)。

六 4 "用三层大石头、一层新木头" 此谕旨显示出古列极度小心,按照先前所罗门时代之圣殿建筑而定规立例。列王纪上第六章三

---

[34] Fensham, p. 87,又 Kaufman 认为"坚立"(meṣôḇe lîn)此字是由亚喀文(Akkadian)的 zabālu 而来,意思为"带来",并且以斯拉壹书亦翻译为燔祭带来(六 24)。英文译本 RSV 也是以此为根据。参 S. A. Kaufman, *The Akkadian Influences on Aramaic* (Chicago: Univ. of Chicago Press, 1974), p. 103; Torrey, *Ezra Studies*, p. 192.

十六节有提到内殿、外殿周围的墙,"要用凿成的石头三层、香柏木一层,建筑内院"。古列的备忘录能够如此细微准确地提述到所罗门前殿的设计,由此可见,他确实希望不要触怒当地的神。

"经费要出于王库"　一些批判学者认为先知哈该所提述有关圣殿的荒凉,是因为当时犹大人各自去为自己建天花板的房屋,而圣殿的建造却没有足够的经费(该一 1～11)。他们认为犹大人之所以经费不足,是因为回归者没有动用古列谕旨之资源,或是古列根本就没有如此承诺过。

但是近代考古发现,波斯王的政策不独允许各民族归回去建他们的庙宇,并且提供皇室经费给他们。古列将乌卢克的伊安娜神庙重建,又动用皇室府库兴建吾珥的安那玛神庙。⑤　再者,冈比西斯也有资助埃及人重建"西施"庙,大利乌于卡迦绿洲重建亚扪神庙,又动用王库重修埃及的皮他亚神庙。⑥　最明显的实例乃是于伊安娜神庙的石砖上,考古学家发现有古列的印花在其上。由此可见,当时的工程有很多是由波斯皇室直接拨款资助的。

至于先知哈该所提出的现象,可能基于河西总督并没有遵照古列谕旨所行,以致公款并未动用。犹大人又只顾自己的家业,致使圣殿的工程因此荒废了。若果是事实,此回河西总督达乃的奏告,反而成就了神的美意。古列年期的总督没有派出公款,以致工程缺粮而停顿。到了大利乌王时,敌对的势力本意是要苦待犹大人,上奏迫使他们又要放弃工程。但是神的道路高过他们的道路,此奏本催使大利乌王寻觅到古列之谕旨,并且提醒大利乌有关经费要出于王库一事。于是,下文是大利乌王的回应,并急速拨款给犹大人建造圣殿。

⑤ C. L. Woolley, *Ur of the Chaldees* (New York: W. W. Norton & Co. , 1965), p. 205. Eanna temple at Uruk, Enunmah at Ur (C. L. Wolley and M. E. Mallowan, *Ur Excavations IX: The Neo-Babylonian and Persian Periods* [London: British Museum, 1962]).

⑥ 埃及西施神庙(Sais Temple),参 De Vaux, "The Decrees of Cyrus and Darius," p. 71;卡迦绿洲(Khargah Oasis),参 R. Parker, "Darius and His Egyptian Campaign," *AJSL* 58 (1941), pp. 373 - 377;皮他亚(Ptah),参 G. Buchanan Gray, "The Foundation and Extension of the Persian Empire," in *CAH* (Cambridge: Univ. Press, 1939),4:25.

六 5 "并且神殿的金银、器皿……要归还带到耶路撒冷的殿中,各按原处放在神的殿里" 此节可与第一章七节,第五章十四至十五节对照,设巴萨并没有于此谕旨内提及,可能因为原先古列通告天下的谕旨诏书中,没有提及设巴萨。再者,圣经作者并非逐字将古列的王旨抄录出来,若将此处与第一章二至四节对比,即发现并非完全一样。他认为在此不必赘述设巴萨的名字,于是就没有记录。况且,古列通告天下的诏书,与后来降旨给设巴萨,将耶路撒冷神殿之金银器皿带回耶京,可能是两个不同的谕旨。再者,记录于皇室的备忘录内,又可能是另一种措辞与细则。故此,设巴萨没有在此处出现也是很有理由的。

6 "现在河西的总督达乃和示他波斯乃,并你们的同党,就是住河西的亚法萨迦人,你们当远离他们。

7 不要拦阻神殿的工作,任凭犹大人的省长和犹大人的长老在原处建造神的这殿。

8 我又降旨,吩咐你们向犹大人的长老为建造神的殿当怎样行:就是从河西的款项中急速拨取贡银作他们的经费,免得耽误工作。

9 他们与天上的神献燔祭所需用的公牛犊、公绵羊、绵羊羔,并所用的麦子、盐、酒、油,都要照耶路撒冷祭司的话,每日供给他们,不得有误;

10 好叫他们献馨香的祭给天上的神,又为王和王众子的寿命祈祷。

11 我再降旨,无论谁更改这命令,必从他房屋中拆出一根梁来,把他举起悬在其上,又使他的房屋成为粪堆。

12 若有王和民伸手更改这命令,拆毁这殿,愿那使耶路撒冷的殿作为他名居所的神,将他们灭绝。我大利乌降这旨意,当速速遵行。"

当大利乌王接获先祖古列王的谕旨,他自命为秉承古列的正统皇室,于是立即降旨给河西总督达乃及其余各人:(一)不能拦阻犹大人的工程;(二)要立即提供他们经费;(三)凡违命者必自招抄家之祸。古列与大利乌两位波斯王皆以"大帝"自号,古列为波斯帝国打遍天下,奠定江山,大利乌则将波斯帝国扩展至全盛期。故此,一般史学记录都将二帝并驾齐驱,相提并论。并且,他们二人的宗教政纲都是采用宽容政策,允许犹大人可以归回重建圣殿。⑰

六 6~7 "现在河西的总督达乃……你们当远离他们。不要拦阻
神殿的工作" 究竟大利乌的复谕是由第六章六节开始,还是在前段第
六章三节开始,则很难确定。有些解经家认为应该由第六章三节开始,
因为第六章六节的连贯词 kᵉʼan,一般而言是承接上文的语气来用的
(五 15)。⑱ 但是,无论如何圣经作者是按着文理轻重,作出取舍,将一
些他认为不重要的枝节删去,使文句流畅。

大利乌下令使河西敌对犹大人的势力,当远离他们,不要拦阻他们
的工程。这处的用词可能是法律上的专有用词,即这些人对犹大人所
拥有耶路撒冷之权益无份。甚至有些学者认为应该如此翻译:"他们对
犹大人的控告要撤回",因为此用词 raḥîqîn min-tamâ 曾屡次出现于伊
里芬丁蒲草纸亚兰文献内,都是法律上地产权益的争讼问题。⑲

不独这些撒玛利亚人等要放弃争取产业之权益,远离犹大人的范
围,他们更不能拦阻犹大人的工程。此谕旨是以正面语气写出来的:
"他们要让神殿的工作畅通无阻地进行。"他们不能插手介入犹大人的
工程中,扰乱神殿的工作。

"任凭犹大人的省长和犹大人的长老在原处建造神的这殿" 大利
乌王承认犹大省长的职权,奏本提过设巴萨省长是古列所立的,十五年
后大利乌王同样地尊重古列所委任的人(五 14)。希腊译本于此处加
上所罗巴伯的名字,可能是为了澄清其意思而写出来的。⑳ 圣殿于原
处上建造在此也有强调(参六 5,三 3),可见大利乌王是非常执着于要

---

⑰ 大利乌于 Pasargadai 大兴建筑,并竖立铭文赞扬古列的丰功伟绩。参 R. Borger and W.
  Hinz, "Eine Dareois-Inschrift aus Pasargadae," *ZDMG* 109(1959),pp. 127 - 128.

⑱ Williamson,p. 75,不过,Williamson 亦认为六 3 之前可能有一段楔子是被作者删去的。

⑲ Aram P 13:6 - 7;14:6,11;20:9;28:11;此用词可翻译为"放弃产业之契约"(spr mrhg)。
  可参 F. Rundgren, "Über einen juristischen Terminus bei Esra 6:6," *ZAW* 70(1958),
  pp. 209 - 215, 或 Y. Yaron, *Introduction to the Law of the Aramaic Papyri* (Oxford:
  Clarendon, 1961),pp. 81 - 82.

⑳ 七十士译本(LXX)删去"犹大省长",与六 8 相应。以斯拉记即加了所罗巴伯(1 ʼbd ʼlh
  zrbbl)。此节尚有一点关于亚兰文的结构,长老一词之前有一 lᵉ(ûlᵉśābê),此结构与七 28
  (ûlᵉkāl⁻śārê)的结构相同,指出其连贯性(Torrey, p. 193)。一般文法书称之为 lameth
  emphaticum,有加重语气之意(Fensham,p. 89)。

按古列谕旨中所规定的来处理。大利乌的复谕中,"神的殿"重复出现了共四次之多,依此看来,大利乌王对宗教的事情十分看重。难怪他希望犹大的祭司为他和他的儿子献祭、祈福求长寿(六10)。

六8～10　"我又降旨,吩咐你们向犹大人的长老为建造神的殿当怎样行"　这是大利乌王复谕的第二方面,此处所用的亚兰文与第六章三节古列的降旨是一样的。⑩　可见大利乌确是自觉为古列大帝之后,另一位大帝,他所颁发的谕旨是承接先祖古列的。他对埃及与希腊亦有类似的谕旨,为要重建这些地方的神庙。

"就是从河西的款项中急速拨取贡银作他们的经费,免得耽误工作"　据考古发现,波斯王每年收纳进贡约为时值二千万至三千五百多万(美元)。⑩　古列与大利乌都有此政策,将王的府库打开,不独供应他们所拜波斯的至高之神亚户拉麻士达的庙宇,亦去供款给其他民族的神殿。⑩　此处大利乌王降旨命令河西的政府,将进贡给波斯王的贡银,急速拨给犹大人。大利乌认为先祖古列时的谕旨已经耽误太久了,故此他不想事情再拖延下去。于是,他下令迅速提供犹大人建造圣殿的经费,好让工程不至再耽误停顿下来。

"他们与天上的神献燔祭所需用的公牛犊、公绵羊……每日供给他们,不得有误"　大利乌王确实慎重其事,对犹大人所敬拜的方式十分有认识。律法书上所要求的祭物,大利乌都可以提点出来(出二十九1;利二1)。他的王宫内可能有犹大人任高官,正如亚达薛西宫中,尼希米任酒政一般。这些犹大人提供给大利乌王有关的资料,使他可以作出合宜的回应。伊里芬丁亚兰文蒲草纸文献也有类似的记录,当时犹太人要在伊里芬丁建一所"耶和"神的殿,他们向当地的波斯省长请求时,曾提及献燔祭、素祭、酒、油等献祭时使用的材料。⑩

其他亚兰文献也展示,波斯王对各民族所敬拜的方式颇熟悉。譬

---

⑩　sîm t°'ēm 直译为"一个谕旨由我而出"。谕旨原是亚喀文之外借语,因着巴比伦与波斯帝国的兴起,逐渐成为了亚兰文的通用语(Rosenthal,p. 58,§88)。

⑩　参四13;另参 J. N. Postgate, *Taxation and Conscriptions in the Assyrian Empire* (Rome: Pontifical Biblical Institute,1974),p. 119.

⑩　亚户拉麻士达为 Ahuramazda,参注74。

⑩　*ANET*,p. 492,"耶和"神的殿为 Temple of Yaho.

如后期的大利乌二世诺图(423－404 B. C.)，亦将犹太人的除酵节描述得很详细。[⑮]

"好叫他们献馨香的祭给天上的神，又为王和王众子的寿命祈祷"

此处提到"天上的神"两次之多，可参第五章十一至十二节的注释。犹太人所引用的方法终于可以应效，他们与波斯王的信仰建立起共通点，然后藉着这些共通点，去恳求他们的愿。古列宽待各地的神祇与庙宇，希望这些人民和祭司天天为他求福，使他长寿。他也要求这些百姓为他的儿子冈比西斯祈求，也希望他所统治的天下太平。[⑯] 伊里芬丁文献也有提及，当时波斯的省长允许犹太人兴建神殿，并请求他们为他及他的儿子祈求福气和长寿。[⑰]

"馨香的祭"为犹太人律法书所引用的专有用词(出二十九 18；利一 9)。馨香(nîhôhîn)并非单指烧肉之香，此字的希伯来文字根乃是"安息之意"，或作"安定平静之意"。此祭乃是"主所喜悦的香气"(现代中文译本)。故此，芬芳的香气上达于主前，蒙主所悦纳。大利乌王了解到当犹大祭司如此按照律法书上所写的去献祭，犹大人所敬拜的耶和华神即喜悦，并且允许他们的祈求。

六 11~12　"我再降旨，无论谁更改这命令，必从他房屋中拆出一根梁来，把他举起悬在其上，又使他的房屋成为粪堆"　这是大利乌复谕的第三方面，也是古代帝王谕旨常用的咒语和刑罚。大利乌王在"壁石敦"刻文内，也有呼喊所敬奉的神亚户拉麻士达，降祸给那些破坏壁石敦的任何人。[⑱]但凡任何人故意或无意地将此命令更改(yᵉhašᵉnēʼ)，都要受罚。违反王令，于古时而言是罪大恶极的。但以理时代，有玛代人大利乌统管巴比伦王国(此玛代人大利乌与波斯王大利乌一世大帝不

⑮　Darius II. Nothus (Aram P 21). 参 R. de Vaux, "The Decrees of Cyrus and Darius on the Rebuilding of the Temple," *The Bible and the Ancient Near East* (London：Danton, Longman & Todd, 1972), pp. 63－96.

⑯　*ANET*, p. 316.

⑰　Aram P, pp. 111－114.

⑱　F. W. Koenig, *Relief und Inschrift des königs Darius I am Felsen von Bagistan* (Leiden, 1938), p. 56; P. G. Kent, *Old Persian：Grammar；Texts；Lexicon* (New Haven：American Oriental Society, 1953), §67, p. 132. Kent 也提到大利乌的基铭 Nagš-i-Rustam，同样有此咒语和刑罚(p. 140, §9b)。

同),接受国中的总长等人建议,下令于三十日内,任何人皆不可向王以
外求什么。圣经记载:"立这禁令,加盖玉玺,使禁令决不更改,照玛代和
波斯人的例,是不可更改的。"(但六 8)此道禁令一下,无人可以收回来,
甚至包括王自己也不可以更改。以斯帖记亦如此记述波斯王亚哈随鲁
下了命令谕旨,王的戒指盖了印,任何人都不能废除(斯八 8)。

　　此处所指的刑罚是抄家和刺刑,凡违反此谕令的人,他房屋中主要
的梁木要拆出来,即抄家之意。然后,此梁木要于一端竖在地上,另一
端削尖,将此人从胸前刺入尖梁木,穿过肺部,从喉管处出来,挂在房屋
的废墟中,以示警戒。[109] 亚述、巴比伦、波斯等地的人皆以刺刑为酷刑
对待背叛的人。[110] 刺刑可能是钉十字架刑罚的前身,后来到了罗马时
代则比较通用。受刑之人的房屋则被夷为废墟、粪堆(neʷālû)。粪堆
此亚兰文亦出现于但以理书第三章二十九节:"现在我降旨,无论何方、
何国、何族的,谤讟沙得拉、米煞、亚伯尼歌之神的,必被凌迟,他的房屋
必成粪堆,因为没有别神能这样施行拯救。"有些学者将此字与阿拉伯
文(nw/yl)对比,而得"充公"之意,即他们的房屋归为公有。但从古代
的酷刑及宗教因素而言,前者的翻译与解释比较合宜,即此人的家园将
会被夷为废墟、粪堆。

　　大利乌王更进一步呼喊神的名去降祸灭绝那些更改此命令并拦阻
耶京圣殿工程的人。这是以古代咒语的格式写成。大利乌于壁石敦刻
文中有此咒语,古代苏美尔文化的马里帝国中庙塔墓文亦有记述这些
咒语。[111]

---

[109] 亚述西拿基立(Sennacherib)曾如此以刺刑对待以色列人(王下十八 13～17;赛三十六)。
在公元 1891 至 1929 年拉吉废墟被考古发掘,1938 至 1940、1966 至 1968 等年间不断地发
掘,找到于此土墩内,西拿基立入侵时期的一千五百具尸首。其上一些尸骸就是被刺刑所
杀的。*ANEP*,no. 373(262,368)。

[110] 希罗多德亦有记述大利乌于攻陷巴比伦的一个城市,名叫 ἀνεσκολοπιδε 时,将三千巴比伦
人以刺刑杀戮(iii,159)。亦可参 Herodotus 所撰写 *Brissonii de regio Persavum princip*,
1. ii,215.

[111] 马里(Mari)位于幼发拉底河岸约有三十五点五公里之遥。庙塔(Ziggurat)为宗教中心,
敬奉天体月亮神。铭刻墓文为 Yahdun-Lim 所宣告,凡违令者,天神将降祸于他。参
G. Dossin, "L'inscription de fondation de Iahdun-Lim, voi de Mari," *Syria* 32(1955),
pp. 1 - 28.

有些批判学者认为大利乌所引用的咒文,引申自申命记第十二章十一节和第十四章二十三节,故此原来不可能是波斯王的手令,必定是犹太人后期的润笔。不过,大利乌王及他的近臣对各地民间宗教的认识,是有史可稽查的。上文提到大利乌对犹太人献祭的规矩、祭物都十分熟悉(六 9～10),依此而言,他能引用犹大人重要的经典是不足为奇的事。尤其他是信奉多神教的,对地方的神亦表尊重,故此呼喊他认为是耶路撒冷的神,去惩罚违令的人,依他而言是十分合理的。并且,他要作得合宜,必须依其经典来作,所以他能引用申命记也不是希奇的事。

(III) 圣殿的工程完竣(六 13～15)

¹³ 于是河西总督达乃和示他波斯乃并他们的同党,因大利乌王所发的命令,就急速遵行。

¹⁴ 犹大长老因先知哈该和易多的孙子撒迦利亚所说劝勉的话,就建造这殿,凡事亨通。他们遵着以色列神的命令和波斯王古列、大利乌、亚达薛西的旨意,建造完毕。

¹⁵ 大利乌王第六年亚达月初三日,这殿修成了。

犹大人于大利乌王第二年开始动工重建圣殿,工程正在如火如荼地进行时,河西总督和同党就来问难。但是犹大人并没有因此而停工(五 5),他们一方面工作,一方面等候大利乌王的复谕。当谕旨送到河西一带时,里面提示河西一带的居民不得干扰犹大人的工程,河西的款项要急速拨送给他们作经费,犹大人就大得鼓励,加倍地努力作工。

六 13 "于是河西总督达乃……因大利乌王所发的命令,就急速遵行" 和合本顺着文理翻译为"急速遵行",亚兰文 'osparnā' 是要慎重执行,不得耽误之意。[12] 达乃和同党们本意是问难,并且要拦阻神殿

---

[12] Rosenthal,p. 40,§ 93,Rosenthal 认为此字有波斯文的影响,尤其是一般政治或法律公函之用词。意指绝对不能耽误错失(p. 58,§ 189)。

工程的进行；但是，神的旨意比他们的意愿为高。神将此恶念敌意转化为祝福与恩典。他们本意要伤害犹大人，结果因着大利乌所发的命令（lāqᵃbēl），[113]灾祸变为祝福，敌对的势力转为施恩的途径。神的作为实在是超过人所想所求的。于是，犹大人士气高昂，既有属灵的领袖引导他们，又有神的先知劝勉他们，工作顺畅地继续进行。

六 14　"犹大长老因先知哈该和易多的孙子撒迦利亚所说劝勉的话，就建造这殿"　这些领袖们奋力作工，先知们的信息主动针对犹大人的内在问题。哈该与撒迦利亚所记录的信息，是于大利乌王第二年六月初一（该一 1）、七月二十一日（该二 1）、九月二十四日（该二 10）、八月（亚一 1）、十一月（亚一 7）、第四年九月（亚七 1）等年间传讲的。至于大利乌王回复达乃的谕旨是于何年而出，则不能确定。但是，神的先知于这段日子中，不断以耶和华的话语信息鼓励他们。这些"劝勉的话"，有些记录下来，也有些并没有流传至今。但是，神的子民因为神的仆人所传递神的信息，而奋力去完成神的圣殿。

"凡事亨通。他们遵着以色列神的命令和波斯王古列、大利乌、亚达薛西的旨意，建造完毕"　亨通与建造联在一起，于文法而言，属于重言法的叙述方法，所以翻译时可作"亨通地建造"[114]（五 8）。此文法结构亦出现于"建造完毕"的语句中，圣经作者藉着这些措辞造句的手法，将其意境表露出来。当时犹大人兴高采烈地建造，建造时神垂看他们的工作，以致顺利亨通。于是，很快地工程就完毕了。

此处圣经作者不单将工程描述得有声有色，更将其神学意味表达出来。神的主权参透人类的历史，他能掌管波斯的诸王，让他们所作的谕旨，完全与神的旨意吻合，以致神的目的可以完成。神从来没有在历史中消失，乃是活现于历史每一时刻。再者，人的责任乃是要"遵着"神的命令而行，也要按着波斯王的意旨而作。神的主权与人的顺服配合起来，即能成就神在历史中的作为。

---

[113] Rosenthal, pp. 36 – 37，§ 84；p. 38，§ 86.

[114] bānîn ûmaṣlᵉḥîn，参 E. W. Bullinger, *Figures of Speech used in the Bible* (Grand Rapids: Baker，1968)，pp. 657 – 672. 重言法的原文 Hendiadys 由 ἐν(hen) + δια(dia) + δις(dis)，即是二为一之意，前面的字表达意思，后者强调其性质。此乃东方文化常用方法（Rosenthal，p. 45，§ 111）。

亚达薛西被列入建造圣殿的波斯王之行列中，并非因为抄写文士的主意，也非因为历代志编者对历史年代及王朝的混淆。这乃是圣经作者刻意将这三位波斯王并列，以表示他们对犹大人建造圣殿及恢复圣殿的敬拜之贡献。[19] 亚达薛西王允许以斯拉归回（七 1），及归还金银器皿（七 24～30）。正如第四章七至二十三节所引述的亚达薛西王后期时，犹大人受怀疑及拦阻建造耶京的城墙，作者将此段加插入圣殿的敌对势力之叙述中，以表示拦阻一直持续至亚达薛西王。神施恩的时候跨越了三个重要的波斯王，甚至本来敌对犹大人的亚达薛西，也能成就神的旨意。

六 15　"大利乌王第六年亚达月初三日，这殿修成了"　耶路撒冷神的殿终于在公元前 515 年完竣，距离犹大人归回开始重建圣殿共有二十一年之久，也是先知哈该与撒迦利亚宣讲信息后四年半完工。若与巴比伦毁灭耶路撒冷的圣殿相比（586 B.C.），则共有七十年之久（耶二十五 8～11）。

如此漫长的岁月，经历两个帝国、数个王朝、几个世代。然而，神的信实并没有改变，人事皆有变迁，唯有神的应许永不改变。到了时候满足，必能应验。所罗巴伯已经消失于作者的叙述中，但是，所罗巴伯所建的圣殿，经历了五百八十五年之久，甚至比所罗门所建的第一圣殿还多延续了一百八十多年。

---

[19] 原本并没有"神的殿"此词，只有他们"建造与完毕"（ûbeᵉnô weᵉšaklîlû）。可见作者将亚达薛西列入名单内，但并没有表示他负责圣殿的建造。

伍　圣殿献殿礼与圣礼的遵行（六 16～22）

　　上文记载圣殿于亚达月（或称为亚达鲁月）完工。亚达月为被掳后的一般历法名称，相当于犹太宗教历法的十二月（公历为二与三月）。他们于初三日工程完竣，并举行献殿礼，接续是一月（即亚笔月）十四的逾越节与除酵节。这段是大喜的日子，耶和华果真在他们中间行了大事。

（I）圣殿之献殿礼（六 16～18）

16 以色列的祭司和利未人，并其余被掳归回的人，都欢欢喜喜地行奉献神殿的礼。

17 行奉献神殿的礼，就献公牛一百只、公绵羊二百只、绵羊羔四百只；又照以色列支派的数目献公山羊十二只，为以色列众人作赎罪祭。

18 且派祭司和利未人，按着班次在耶路撒冷事奉神，是照摩西律法书上所写的。

　　六 16　"以色列的祭司和利未人，并其余被掳归回的人"　当圣殿完工后，这些属灵领袖的名字就被隐藏起来。所罗巴伯、耶书亚、哈该、撒迦利亚等人也退到幕后，让神的名字单独受记念。以色列的名字被强调，因为不独是犹大与便雅悯两个支派是神的选民，整个以色列家都是神所建、立约施恩的民族。① 此处提到祭司、利未人和其余被掳归回的百姓，这三类人都有份参与重建圣殿，也因此可以在献礼时欢欣兴奋。被掳的竟然成为了神计划的中心群体（耶二十九 1～7），外围的成

---

① 有些学者认为以色列此字在四至六章共出现了十二次，是圣经作者刻意地将以色列的十二支派隐藏于文体内的手法。这也许是文体手法之一，但是极隐蔽不明。参 H. C. M. Vogt，*Studie zur nachexilische Gemeinde in Ezra-Nehemiah*（Werl：Dietrich Coelde-Verlag，1966），pp. 148 - 155.

为中心,这也是耶和华神自始至终的奥祕。

"都欢欢喜喜的行奉献神殿的礼" 归回的犹大人兴建殿基时已经是一庆典,那时有祭司穿上礼服吹号,利未人敲钹(三 10)。如今经过了二十一个寒暑,历尽沧桑,终于能够顺利完成此圣殿的工程,实在有说不尽的感恩与快慰。当所罗门行献殿礼时,"祭司待立,各供其职,利未人也拿着耶和华的乐器……颂赞耶和华……祭司在众人面前吹号,以色列人都站立"(代下七 5～6)。这次所罗巴伯圣殿之献殿礼,虽然不像所罗门时代之隆重,然而确是以色列人值得欢喜快乐的日子。

六 17 "行奉献神殿的礼,就献公牛一百只、公绵羊二百只、绵羊羔四百只" 若将此献殿礼的礼仪与所罗门圣殿之落成礼相比(王上八 62～66;代下七 4～7),则发现有天渊之别。所罗门时期,以色列人献了共二万二千只牛、十二万只羊,而所罗巴伯时期只有一百只牛、六百只公绵羊与羊羔。当然,归回的犹大人于物质的生活而言,并没有所罗门时代的富裕。再者,若将此献殿礼与希西家时代,洁净圣殿之礼仪相比,则显得十分合理,并且恰当得很。希西家登基后,命利未人进行洁净圣殿的工作,将以前放置于圣殿内不洁污垢之物,尽都搬走。然后,祭司献赎罪祭、燔祭、感谢祭等。历代志下第二十九章三十二节记录:"会众所奉的燔祭如下:公牛七十只、公羊一百只、羊羔二百只,这都是作燔祭献给耶和华的。又有分别为圣之物,公牛六百只、绵羊三千只。"如此看来,归回之犹大人所献的是感谢祭,或译作酬恩祭(和合本小字、文理译本、利三 1),即一般所谓之平安祭。平安祭涵盖了感谢祭、还愿祭和甘心祭(利七 11～16,二十二 21)。诗人大卫也说:"我要将感谢祭献给你。"(诗五十六 12)此处大卫将感恩(tôdâ)与献(šillem)(平安祭献上)连在一处使用。七十士译本更进一步将平安祭译作救恩之祭(θυσια σωτηριον σωτηριον, thusia sōteirion)。②

"又照以色列支派的数目献公山羊十二只,为以色列众人作赎罪祭" 若将此献殿礼对照摩西时代会幕建造完毕,大祭司膏立以后,以色列人按着十二支派,献上祭物的礼仪,则发现归回的犹大人是按着摩

---

② L. Koehler, *OT Theology* (Philadelphia: Westminster, 1957), p. 188.

西所吩咐的去遵行。那时,摩西要求各支派献上祭物,"作燔祭的,共有公牛十二只、公羊十二只、一岁的公羊羔十二只,并同献的素祭作赎罪祭的公山羊十二只,作平安祭的,共有公牛二十四只、公绵羊六十只、公山羊六十只、一岁的公羊羔六十只,这就是用膏抹坛之后,为行奉献坛之礼所献的"(民七87~88)。③

此处值得注意的乃是,归回的犹大人虽然只有犹大与便雅悯支派,但是他们却代表着与神立约的十二个支派而献赎罪祭。被掳的苦难超越了以前国家民族的分裂与世仇。逼迫炼净了他们的心,使他们能够从历史的桎梏中释放出来。分裂了的十个支派,虽然流散于列国,失去了他们的下落行踪,但是归回的犹大仍是顾念着弟兄。于是,他们代表着一个完整合一的以色列,向耶和华献上赎罪祭。摩西时期,十二支派献上赎罪祭;所罗门时期也是如此为民族献赎罪祭;希西家洁净圣殿后,亦同样献赎罪祭。如今当归回的犹大人相同地献上赎罪祭,一方面他们诚心地祈求耶和华赦免过犯,另一方面也代表着历史的承接。回归者与被掳前的历史接轨,他们现在是活在神的旨意中,也领受着他的同在与祝福。

六18 "且派祭司和利未人,按着班次在耶路撒冷事奉神,是照摩西律法书上所写的" 祭司在摩西所建立会幕内事奉之例,记于利未记第十章八至十一节、第二十一章、第二十二章。利未人事奉之职务可参照民数记第三至四章。后来,大卫立定亚伦祭司与利未人在神面前的事奉之班次(代上二十四)。所罗门建完圣殿后也遵照摩西之律法与大卫所派定的班次,让祭司与利未人"各尽其职,赞美耶和华"(代下八14~15)。归回的犹大人也是承接了被掳前的班次规矩,让祭司、利未人在新殿内事奉耶和华。

此处提及的摩西律法书,是圣经作者刻意安放的文体转折句子。首部有关所罗巴伯的归回与圣殿的建造即将记述完结,作者既要归纳上文,也要引出下文第二部分(七~十章)。第二部分记述以斯拉所带领归回的圣民,及如何以摩西的律法去重整他们的生活。故此,这里所

---

③ H. E. del Medico, "Le cadre historique des fêtes de Hanukkah et de Purim," *VT* 15 (1965), pp. 238 - 270.

提及"摩西的律法书",乃是文体上重要的连贯句子,也是结构上的指标,预备读者进入第二阶段的历史发展。

(II) 圣礼逾越节之遵行(六 19～22)

以斯拉记的首部(一～六章),开宗明义地将"出波斯入迦南"的归回经历,与"出埃及入迦南"的出埃及经历为历史的对照,引申出神在历史中的作为,及回归者如何行在神的旨意中。故此,圣经作者刻意地选取摩西出埃及时的逾越节与除酵节为结束的题材,再次在读者的心灵中浮现出此"第二个出埃及",实在是神大能的手所施展的作为。

由此段开始,亚兰文已经完结,作者恢复以希伯来文去叙述。无论从文体的转折句"摩西的律法书",或是语文的更换(从亚兰文至希伯来文),圣经作者明显地让读者知道他正要改变所要叙述的结构。所罗巴伯带领的第一批圣民已经归回了,并且完成了他们的使命,使圣殿可以重建完竣。第六章十九至二十二节所记述有关圣殿正常的献祭礼仪,更强调出工程任务已经完毕,现在是进入第二部分及第二个领导人物的事迹中。

19　正月十四日,被掳归回的人守逾越节。

20　原来祭司和利未人一同自洁,无一人不洁净。利未人为被掳归回的众人和他们的弟兄众祭司,并为自己宰逾越节的羊羔。

21　从掳到之地归回的以色列人和一切除掉所染外邦人污秽、归附他们、要寻求耶和华以色列神的人,都吃这羊羔。

22　欢欢喜喜的守除酵节七日,因为耶和华使他们欢喜,又使亚述王的心转向他们;坚固他们的手,作以色列神殿的工程。

六 19　"正月十四日,被掳归回的人守逾越节"　犹大人于"亚达月初三日"(即正月,六 15)完成圣殿的工程,正月十四日(公元前 516 年四月十四日)即进行圣殿敬拜的礼仪。他们守逾越节记念以色列出埃及所经历耶和华神的作为,如今,他们同样地经历过"第二次出埃及"的体验。故此,这节期对当时的犹大人而言,是意义十分深远的。

"被掳归回"(gôlâ)此字于以斯拉记中出现了共十二次(一 11,二

1，四 1，六 19、20、21，八 35，九 4，十 6、7、8、16）。亚兰文的部分（四 8～
六 18）都没有引用此字，但采用了被动的时态，可见作者将此字特意保
留，去描述这一个特别的群体。④ 被掳与归回都是有耶和华神的美意
在其中，并且"被掳"与"显露"两个意思同为一个字根，将神的计划显明
出来。耶和华神是藉这一群被掳归回的犹大人，显明他的救恩计划（参
二 1 之注释）。⑤

　　六 20 **"原来祭司和利未人一同自洁，无一人不洁净"** 犹大人自
从被掳后，七十年来皆没有机会守逾越节，如今当圣殿重建后，他们欣
然记念耶和华神在过去历史及现今体验中，如何施展他大能的作为。
故此，当他们守逾越节时，祭司、利未人及各犹大人都自洁以预备好，去
记念神的作为。 自洁（hittah˘rû）此字是专有用词，指祭司在圣殿里事
奉前，需要按礼洁净自己（利十五 1～33）。每一个进到神面前服事敬
拜的人，都必须洁净自己；"人若自洁，脱离卑贱的事，就必作贵重的器
皿，成为圣洁，合乎主用，预备行各样的善事"（提后二 21）。

　　第六章二十节的前半句指出祭司和利未人自洁的事实，下半句提
到他们如何得到洁净的过程。但是，重点在于他们"一同"自洁，利未人
扶助祭司，彼此同心。"一同"（kˇeʾehād）此字一方面指出没有例外的，
所有人都要洁净，另一方面强调"一起"同心洁净，正如第三章九节"都
一同起来"的合一观念。倘若他们中间有一人不洁净，全群都会成为不
洁。先知哈该的第三个信息就是针对洁净与污秽此问题，污秽是可以
污染全体的（该二 10～19）。正如古时约书亚时期，因为亚干犯罪，取
了示拿的衣服，以致以色列人要败走艾城（书七 16～26）。所以，若要
洁净必须全群洁净，不能只有少数人洁净。

　　**"利未人为被掳归回的众人和他们的弟兄众祭司，并为自己宰逾越
节的羊羔"** 按照出埃及记第十二章六节记载，全会众的父家要于逾越
节的晚上，将羊羔宰杀。依此来看，宰羊羔的责任理应落在一家之主的

---

④ 亚兰文被动时态为 Haphel（四 10，五 12）。

⑤ gālâ 于希伯来文圣经内共用过一百八十次，亚兰文约九次，昆兰文献约四十次之多。名词
　（gôlâ）用过四十二次。此字根有两个意义：(1)离去，掳去（王下十七 23，二十五 21；耶五十
　二 27）；(2)开启，显露（撒下二十二 16；赛四十七 2；耶四十九 10）。

父亲身上。但是,后来于希西家时期,会众中有些父家未能洁净,"所以利未人为一切不洁之人宰逾越节的羊羔,使他们在耶和华面前成为圣洁"(代下三十17)。历史的发展逐渐将宰杀羊羔的职责交给专人,约西亚王时期已明显地记录"利未人宰了逾越节的羊羔,祭司从他们手里接过血来洒在坛上,利未人剥皮"(代下三十五11)。

于被掳归回的犹大人而言,他们认为自己的罪招致耶和华的烈怒,故此宁愿将此职责交给利未人。他们既为自己,也为弟兄众祭司和一切被掳归回的犹大人尽此宰羊羔的职责。并且,他们也因此减轻了祭司们的责任,祭司也可以专心在圣殿内事奉神。

六21 "从掳到之地归回的以色列人和一切除掉所染外邦人污秽、归附他们" 此节提到两类人:(一)被掳归回的以色列人;(二)一切将外邦之地的污秽除掉的人。第一类人是清楚可知的,归回的犹大人,也是承受耶和华圣约的以色列人(beᵉnê-yiśrāʾēl,六16)。但是,第二类却未见清晰的说明。有些学者认为是北国流散的以色列人,他们沾染了外邦的风俗与宗教,故为不洁。也有些经学家认为是归附犹太教的外邦人。⑥ 但是,若是北国以色列人,作者的用词则与前一类"以色列的后裔"有混杂不清之处。若是皈依犹太教的外邦人,则与"所染外邦人污秽"的有混乱。他们若是外邦人,如何染上外邦人的污秽。可见,此类人属于犹大人,但又与被掳归回的犹大人有所不同。故此,他们可能是留居犹大而没有被掳到外邦的犹大人。他们已经与外邦人同化了,沾染了他们的宗教习俗。现在他们愿意回转过来,除掉外邦人的污秽而寻求神。

"外邦人"(gôê-hāʾāreṣ)与"此地之民"(ʿammê hāʾāreṣ,十2、11)相同,为居住在巴勒斯坦一带的外邦人,他们可能是被亚述王所迁移至巴勒斯坦的外邦人,也可能是迦南本地人。他们的宗教信仰与习俗渐渐地渗入犹太人的宗教信仰中,混杂不清。此节于文体上也是属于转折句子,引进下一部分有关以斯拉的事奉。以斯拉归回的呼召,主要是将圣民的生活重整,使他们从混杂的宗教、道德生活中净化过来。此处圣

---

⑥ J. S. Wright 认为是北国以色列人(*The Building of the Second Temple* [London,1952],p. 20),而 Kittel 和 Williamson 则认为是归附犹太教的外邦人(Williamson,p. 85)。

经作者留下伏笔，以引进下文的革新运动。

　　"要寻求耶和华以色列神的人，都吃这羊羔" 寻求（dāraš）此字在旧约圣经中出现过一百六十五次之多，大部分的用处都是与神学意义有关的。一般是以人为主词，而神为对象，即人去寻求神。寻求神包括查考、研读神的话语。诗人将两者糅合为一体："遵守他的法度，一心寻求他的，这人便为有福。"（诗一一九 2）先知以赛亚大声喊叫："他们天天寻求我，乐意明白我的道，好像行义的国民，不离弃他们神的典章，向我求问公义的判语，喜悦亲近神。"（赛五十八 2）故此，寻求此字后来在犹太教的拉比经典中，发展成为"解经""释经"（Midrash）的意思（代下十三 22，二十四 27）。

　　寻求也有求告、祈求的意思。诗人亚萨感慨地说："我在患难之日寻求主，我在夜间不住地举手祷告。"（诗七十七 2）先知耶和米更进一步指出："凡等候耶和华，心里寻求他的，耶和华必施恩给他。"（哀三25）文士以斯拉在此指出，这些归回的犹大人一方面除去不洁之物，另一方面积极地祈求神，遵守他的诫命。[7] 当他们如此行，他们所守的逾越节、所吃的羊羔，才有真正的意义。神也会悦纳他们的事奉，施恩祝福他们的日子。

　　六 22 "欢欢喜喜的守除酵节七日，因为耶和华使他们欢喜" 若将一条线把出埃及的经历，希西家王洁净圣殿后举行大会，守除酵节（代下三十 13）及归回的犹大人献殿礼完毕后所举行的盛会和除酵节，都串联起来，可以发现除酵与除掉外邦人污秽有很大的关系。除酵节是紧接着逾越节而守的节期，共七日之久（利二十三 6～8）。酵母是古时人将烘饼余下的生面，发酵后产生酸剂，可以将面团发起来。故此，酵母象征罪恶，发酵比喻腐烂（林前五 6～8）。他们按着律法守除酵节七日，表示他们决心完全除掉污秽不洁之物。

　　并且，他们是欢欢喜喜地守此节期。喜乐是此章的一个重要主题（六 16、22）。他们的喜乐不独基于外在的因素，因为圣殿建造完毕而欢喜；圣经作者特意将内在的因素表明出来：是耶和华神使他们的内心

---

⑦ Wagner, "dāraš," *TDOT*, III, pp. 293 – 307.

雀跃。失而复得的敬拜,死而复生的宗教生活,简直是不可思议的奇迹,如今竟活现他们的眼前。

"又使亚述王的心转向他们;坚固他们的手,作以色列神殿的工程"

圣经作者不独以神学的角度去解释他们的心理状况,更以神学的角度去反省历史和君王的心;"王的心在耶和华手中,好像陇沟的水,随意流转"(箴二十一1)。此处所指的亚述王是指波斯王大利乌。作者将大利乌称为亚述王是有他神学之目的,亚述是神手中的杖、神震怒的棍(赛十5),用以击打以色列民。如今,神的怒气已经消散,故此,神又兴起他施恩的手,藉着"亚述王"使他们可以归回、重建神的殿。古时的王可以追认自己与先前帝国的帝号,这并非年代错误,实乃历史之承接。[8] 圣经作者巧妙地将亚述王提点出来,目的很明显地是要指出神的怒气已经满足,现在神再次向犹大人施恩。"亚述王"就是最好的记号,以表示此事实。

神使外邦的君王转念归向犹大人,坚固他们的手,使他们能够完成兴建圣殿的工程。圣殿的重建与所罗巴伯息息相关,他所带领归回的犹大人,就是有此重大的任务,将圣殿完成。神的殿既已完成,以斯拉记的首部分也就结束了,以下是第二部分,是以斯拉带领第二批圣民归回去重整犹大人的生活(七～十章)。

---

[8] 批判学者 Martin Noth 认为此处出现"亚述王",为历史年代之错误(anachronism)、Kittel 认为作者犯了误导之错(lapsus calami),将波斯王写为亚述王。但是,考古学证实古时的王皆有此作风(*ANET*, p. 566,古列刻文 Cyrus Cylinder)。参 A. Kuhrt, "The Cyrus Cylinder and Achaemenid Imperial Policy," *JSOT* 25(1983), pp. 83－97. 尼布甲尼撒王也曾被称为亚述王(Judith 2,王下二十三29)。尼九32 很明显地将亚述王定为神管教以色列民的工具,将苦难加于他们身上。故此,六22 为作者的文体技巧,以表示神的作为是十分合理的。

第二篇
以斯拉的归回
与圣民的重整
（七 1～十 44）

第二篇 以斯拉的归回 与圣民的重整 （七 1～十 44）

B　以斯拉带领下第二批圣民的归回和生活的重整（七～十章）

　　圣殿之外在和有形的建造是所罗巴伯及首批回归者的托付。此工程虽然艰巨，然而，仗赖神的恩典及一些属灵领袖和会众的毅力，终久完成了。不过圣殿的工程虽完竣，圣民的生活尚未重建起来。故此，在神的时间里，他又兴起另外一位属灵的领袖，挺身而出去带领以色列重整他们内在及无形的属灵、信仰、道德生活。

　　所罗巴伯于公元前 538 年归回，经过了约二十三年之久，圣殿终于完成重建的工程（515 B.C.）。然后，岁月不留人，又过了五十七年时间，以斯拉才于波斯王亚达薛西年间（458 B.C.）归回。首批回归者与第二批相隔约有八十年之久。神并不误时，也不误事，于最合适的契机下，他就兴起最合适的人，去完成他的工作。此时此际，神兴起文士以斯拉归回犹大，为的是要重整圣民的生活。

壹　以斯拉的介绍与归回（七 1～10）

　　以斯拉归回的次序与年代,可参绪论"归回的次序"一节。本文采取的立场是以斯拉于亚达薛西一世第七年,即公元前 458 年归回耶路撒冷;至于文士的历史地位,可参绪论"律法的重要"一节。第七至十章被称为"以斯拉回忆录",以斯拉用第一人称的手法叙事。有关"以斯拉回忆录"的鉴定及文体合一性的问题,可参绪论"文体结构"一节的"文献取材"。本文的立场认为此回忆录是文士以斯拉的手笔,与首部(一～六章)互相紧密建构为一书,是整体的文献。全文言简意赅,条理分明。

（I）以斯拉的介绍（七 1～6）

1　这事以后,波斯王亚达薛西年间,有个以斯拉,他是西莱雅的儿子;西莱雅是亚撒利雅的儿子;亚撒利雅是希勒家的儿子;

2　希勒家是沙龙的儿子;沙龙是撒督的儿子;撒督是亚希突的儿子;

3　亚希突是亚玛利雅的儿子;亚玛利雅是亚撒利雅的儿子;亚撒利雅是米拉约的儿子;

4　米拉约是西拉希雅的儿子;西拉希雅是乌西的儿子;乌西是布基的儿子;

5　布基是亚比书的儿子;亚比书是非尼哈的儿子;非尼哈是以利亚撒的儿子;以利亚撒是大祭司亚伦的儿子;

6　这以斯拉从巴比伦上来,他是敏捷的文士,通达耶和华以色列神所赐摩西的律法书。王允准他一切所求的,是因耶和华他神的手帮助他。

　　七 1a　"这事以后,波斯王亚达薛西年间"　第七章一至十节仍是以希伯来文写成,希伯来文的连贯词"这事以后",直接衔接上文(六

19～22)所发生的事件。上下文虽然于历史次序是首尾衔接的,但是于时间而言,则出现了一段间隔的日子。譬如创世记第十五章一节"这事以后,耶和华在异象中有话对亚伯兰说"。当时,自麦基洗德祝福亚伯兰后,再过了一段日子,耶和华神的异象显现于亚伯兰眼前(参创二十二1)。①

第六章十五节记载圣殿于大利乌王第六年(515 B.C.)完成,第七章一节、八节记述以斯拉于亚达薛西王七年(458 B.C.)归回。其间相隔了五十七年之久,这段悠长的岁月,神仍然不断地眷顾他的百姓,以斯帖记中的亚哈随鲁王(485 - 465 B.C.)就是一个明显的例证了。当时的犹大人与撒玛利亚人之间的关系继续恶化,彼此敌视对方。有一部分犹大人为了各种原因,就随从了撒玛利亚人的风俗,有的与他们通婚,有的于信仰上搀杂了异族的信仰,有的于道德上犯了不洁的罪。外在有形的圣殿虽然建好了,内在无形的圣殿——圣民的信仰及道德生活仍未能重整过来。于是,神就激动了文士以斯拉归回。

七1b～5 "有个以斯拉" 此段引入文士以斯拉,以斯拉一字的希伯来写法有两种,文士以斯拉是'ezrā',另外一位犹大支派的以斯拉(代上四17)即'ezrâ。后者可能是'ăzaryâ的简称,意思谓"耶和华的帮助"。② 顾名思义,只有仗赖耶和华的帮助,犹大人才可以完成兴建圣殿及重建圣民的生活。

正如八十年前,所罗巴伯归回时,所有祭司必须查明他们的族谱,方可供祭司的职任(二62)。文士以斯拉的托付是重建圣民的属灵生命,他的祭司族谱也必须有清晰的交代。所以,此段经文将以斯拉的家谱一直追溯至亚伦名下。以斯拉是"西莱雅的儿子",但是此西莱雅据历代志上第六章十四至十五节而言,是当年尼布甲尼撒入耶京时被掳之约萨答之父亲(MT,五40);而西莱雅当年任大祭司时,尼布甲尼撒把他带到利比拉那里,列王纪下第二十五章二十一节记载"巴比伦王就把他们击杀在哈马地的利比拉"(参王下二十五18～21)。

---

① "这事以后"的希伯来文为 wᵉaḥar haddᵉbārîm hā'ēlleh, K & D, p. 94.

② 'ezrā'与'ezrāh的最后字母'和h可以相通,希腊文更有三个不同的写法:Esras、Esdras 和 Ezdras。参 R. K. Harrison, "EZRA", "EZRAH", *TISBE*, II, pp. 263 - 264.

由此观之,西莱雅的儿子是约萨达(约撒答),他是公元前 588 年被掳的,而以斯拉却是公元前 458 年归回,以斯拉不可能是西莱雅的儿子。此处的儿子一字是广义而言,即后裔之意。并且这家谱也不是完整无缺的,乃是作者刻意挑选的名录,将以斯拉的父亲、祖父和曾祖父都略过,而与尼布甲尼撒所杀的大祭司西莱雅承接在一起,目的在于表明被掳前与归回后的犹大群体,有一脉相承的意义。当时的读者并不会忽略作者的原意,因为一开始的家谱与他们所熟悉的家谱不相符,此处所略去的三代,表明作者于文体上的技巧,为的是要显明被掳前后的关系。③

近代学者逐渐重视圣经族谱,已经摆脱了十九世纪文献预设批判学家威尔豪森的观念,不再认为家谱为无意义、枯燥乏味的名字。④ "叙述批判学"将其方法应用于圣经家谱的研究,结果发现圣经族谱不独拥有其特有的文体结构,并且在叙述故事中占有一定的地位与作用。⑤

当圣经作者将以斯拉的家谱放在第二部分的开端,他是要将文士以斯拉介绍给读者。他介绍的方法是以归回的犹大人所能接受的格式为前题。以斯拉既是祭司,他的家谱必须清楚可稽查,并且,作者特意要显明他与被掳前的关系。故此,依文体而言,以斯拉被列为被掳前尼布甲尼撒所杀的大祭司西莱雅的儿子(即后裔)。

---

③ 约萨达(或译约撒答)英文为 Josedec(该一 1、12、14,二 2、4;亚六 11;以斯拉壹书五 5、48,六 2,九 19),或称为 Jehozadak 或 Josedek(三 2、8,五 2,十 18;尼十二 26)。参 K & D, pp. 94 - 95.

④ J. Wellhausen, *Prolegomena to the History of Ancient Israel* (Cleveland: Meridian Books, 1957), p. 308. 有关文献预设批判学及其他圣经批判学,可参绪论的"作者鉴定"一节及注脚 122。

⑤ 叙述批判学(narrative criticism 或 rhetorical criticism)源于 1946 年,E. Auerbach 将创二十二与荷马的 *Odyssey* (book xix) 对比。他发现叙述故事应该让故事自己表白其目的与信息(*Mimesis* [Bern: Francke Verlag, 1946], pp. 5 - 27); J. Muilenburg 提倡圣经的研究应该注重正典经文的内容("Form Criticism and Beyond," *JBL* 88[1969], pp. 1 - 18). 其他旧约学者进一步将叙述文体的研究发展,有 J. Fokkelman (*Narrative Art in Genesis* [Assen: van Gorcum, 1975]), R. Alter (*The Art of Biblical Narrative* [NY: Basic Books, 1981]), M. Johnson (*The Purpose of the Biblical Genealogies* [London: Cambridge Univ. Press, 1969]).

七 6　"这以斯拉从巴比伦上来"　于文法而言,此节回应第七章一节"有个以斯拉"。一些近代批判学者认为这是后期编者的手笔,将家谱加插入"以斯拉的回忆录"内。故此,他们认为是次要的,可有可无的。⑥上文已经解释过家谱并非枯燥乏味、可有可无的片段,实在是文体结构的一部分,并且藉此去表达重要的信息。圣经作者首先点出主人翁"有个以斯拉"(七 1a),然后加以括号将其族谱列举出来(七 1b～5)。现在当回到正题时,再次将主角的名字提出来:"这以斯拉"(七6)。如此文学技巧不需预设是后期编者的手笔,圣经作者文士以斯拉也可以采取这手法,去表达介绍自己的。"这以斯拉从巴比伦上来",表明了他是被掳归回群体的一分子。这也不必好像批判学者所言,编者曾预先看过尼希米记第一至二章,然后将第七至十章与尼希米记第七至八章综合一起来写。⑦

"他是敏捷的文士,通达耶和华以色列神所赐摩西的律法书"　敏捷的文士希伯来文为 sōpēr māhîr,原意为抄写快捷的文士。诗篇第四十五篇一节译作"我的舌头是快手笔"。希伯来文没有通达此字,中文翻译时将其文句词藻演绎出来。一个快手笔、敏捷的文士,也就是通达熟练耶和华律法的人。

文士可能有双重意义,以斯拉于亚达薛西的宫中官职为书记;⑧并且,身为祭司在被掳归回的群体中亦为文士,解释教导耶和华和律法。文士的地位于被掳期间已经成为一股政治力量,与近代的国务卿或军事顾问相当(参绪论"律法的重要"一节)。⑨

至于"以斯拉的律法书"可参绪论,以斯拉是拿着摩西律法书的抄

---

⑥ A. S. Kapelrud, *The Question of Authorship in the Ezra-Narrative: A Lexical Investigation* (Oslo, 1944), pp. 19-20.

⑦ Williamson 假设了"以斯拉回忆录"为一手资料,然后编者将此资料浓缩处理,并综合了尼七至八章等史料而成(p. 90)。

⑧ 伊里芬丁蒲草文献有提到 Ahika 为"聪明和敏捷的文士"(Aram P, p. 212)。文士这字也可以在波斯文献中译作书记,参 G. R. Driver, *Aramaic Documents of the Fifth Century B. C.* (Oxford: Harper & Row, 1965), pp. 25, 28, 29, 31, 33。

⑨ sōpēr 指一个曾受过教育的人,可以读与写(耶三十六 23)。一般译作文士、夫子、教师、书记、作者(撒下八 17;斯三 12,八 9)。以斯拉记有四次之多以"文士以斯拉"称呼他(七 6、11、12、21);尼希米记有六次之多(尼八 1、4、9、13,十二 26、36)。

本，专心致志地考究阅读，以致他能通达明理，并且可以教导以色列人遵守。

"王允准他一切所求的，是因耶和华他神的手帮助他" "神的手在他身上"是十分独特的句子，于以斯拉记第七章九节、二十八节，第八章十八节、二十二节、三十一节；尼希米记第二章八节、十八节曾出现过。和合本将其意义翻出来，神的手在他身上即神施恩的手帮助他（八22）。当神施恩的手临到一个人，他就会体验到神的能力和恩典，使他可以作出一些平常不容易作成的事。以斯拉体验到神的主权统管着一切，甚至波斯王亚达薛西的决意也在神的掌握下。亚达薛西王就允准以斯拉所求的一切事。

(II) 以斯拉的归回（七7～10）

7　亚达薛西王第七年，以色列人、祭司、利未人、歌唱的、守门的、尼提宁，有上耶路撒冷的。

8　王第七年五月，以斯拉到了耶路撒冷。

9　正月初一日，他从巴比伦起程；因他神施恩的手帮助他，五月初一日就到了耶路撒冷。

10　以斯拉定志考究遵行耶和华的律法，又将律例典章教训以色列人。

以斯拉归回的年代已经在绪论有交代过，在此不赘述。本文采取的立场是以斯拉于亚达薛西王一世第七年（458 B.C.），正月初一日起程，五月初一日抵达耶路撒冷城。这是概括式地引述以斯拉归回的事实，下文则将详细的过程陈述出来。

七7　"亚达薛西王第七年"　若将此亚达薛西王定为二世乃门（404-358 B.C.），会产生严重的历史问题。其一是以斯拉奉王命去耶路撒冷犹大设立宗教管理制度；但是，历史文献伊里芬丁蒲草纸记载，于公元前419年间埃及一带的宗教活动，都经由耶京所监管，所以，以斯拉不可能在公元前419年以后归回耶京。一般福音派学者皆以亚达薛西为一世（465-424 B.C.）。再者，我们也没有文献依据去将此处的"第七年"改为"第三十七年"（参绪论"归回的次序"一节）。故此，以斯拉于公元前 458 年,带领第二批犹大人、祭司、利未人等归回耶路撒冷。

"以色列人、祭司、利未人、歌唱的、守门的、尼提宁,有上耶路撒冷的" 圣经作者刻意地将归回的犹大人称为"以色列的子孙"(mibbᵉnê yiśᵉrā'ēl),目的很明显地将被掳前后衔接起来。 历史的承担是全书不断地申述的(参绪论"神学信息"一节的"历史的承担"),当圣经作者引述所罗巴伯首批的归回时,也是如此将"以色列的子孙"代表归回的群体(二 3,三 1)。 若将此专有名称与"犹大人"(一 5)或"犹大的后裔"(三 9)对照,更能看清楚作者特意要将犹大人表明为承担以色列历史的"以色列人"。 再者,圣经作者也细心地分辨归回的一部分人为此历史的承担者,他特意使用 min 此表分词,去表达犹大人中归回的一部分,他们领受王的谕旨(七 13),顺命地回归故里。

至于利未人、歌唱的及尼提宁人(参二 43 的注释),于下文第八章十五至二十节会有较详尽的介绍,此处只作记述归回过程及人物的引言;回归者的分类基本上与所罗巴伯首批回归者相同(拉二)。 不过此处的动词为第三人称复数,"他们上"(wayyaʻălû),有些批判学者把它改为第三人称单数,译作"他(以斯拉)上耶路撒冷"。 但是,文献鉴定没有展示这样的证据,所以不必如此更改经文。 又有些学者提倡后期编者(可能是历代志编者)将"以斯拉回忆录"的第一人称资料编辑而成此段落。[⑩] 不过,依文体而言,一个作者可以在同一作品内,随意以第一人称单数、第三人称复数或第三人称单数旁述,去描写叙述事件的发生。 而且,下文是引入第一人称的直述,此处预先布局以第三人称复数将圣经作者也隐藏在其中。

七 8 "王第七年五月,以斯拉到了耶路撒冷" 重复提出"王第七年"并不构成批判学者所谓后期编者的手笔。[⑪] 反之,此处作者强调以斯拉是于亚达薛西王第七年同年的五月,回到耶京。 此处的动词是第三人称单数,中文和合译本将"以斯拉"加插进去是合理的。 第七章七

---

⑩ P. R. Ackroyd, "The Chronicler as Exegete," *JSOT* 2(1977), pp. 2 - 32. K. Koch 更进一步指出,七 7～8 与尼七 73～八 2 可以连贯一起而论("Ezra and the Origins of Judaism," *JSS* 19[1974], pp. 173 - 197)。 不过,这也可能是圣经作者文体上的变化,而不需将之分割为不同人的手笔。

⑪ Rudolph, *Ezra und Nehemia*, p. 67.

节记录归回的群体,第七章八至九节将焦点集中于以斯拉身上,故以单数表达。这是文体表达上非常慎重小心的处理,正如近代之镜头推拉技巧,从广角度收窄,以大特写的焦点实录以斯拉其人其事(七 10)。

七 9　"正月初一日,他从巴比伦起程;因他神施恩的手帮助他,五月初一日就到了耶路撒冷"　于第一章的注释中曾提及圣经作者刻意将犹大人出波斯(或巴比伦)入耶路撒冷,与摩西时代的以色列人出埃及入迦南作对比,以展示出所罗巴伯的归回为"第二次出埃及"。到了全书的第二部分(七～十章),作者也不断以此"第二次出埃及"的主题引述以斯拉的使命。正月初一为逾越节,衔接着前一部分(六 19～22;出十二 2)所申述的主题。"从巴比伦起程"的 ma'ǎlāh 回响着出埃及的用词(出七 14～16,八 2,十 12、14,十二 38,十三 18 等)。以斯拉定意于正月初一日起,然后其余利未人等终于在正月十二日,在亚哈瓦河边聚集一同起行,往耶路撒冷去(八 31)。

第七章九节的第一个希伯来字是 kî,属于因果的用词,因为以斯拉专心定志考究耶和华的律法(七 10),他就定意(yᵉsud)(七 9)将起程归回的日期与逾越节定为同一日,实在是意义深远。以斯拉意识到自己的归回是承接着所罗巴伯,更是与被掳前的历史接轨,并且有更深远的含义:他乃是神救赎计划中彰显的"第二次出埃及"。神施恩的手继续在历史中伸展,他并没有离弃他的百姓。

七 10　"以斯拉定志考究遵行耶和华的律法,又将律例典章教训以色列人"　以斯拉此主词于第七章七至十节段落中首次出现(七 8 为中文译本之语译,希伯来文中是没有的)。明显地他是与摩西时代以色列人出埃及为对照,当时耶和华神藉着摩西向以色列人晓谕律法。此位以斯拉也是专一考究遵行耶和华律法的人,由他来带领"第二次出埃及"是理所当然的。故此,犹太经典以斯拉贰书称以斯拉为"第二位摩西"(十四章)。[12]

---

[12] 以斯拉贰书又称为拉丁文以斯拉,拉丁文武加大译本(Vulgate)列为以斯拉肆书,参绪论脚注 104。此书一般而言为启示文学(Apocalyptic),全书十六章可分为一至二章以斯拉之族谱,三至十章启示之异象,十一至十三章为另一个鹰的异象,十四章记述以斯拉为神所命定去恢复旧约圣经所失落的二十四卷书,并引出以斯拉为"摩西第二"(Second Moses),十五至十六章为其他预言及末世论。参 G. H. Box, *Ezra-Apocalypse* (1912).

以斯拉定志或决心（hēkîn lᵉbābô）考究律法，和合本译作"立定心意"（代下十九 3）或"专心"（代下三十 19）。旧约所言的心涵盖了肉身的心及人性之本。此心是"认知心"（箴十八 15）、"恩情心"（申十五 7）、"意志心"（代上二十二 19）、"道德心"（耶三十二 40）和"宗教心"（箴七3；诗七 10）。⑬ 当圣经作者表示以斯拉"立定心意"，他是指着以上所有的一切意义而言，即以斯拉整个人全然投身于考究律法的事上。

考究（lᵉdᵉrôš）一词在旧约出现过一百六十多次，按字义来看，圣经译作"访查"（士六 29）。但一般是用作寓意之含义，先知耶利米说："我所使你们被掳到的那城，你们要为那城求平安。"（耶二十九 7）以赛亚说："必有宝座因慈爱坚立，必有一位诚诚实实坐在其上……寻求公平，速行公义。"（赛十六 5）"寻求"与"求问"是此词通常的翻译。阿摩司指示"你们要寻求我〔耶和华〕就必存活"（摩五 4）。

寻求、求问神的具体行动乃是考查、遵守神的律法。历代志上第二十八章八节如此记述大卫对所罗门的劝告："你们应当寻求耶和华你们神的一切诫命，谨守遵行。"以赛亚说："你们要查考宣读耶和华的书。"（赛三十四 16）由此观之，考究实有认知方面的研究、考查、研读、默想等意思，亦有实践方面的遵守、事实（ʿābad，代上二十八 9）、守诫（代下十四 4）、离罪（代上二十八 9）、敬虔度日（代上二十二 18）。⑭ 当人寻求神时，神就转脸向人施恩，顾念人的需求；但人必需尽心尽性去寻求（代下十五 12），并遵守神的律法、诫命、典章而行。

文士／祭司以斯拉就是如此专心考查耶和华的律法，并按着律法而行，然后将他素常所学习、遵行的神的律例、典章，去教导以色列人同样地遵行（参绪论"律法的重要"一节）。耶和华的律法遂成为了犹太教"安稳的钉子"（九 8），将诠释及教导联系在一起，成为了犹大拉比释经法"米大示"的典范楷模。

---

⑬ Baumgärtel，καρδια in *TDNT*，III，pp. 605 – 607；Maurer，συνοιδα *TDNT*，VII，pp. 898 – 919；韦政通：《中国哲学辞典》，台北：大林出版社，1980，页 142 – 150；N. H. Schmidt，"Anthropoligische Begriffe im AT，" *Ev. Th* 24（1964），pp. 383 – 385.

⑭ 昆兰文献亦有此相同意义：寻求神、行善、求公平等观念（IQS 5：11；IQS 5：9；IQS 6：6，7；IQS 8：24），Wagner，"dāraš，" *TDOT*，III，pp. 293 – 307.

贰 以斯拉归回的缘由 （七 11～28）

二十世纪初叶的圣经批判学者，对此段经文的攻击不遗余力。他们认为亚达薛西的谕旨内不可能对犹大人如此宽待，并且谕旨中犹大术语过多，不可能是出于波斯宫廷的手笔。① 但是，近年因着考古学的发现，我们对波斯王的政策逐渐了解。大利乌一世曾诏谕一位埃及的祭司与文士，在公元前 518 至前 503 年间，将埃及的宗教法律，以通俗文字和亚兰文定规于埃及境内。大利乌谕令："境内的智者文士要从埃及的战士、祭司、文士中聚集起来，好让他们可以将古埃及的律例定规下来。"②据史学家所观察，"大利乌谕诏给埃及总督雅安迪斯，要求他汇集境内的智者文士，去定规一崭新的律例。虽然他临死前尚未完成此事，他的继承者续其遗志，继续诏告他们的藩庸国，将'本国的律例定规'"。③

第七章十一、十二节为引言，以皇室的亚兰文写成此段谕旨，第七章十三节的谕旨诏告以斯拉等可以归回，第七章十四节差遣他们去查问犹大一带的景况，第七章十五至二十四节将王库的资源提供给他们，第七章二十五至二十六节授权以斯拉去设立官员，并教导神的律法，第七章二十七至二十八节为以斯拉称颂耶和华的祷文。此谕旨的公文格式与波斯文献相似，且有不少波斯术语，譬如："诸王之王亚达薛西"（七12）、"七个谋士"（七 14）等，都表明此公函的作者十分明了波斯宫廷的

① C. C. Torrey, *The Composition and Historical Value of Ezra-Nehemiah*, BZAW 2 (Giessen: J. Rickersche Buchandlung, 1890); A. S. Kapelrud, *The Question of Autorship in the Ezra-Narrative: A Lexical Investigation* (SUNVAO, Oslo: Dynbad, 1944).

② A. Gardiner, *Egypt of the Pharoahs* (London: Oxford Univ. Press, 1961, pp. 366 - 367); G. Cameron, "Darius Egypt and the 'Land Beyond the Sea'," *JNES* 2(1943), pp. 307 - 313. 此文士的名字为 Udjahorre-senet.

③ R. N. Frye, "Institutions," in *Beiträge zur Achämenīdengeschichte*, ed. G. Walser (Wiesbaden: Franz Steiner, 1972), p. 92. 雅安迪斯英文为 Aryandes.

礼节及用词。故此,近代学者多数接受其可信性。④

(I) 亚达薛西的诏告(七 11～26)

(i) 引言(七 11)

¹¹ 祭司以斯拉是通达耶和华诫命和赐以色列之律例的文士。亚达薛
   西王赐给他谕旨,上面写着说:

　　此节与第七章六节互相呼应,将文士以斯拉介绍出来,有些批判学
者认为不可能是以斯拉的手笔,或"以斯拉回忆录"的原著。他们以二
十世纪的心态去衡量,认为大有自吹自擂的成分,所以不可能是出于原
作者,乃是后期的编者(历代志编者)的手笔。⑤ 但是,难道摩西在民数
记自述"摩西为人极其谦和,胜过世上的众人"(民十二 3),就不可能是
摩西的手笔吗? 何况,此引言是亚达薛西王的谕旨,他正确地宣告以斯
拉的专长特性,他是通达耶和华诫命的文士,这是王的赏识。当然,此
引言是以希伯来文字写出来,与谕旨的亚兰文有分别;但是,这也不能
因文字的不同,而构成并非原作者的手笔之理由。

　　以斯拉在此处被称为祭司和文士,在其他地方有时只有祭司的
头衔(十 10、16;尼八 9),或只有文士的称呼(七 6;尼八 4、13,十二
36)。至于文士的地位可参绪论"律法的重要"一节。波斯宫中的文
士拥有较多政治实权,几乎与近代的"第一书记"或"国务卿"同等。
但是,圣经作者特意将文士的范围规限于"耶和华的诫命和以色列之
律例"内。⑥ 以斯拉此文士的职权乃是由祭司的身份所延伸出来的,他
主要是考究、遵行和教训神的律法。以斯拉穷一生的精力去钻研神的

---

④ E. Meyer, *Die Entstehung des Judenthums* (Halle: Max Niemeyer, 1896 [reprint 1965]),
   p.65. 自 Meyer 后,近代学者都认为他已处理得十分妥当,将此段谕旨的可信性确定下来。
⑤ U. Kellermann, "Erwägungen zum Problem der Esradatierung," *ZAW* 80 (1968),
   pp.55 - 87; B. Porfen, "The Documents in the Book of Ezra and the Mission of
   Ezra," *Shnaton* 3(1978 - 1979), pp.174 - 196(希伯来文章)。
⑥ 至于诫命(miṣwōt̠)与律例(ḥûqqāw)可参绪论"律法的重要"一节及脚注 53。

律法,神就在此历史契机之际使用他,去复兴革新以色列人的道德和信仰生活。

　　亚达薛西的谕旨之格式及注释,可参第四章七节、十一节。谕旨是一封由王所颁发的公函通牒,是带着王玺命令的。大利乌一世曾降谕给西土耳其爱奥尼亚境内的省长,命令亚波罗的祭司对贡献之事并祭祀之礼要小心从事,免得大利乌王发烈怒。⑦ 这些外交通牒于波斯王朝时期是常见的公函。⑧

(ii) 亚达薛西的推介(七 12)

12 "诸王之王亚达薛西,达于祭司以斯拉通达天上神律法大德的文士云云。"

　　"诸王之王"是波斯王惯用的自称,波斯王之前的巴比伦王也有采用此专称,波斯王后期的希腊王则没有这样的称号。由是观之,此文献的真实可信性甚高,若是希腊时期的作品,则不会有此专号。但以理书第二章三十七节曾用亚兰文相同的措辞去形容尼布甲尼撒王为"诸王之王"。以西结书第二十六章七节也以希伯来文如此描述巴比伦王尼布甲尼撒。依文法而来,可以翻为"万王之王",希伯来文以此措辞形容耶和华:"他是万神之神、万王之王"(申十 17;诗一三六 2;但二 47,十一 36;启十七 14,十九 16)。⑨

　　受信人是祭司以斯拉,以斯拉的地位在亚达薛西王面前是被肯定的。此谕旨可能是回复以斯拉的上奏而颁令的,故此谕旨中呈现不少犹太人的观念与用词。这也是波斯朝廷的惯例,一方面尊重当地的宗

---

⑦ Gadatas Inscription, cited by E. M. Yamauchi, "The Archaeological Background of Ezra," *BibSac* 137(July-September 1980), pp. 204 - 205.

⑧ W. In der Smitten, "Eine aramäische Inschrift in Pakistan aus dem 3. Jh. v. Chr.," *Bi Or* 28(1971), pp. 308 - 311; A. Burn, *Persia and the Greeks* (N. Y.: St. Martin's Press, 1962), p. 114.

⑨ "诸王之王"之亚兰文为 melek malkayyā'。Rosenthal 认为此亚兰文是受波斯宫廷用词所影响(*A Grammer of Biblical Aramaic*, § 189, pp. 58 - 59)。不过希伯来西北闪语系也有如此文法语句"万神之神"('ělōhê hā'ělōhîm)和"万王之王"('ă dōnê hā'ă dōnîm)。

教与律例,另一方面尽量采用当时语句去表达诏告。[10] 当亚达薛西王要寻觅推行犹太宗教与律例的代表时,很自然是选上了通达耶和华律法的以斯拉。此处引用"天上的神"(一 2),是波斯王信奉天体星宿的宗教背景,也许是以斯拉奏本上所采用的措辞,以获取亚达薛西王的同情(参一 2 和注脚 14)。

"律法的文士"(sāpar dātā')本属波斯宫廷的官衔,主管犹大的宗教事务。故此,以斯拉身负双重职务,一方面是波斯的官吏,要向波斯王负责任,另一方面又是祭司、神律法的文士,要向自己的同胞负责任。犹太人在波斯的历史中占有重要的地位,并非如批判学者所言之不可思议。[11] 但以理在巴比伦及波斯古列时期占有举足轻重的地位;以斯贴、末底改在亚哈随鲁王的宫中影响尤大;尼希米在亚达薛西的内阁是王所信任的酒政。这些犹太人都是亡国、被掳的人物,神却兴起他们,使他们在波斯的宫廷中占有一席位。

以斯拉也是如此,于归回前已经为波斯王所赏识,并且委任他为犹大的宗教事务官员,赋予他支取王的府库之特权,又授权他设立"士师、审判官,治理河西的百姓"(七 25)。[12] 至于"大德"(gᵉmîr)此词可以形容以斯拉,也可以与"云云"相呼应。此字的原意谓"完全、全部"。若是形容"云云",则可以译作"全文如下"之意思。[13] 中文和合本译作"大德的文士",此译法与一些近代学者的研究相同。此字是形容以斯拉"全然"委身于神的律法上,致力去考察研究,并以此律法为他生活为人的

[10] J. Teixidor, "The Aramaic Text in the Trilingual Stele from Xanthus," *JNES* 37(1978), pp. 181–185. 此刻文以三种语文(希腊文、吕西亚文及亚兰文)写成,波斯王允准当地设立、重建庙宇,总督回报王旨,都是采用当地的术语和宗教用词的。

[11] Mowinckel 认为犹太人不可能在波斯宫廷内产生举足轻重的地位,参 *Studien zu dem Bucke Ezra-Nehemiah*, 3 vols. (Oslo, 1964–1965), pp. 117–124.

[12] R. North, "Civil Authority in Ezra," in *Studi in Onore di Edoardo Volterra*, vol. 6 (Milani Giuffré, 1971), pp. 377–404.

[13] Rosenthal 谓此字副词,于公函间安语中用的(*Grammar*, p. 39, § 88)。Fensham 引用 C. F. Jean and J. Hoftijer 的刻文字典,谓 gᵉmîr 的后期亚兰文意思才是"完全"之义,他提议与"云云"(û kᵉᵉenet)一起翻译作"全文记录如下"(*Ezra*, p. 104;Jean & Hoftijer, *Dictionnaire des inscriptions sémitiques de l'ovest*, p. 51)。

典范、道德的标准。⑭ 我认为用此词去形容以斯拉比较切合上下文理
(七 11),故此,和合本的翻译是合宜的。

(iii) 亚达薛西的委任(七 13~14)

13　住在我国中的以色列人、祭司、利未人,凡甘心上耶路撒冷去的,我
　　降旨准他们与你同去。

14　王与七个谋士既然差你去,照你手中神的律法书察问犹大和耶路撒
　　冷的景况。

　　七 13　"住在我国中的以色列人、祭司、利未人"　以色列人与祭
司、利未人分开而论,很明显以色列人代表着非祭司和利未的其余以色
列人,即一般的"平信徒"。被掳的以色列人分布于波斯王国境内,有一
些聚居于埃及的伊里芬丁,另外一些聚居于巴比伦城附近。以斯拉就
是住在巴比伦一带的(七 9),与他一并归回的也可能是住在巴比伦附
近的以色列人。

　　一些近代学者认为波斯王不可能将"平信徒"与祭司的阶级分得如
此清楚。他们认为这些"犹太风味",属于后期的编者之构造,而非波斯
宫廷的谕旨。⑮ 不过,上文亦有交代过,一方面波斯王对其附庸藩国子
民的宗教及生活,有深入的兴趣与认识;另一方面,王的谕旨可能是回
复以斯拉的奏本,并且采用了以斯拉的用词及术语。故此,这些所谓的
"犹太风味",也是可以理解的。

　　"凡甘心上耶路撒冷去的,我降旨准他们与你同去"　亚达薛西的
谕旨与古列的政策相同(一 2~4),他所批准的乃是那些甘心乐意归回
的人。此处是指着允准以色列人可以归回,下文是批准可以财物支援

⑭　Y. Bin-Nun, geᵐîr BMik 65(1976), pp. 296 - 302; G. Rinaldi, "Note," BeO 3(1961),
　　p.85. 至于将"和平"(šᵉlom, LXX)加进去作为问安语,即"完全平安"之意,在波斯王的谕
　　旨中从没有此语气。参 G. R. Driver, "Studies in the Vocabulary of the OT," JTS 31
　　(1930), pp. 275 - 284.
⑮　参 C. C. Torrey & L. W. Batten, A Critical and Exegetical Commentary on the Book of
　　Ezra and Nehemiah, ICC (Edinburgh: T & T Clarie, 1913).

他们。人与物都是不可缺少的东西,神的供应实在是最齐备的。

七 14 **"王与七个谋士既然差你去"** 王的七个谋士通常在波斯宫廷内组成波斯王最高的参谋机关,也代表着波斯国内最高的行政体系。以斯帖记第一章十四节记录了亚哈随鲁王七个大臣的名字,并且注明他们"都是达时务的明哲人,按王的常规,办事必先询问知例明法的人"。[16] 由此可见,以斯拉被差派去犹大及耶路撒冷,是经过波斯宫廷最高决策群体所批准。此政策必定被认为对波斯所管辖的巴勒斯坦之稳定有神益。若以当时的政局而言,埃及曾于公元前 460 至前 454 年间背叛波斯,甚至宣告独立。亚达薛西派了叙利亚总督嘉比索费了六年时间,才把埃及之叛乱戡平。[17]

故此,以斯拉被任命归回犹大,教授神的律法及安定百姓的心,对波斯的外交政策而论,是颇具稳定作用的。尤其当时(458 B.C.)正是叙利亚总督经常要挥军南下,取道巴勒斯坦而到埃及,这一带的太平对叙利亚总督而言,实在非常重要。

"照你手中神的律法书察问犹大和耶路撒冷的景况" 以斯拉的任务包括宗教与政治两方面。于宗教事务而言,他要按着神的律法,去查问犹大人的生活。就政治事务方面而言,他的行程希望可以建立起波斯中央政权的威信,让叙利亚总督可以安心去讨伐埃及的叛乱。政治的因素并没有在谕旨中明言,只是从历史的组合资料中可见一斑。至于宗教的任命则是明显可见,波斯王对他所管辖的藩国,采取宗教宽容政策,自古列(一 2～4)至大利乌(六 6～12),此政策都是一贯地进行。

有些学者认为以斯拉于第八至十章所记载的改革活动,尤其是针对与异族人通婚一事,与原先亚达薛西的谕旨不相符。[18] 但是,以斯拉归回后即发现犹大境内有许多人与异族人通婚,他要确定究竟谁要按着王的谕旨办理。若不是纯正的犹太人,也不应以神的律法辖制他们。所

---

[16] 参 Herodotus III §31,84,118;Xenophon,*Anabasis* I §6。引自 Williamson,p. 101。

[17] 谢友王:《两约中间史略》,页 64-65。麦嘉比索英文为 Megabyzus。一般而言,亚达薛西王在位四十一年中,都是太平盛世,只有两次叛乱、一次对外战事(加利亚和约[Peace of Callias])。参本书页 125,注脚 44。

[18] A. H. J. Gunneweg, "Zur Interpretation der Bücher Ezra-Nehemia," *VT Sup* 32(1981), pp. 146-161.

以,他不厌其烦地洁净以色列人。此过程并非违背了王的谕旨,乃是履行谕旨必须要做的一步。他奉命查问犹大境地的景况,即发现他们的通婚问题严重,故此,他首先着手处理此被掳归回的社会现象。

(iv) 亚达薛西的供应(七 15～24)

基于亚达薛西王对国内附庸藩属子民采取宗教宽容政策,期盼他们向本土的神祈福,为亚达薛西和他的儿子求平安,于是此谕意显得十分慷慨(参六 8～10 的注释)。亚达薛西在位约有四十多年,国内太平盛世,他也是如此归功于他自己宽宏的政策,及各地百姓向本土神明求福的结果。

15 又带金银,就是王和谋士甘心献给住耶路撒冷以色列神的,

16 并带你在巴比伦全省所得的金银,和百姓、祭司乐意献给耶路撒冷他们神殿的礼物。

17 所以你当用这金银,急速买公牛、公绵羊、绵羊羔和同献的素祭、奠祭之物,献在耶路撒冷你们神殿的坛上。

18 剩下的金银,你和你的弟兄看着怎样好,就怎样用;总要遵着你们神的旨意。

19 所交给你神殿中使用的器皿,你要交在耶路撒冷神面前。

20 你神殿里若再有需用的经费,你可以从王的府库里支取。

21 我亚达薛西王,又降旨与河西的一切库官,说:"通达天上神律法的文士祭司以斯拉无论向你们要什么,你们要速速地备办;

22 就是银子直到一百他连得、麦子一百柯珥、酒一百罢特、油一百罢特、盐不计其数,也要给他。

23 凡天上之神所吩咐的,当为天上神的殿详细办理。为何使忿怒临到王和王众子的国呢?

24 我又晓谕你们,至于祭司、利未人、歌唱的、守门的和尼提宁,并在神殿当差的人,不可叫他们进贡、交课、纳税。"

七 15～16 "又带金银,就是王和谋士甘心献给住耶路撒冷以色列神的,并带你在巴比伦全省所得的金银,和百姓、祭司乐意献给耶路

撒冷他们神殿的礼物" 亚达薛西王及其宫廷的要员七个谋士，本着宽容的政策，慷慨解囊，将金与银交给以斯拉等人。此处强调是他们"甘心献给住耶路撒冷以色列神的"。由此可见，亚达薛西王的动机不独是基于政治因素，希望可以以金银去收买人心，安抚当地的百姓；他更是诚心存着宗教的动机，期盼以色列的神因着他慷慨的献金，而祝福他及众子平安（六 10，七 23）。

除了王的献金外，尚有"在巴比伦全省所得的金银，和百姓、祭司乐意献给耶路撒冷他们神殿的礼物"。前者是以斯拉在巴比伦一带向非犹太人所征收到的金银，后者是以色列人和祭司等的献金。若与第一章六至七节相对照，并将"第二次出埃及"的神学主题合并在一起来看，即发现以斯拉的归回与所罗巴伯的归回相似，四围的外邦人和以色列人都甘心将礼物献上。这事迹与出埃及的情景相似，故此圣经作者明显地以此为主题，以反映出神昔日在以色列中行了奇事，如今也在归回的以色列民中，同样有他奇妙的作为。

此谕旨比第四章十七至二十二节和第六章六至十二节详尽，并且第八章二十五至二十七节、三十五至三十六节都详细记载以斯拉如何按照王的诏告而行。尤其是处理金钱上，以斯拉格外仔细小心，免得于此事上被人毁谤。何况这些献金是献给神的殿所用的，他更不能苟且马虎从事。神的殿在此谕旨中出现了五次之多（七 16、17、19、23、24），可见亚达薛西的宗教动机。另一方面，假若他真的是回复以斯拉的奏本，谕旨中采用以斯拉奏本中的用词，则可见以斯拉身为祭司，又是神律法的文士，对神的殿是非常重视的。

依此推想，神的殿在以斯拉记内占有举足轻重的地位，于第一部分而言（一～六章），所罗巴伯的归回是要重建圣殿；第二部分也是如此（七～十章），以斯拉要复兴神殿敬拜的生活，并且将此信念与以色列民的日常生活结合于一起，以达致表里合一、内外一致的成果。故此，全书两部首尾互相呼应，书中的内在完整性是不可置疑的。并且，作者必定是对圣殿及神的律法有深入的认识，他是祭司也是理所当然的。故此，以斯拉的身份乃是最合适为作者的，他既是祭司，又是文士，所以处处显出对圣殿的推崇。

七 17 "所以你当用这金银，急速买公牛、公绵羊、绵羊羔和同献的素祭、奠祭之物” 此处充满着所谓的“犹太风味”，“公牛、公绵羊”等都是圣殿祭祀时所用的祭物。波斯王如何可以如此仔细地将犹太人的礼仪细则列明出来呢？这并不是很难理解的事，他对各地的宗教皆有兴趣，并且他可以任用当地的宗教领袖为谋士顾问，以斯拉就是其中一个例子。再者这都可能是于以斯拉的奏本中提及的礼仪。故此，王谕中能够详细清晰地提及各样祭物，也是合理的。第八章三十五至三十六节就是记录以斯拉等所献上祭物的数目，依此数目来看，以斯拉归国后的确要“急速”去购买各类祭物。

王的心意是要以斯拉等归回后，立即要按着神的律法，“详细办理”（七 23）此事。故此，以斯拉于五月初一日抵达耶路撒冷后，以三日的时间去办理购买祭物之事。于第四日到达神的殿，将金银等物交给祭司后，即向神献燔祭（八 35）。波斯王不愿触怒“天上的神”，以致他“使忿怒临到王和王众子的国”（七 23）。

七 18 “剩下的金银，你和你的弟兄看着怎样好，就怎样用；总要遵着你们神的旨意” 以斯拉等募捐得到的款项不少，第八章二十五节记录他秤给与他同行的祭司长，计有“银子六百五十他连得、银器重一百他连得、金子一百他连得、金碗二十个、重一千达利克”等。这些金银一部分是用来买祭物献与神的，另一部分是以斯拉可以作主意去使用。亚达薛西王必定十分信任以斯拉，才会如此托付金银给他携带，并且随着神的旨意及引导，去分配使用其余金钱。由此可进一步地看到，以斯拉于未归回前已经是波斯王所赏识重用的人。

“你的弟兄”应该是其余与以斯拉同行归回耶路撒冷的祭司，他们总要遵照神的旨意去使用金银各物，此处指示使用金银的范围，是神的殿及宗教的范畴。这也展示波斯王让以斯拉等人归回，实在有深远的宗教意义，而非一般所谓的政治因素而已。无论如何，圣经作者特意要表示，“神的手”（七 6、8，八 18、22、31）如何藉着各种客观和主观的因素施恩帮助回归者。

七 19 “所交给你神殿中使用的器皿，你要交在耶路撒冷神面前” 据第一章八至十一节的古列谕旨而言，尼布甲尼撒王所掠至巴比伦的圣殿器皿，已经一并交给设巴萨（即所罗巴伯），于首批回归者的行程中，顺利带回耶路撒冷。后来，当圣殿重建完毕后，这些器皿也同时迁入神的殿中。故此,第七章十九节所提及"神殿中使用的器皿",应该不是被掠的器皿,可能是被掳的犹大人在巴比伦新造的器皿。如今他们奉献出来,放在神的殿中分别为圣(八28)。

被掳的犹大人在外邦巴比伦等地是没有祭祀的,因为那时圣殿被毁,他们是流亡国外的。第七章十九节所言的器皿,很可能是金、银或铜的器皿,犹大人甘心献上,交给以斯拉带回耶路撒冷,供神的殿使用的。亚达薛西王如何能估计此事呢? 除非以斯拉已经着手进行推动归回的异象,并且各地的反应甚佳,有人奉献金银、有人拿出贵重的器皿。然后,以斯拉将此异象写成奏本上诏给波斯王,于是波斯王与七个谋士商议后,降此谕旨回复以斯拉。谕旨中肯定了众人的奉献行动,并制订规则让以斯拉可以遵照而行。

七20 "你神殿里若再有需用的经费,你可以从王的府库里支取"圣殿自从大利乌第六年(515 B.C.)被重建后,迄今已有五十七年之久,神殿的保养维修也是理所当然的事。亚达薛西王愿意动用王府的资源去修葺圣殿,据以斯拉所言是神将此心意放在王的心中(七27)。"王的心在耶和华手中,好像陇沟的水,随意流转。"(箴二十一1)这是以斯拉记所表达的信念,神激动古列王的心(一1),他引导大利乌去寻察典籍库(六1),现在他照样将修葺圣殿的心意放在亚达薛西王的心中。

王的府库通常是当地征收关税、进贡、交课汇集之处(四13)。这些府库一方面提供中央政府的需用,另一方面供应各省的军用、建设等需要。当王降旨给以斯拉可以动用王库时,同时他又降旨给地方政府,让他们也合作将王的府库开通给以斯拉的需求。

七21~22 "我亚达薛西王,又降旨与河西的一切库官" 此谕旨同时颁发给河西一带的库官,让他们不致为难以斯拉。据估计波斯王每年所征收的税项,约为近代美元二千万至三千五百万元之多。[19] 这些税收经由地方省会的库官处理,所以亚达薛西王不厌其烦地降旨给这些"河西的一切库官"。由此可窥察出此谕旨的可信任,若不是原作,

---

[19] Edwin M. Yamauchi, "The Archaeological Background of Ezra," p. 201; J. N. Postgate, *Taxation and Conscriptions in the Assyrian Empire* (Rome: Pontifical Biblical Institute, 1974), p. 119.

是不可能如此周详地安排的。

　　"说：'通达天上神律法的文士祭司以斯拉'"　"天上的神"此专称于第一章二节、第六章九节、第七章十二节皆有出现过。若从河西总督达乃上奏大利乌王的奏本所展示，那时犹大人以"天地之神的仆人"自称（五 11）。由此可见，亚达薛西王可能是引用以斯拉奏本中的名称。再者，波斯王所敬奉的是天象的神，他们以"天上的神"为统称，以此名号与藩国子民颁布谕旨。一方面是避免宗教上之冲突，另一方面也可以藉此去试验附庸百姓之忠心降服。⑳

　　"通达天上神律法的文士祭司以斯拉"，此赞赏应该是王对以斯拉的雅谕。这称呼可能成为了第七章六节、十一节的根据，依此而言，作者以斯拉并非如批判学者所谓"自擂自吹"，也不必预设另一位编者（历代志编者）去加插这些编者语。以斯拉于第七章六节、十一节等处只是将波斯王所嘉赏给他的雅谕写出来。

　　"无论向你们要什么，你们要速速的备办"　"速速"（'āsᵉpparnā'）此词很明显是波斯公函之惯用词（六 8）。㉑ 这些波斯的专有用词从开始就指出，此谕旨并非如一些批判学者所谓犹太人后期的手笔，而实在是当时波斯王所颁发的谕旨。

　　"就是银子直到一百他连得、麦子一百柯珥、酒一百罢特、油一百罢特、盐不计其数，也要给他"　一般而言，他连得是贵重金属的重量单位，据出埃及记第三十八章二十五至二十六节，一他连得相等于三千舍客勒。而在吉卜、米吉多等地之废丘内所发掘的砝码，每舍客勒约为零点四五盎司或十二克。由此推之，一他连得约三十四公斤，一百他连得即三点四吨银子，是相当多的数目。故此，有些经学家认为是不可思议

─────────────

⑳　R. A. Bowman 指出，"Ormazad 为波斯天体的神明，通常绘画成在天上有翅膀的太阳碟。他是天地的始创者，故此波斯人将此铭刻为号，然后将之普及化，推行于民间，使他可以为藩国子民所接纳"（"Introduction and Exegesis to the Book of Ezra and the Book of Nehemiah," *IB* III, pp. 551 - 819）；D. K. Andrew 进一步指出，"天上的神"为犹太人上奏王上所使用的名称，以表示他们所奉拜的与波斯王类似，故可以获取他们支持（"Yahweh, the God of Heaven," in W. S. McCullough〔ed.〕）。参 *The Seed of Wisdom* (Toronto: Univ. of Toronto Press, 1964), pp. 64, 45 - 57.

㉑　Rosenthal 称此词为 "modal assertive adverb"（*Grammar*, p. 40, § 92），并指出此词为波斯行政司法之惯用词，尤其于公函（spistolary）更常见（pp. 58 - 59, § 189）。

的事，一定是抄写的文士之错误。他们指出据列王纪上第十章十四节所记载，所罗门每年收纳的进贡也只是六百六十他连得（约二十二点五吨）金子，又史学家希罗多德记录，河西一带每年的进贡也只有三百五十他连得（约十二吨）银子。所以，据他们看来，亚达薛西王不可能将全年三分之一的税收给以斯拉的。[22]

可是，于文献鉴定学来看，此处并没有文献上的差异，即文士抄写错漏之说难以有充分客观的证据。至于所罗门的进贡是金子而非银子，希罗多德是主前五世纪的希腊史学家，所记录波斯国纳税的史料是否详尽，则难以确定。不过，依第八章二十六节所记载，以斯拉等人带回耶路撒冷神殿的银子约有六百五十他连得（二十二吨），银器一百他连得（三点四吨）等。可见一百他连得的银子也是未尝不合理的数目。何况，第七章二十二节所记述的只是最高的范围界线，至于以斯拉是否尽情支取则不得而知。故此，我们不必预设此数字是夸大或是文士抄录的错误。

"麦子一百柯珥"——柯珥或称作歌珥（王上五 11），或译作贺梅珥（利二十七 16；赛五 10；何三 2）。一般是衡量干货的单位，相等于一匹驴子所驮的重量，也相对近代干量五十加仑或二百二十升。[23]"酒一百罢特"——罢特为液量单位，依拉吉废丘的资料展示，一罢特约为二十二升（王上七 23～26）。[24] 出埃及记第二十九章四十节记录奠祭需用酒"一欣四分之一"（欣或赫因，约为六分之一罢特，即三点七升）。所以，酒也是圣殿祭祀所用的材料之一。油可供点灯之用（出二十七 20），也可制成"调油的无酵饼，与抹油的无酵薄饼"（出二十九 2）。至于盐只需少许于祭祀的用途上，并且相当便宜，故没有限制。

七 23　"凡天上之神所吩咐的，当为天上神的殿详细办理。为何使忿怒临到王和王众子的国呢" 亚达薛西对神律法的认识，一般是透过宫廷中的谋士之建议，另一方面是藉着以斯拉之奏本的解释。故此，他的谕旨能够清楚地将圣殿祭祀所需的材料列举出来，神所"吩咐"

㉒ Williamson 认为一百他连得银子可能是抄写时，将下文的一百错误地重复抄写所出现的错误（p. 103）。他也引用 Herodotus III，§91 所记载，河西全年之进贡为三百五十他连得为例，以作旁证。

㉓《证主圣经百科全书》，II，页 800‑801。

㉔ D. Ussishkin, "Excavations at Tel‑Lachish, 1973‑1977," *Tel Aviv* 5(1978), p. 87.

(ta῾am)的，都要照办。吩咐此字有远古历史渊源，可以追溯至亚喀文的外借语。㉕ 第六章十四节谓之"神的命令"及"波斯王……的旨意"，这两处都是相同的字。但以理书第三章十节指出"王啊，你曾降旨"，或以斯拉记第四章十九节亦以动词说明"我已命人"、第四章二十一节"你们要出告示命这些人""等我降旨"。这些出处展示此字是由权威而出的命令，要下属服从之意。

"办理"此字就是服从(yiṯ῾ābēd)一字，并且是以加重语调的动词文法写成，即必须服从遵守之意。再者，必须"详细"(῾aḏrazdā῾)，即完全、慎重、忠心地去服从办理。㉖ 古人对神所吩咐的事，是何等慎重地照办，一点也不敢苟且。因为神是轻慢不得的，神的"忿怒"(qᵉṣap)会惩戒不守规矩的人(民一53，十六46，十八5)。并且，神的忿怒常常于战事的胜败上彰显出来(书二十二20；王下三27)。若以当时埃及对波斯政权多年的叛乱为背景，则更能看出亚达薛西王对神的忿怒之注意。他不愿波斯国因为天上的神之大怒而倾覆，正如大利乌王希望犹大人"为王和王众子的寿命祈祷"(六10)一般，只是他以负面的语气来讲此愿望而已。

七24 "我又晓谕你们，至于祭司、利未人、歌唱的、守门的和尼提宁，并在神殿当差的人" 这个归回事奉神的名单，进一步展示出亚达薛西王是回复以斯拉所求而作的谕旨。第七章六节提到"王允准他所求的，是因耶和华他神的手帮助"。可见，以斯拉曾在王面前上奏，然后神感动王的心，允准他所求的事。这个名单必定是熟悉神殿事奉的人员，才可以列举得如此清楚。以斯拉既为祭司，自然是一个很合适的人选，去推介这些人给王(参拉二，七13)。

"不可叫他们进贡、交课、纳税" 王的晓谕是向河西一带的库官(七21)所发的，要他们不要向以上这些圣职人员征收课税。波斯王对别的宗教一向以来都采取此政策，大利乌王曾致谕诏给麦尼西亚的总督，斥责他不应该向阿波罗的祭司征收进贡。㉗

㉕ Rosenthal, *Grammar*, pp. 57 - 58, § 188.

㉖ P. Nober, "adrazdā῾ (Esdras 7:23)," *BZ* 2(1958), pp. 134 - 138.

㉗ Herodotus III, § 91; E. Myers, *Die Entstehung des Judenthums* (Halle: Max Niemeyer, 1896), pp. 19 - 21. 麦尼西亚英文为 Magnesia。

纳税依圣经而言被称为纳贡（创四十九 15；民三十一 28），中文译作"服苦的"。自古至今，政府向百姓征收税项，以保持国家府库充裕是司空见惯的事。波斯实行一个颇具规模的课税制度。每一省的官员都必须将固定的税额纳入皇室府库（斯十 1）。尼希米看到犹大百姓因"给王纳税"（尼五 4），而负荷甚重，他甚至以身作则，甘愿不吃省长的俸禄，而减轻百姓的轭（尼五 14～15）。[28]

此处提到王亲自谕准这些圣职人员不必纳税，圣经作者视之为神的手施恩帮助他们。这也许对归回的祭司、利未人等而言，是莫大的鼓舞。第八章十五节曾提及当时以斯拉"查看百姓和祭司，见没有利未人在那里"。故此他到处寻觅愿意归回的利未人，终于，利未人和尼提宁（参二 43 的注释）共有二百六十人归回。当然，他们甘愿将已经安顿于外邦巴比伦一带的家园重整，长途跋涉地踏上归途，除了这些外在豁免税收的因素外，最主要也是神的感动。

（ⅴ）亚达薛西的授权（七 25～26）

25 以斯拉啊，要照着你神赐你的智慧，将所有明白你神律法的人立为士师、审判官，治理河西的百姓，使他们教训一切不明白神律法的人。

26 凡不遵行你神律法和王命令的人，就当速速定他的罪，或治死，或充军，或抄家，或囚禁。

七 25 "以斯拉啊，要照着你神赐你的智慧，将所有明白你神律法的人立为士师、审判官，治理河西的百姓，使他们教训一切不明白神律法的人" 此谕旨对受惠者分别得十分清楚，第七章二十一节指明王降旨与河西的库官，第七章二十五节则点名给以斯拉，授权予他去委任"士师、审判官"。士师的亚兰文为 šāp̄eṭîn；依标准亚兰文法而言，应该是 ṭāp̄eṭîn。[29]这可能是希伯来文外借语，意思为法官、审判官或士师，通

---

[28] Hazel Perkin, "Tax 税"，《证主圣经百科全书》，II，页 1496 – 1497.

[29] Rosenthal, *Grammar*, p. 16, § 18.

常判别宗教、民事、政治或社会一般事务者,皆可称为士师(出十八 13;申一 16;民二十五 5;士二 16、18;撒下七 11 等)。另外一个亚兰文字 dayyānîn也可以译作审判官。依但以理书第七章十节所形容的"亘古常在者",他"坐着要行审判,案卷都展开了";与但以理书第七章二十六节"然而审判者必坐着审判,他的权柄必被夺去"。两者都是形容在权柄上的审判,可以是按着神的律法或是按着地上的法律判案。

由于这两个字的意思颇相近,故此可能是当时的惯用复语,指着同一类的人。③⓪ 并且上文指出这等人要明白神的律法,但是他们又有治理的功能。依此看来,亚达薛西王一方面要求这些士师审判官要以犹太的律法熏陶百姓;另一方面又不能让神的律法与波斯的法律有所抵触,致使百姓形成反政府的力量。所以,他们既有宗教功能,也有政治因素结合在一起。

不过,王的措辞是以宗教为主,他说:"要照你神赐你的智慧",去设立这些士师审判官。既要明白神的律法,又要按律法去判案,且要教训那些不明白律法的人。至于明白与不明白律法的人,都一概是归回的犹大人及散居于耶路撒冷以外,河西一带的以色列人。他们于动荡变迁中对神的律法逐渐淡忘了,故此,以斯拉需要选拔一批同工出来,委任他们去教导百姓明白且遵行神的律法。

据考古发现,大利乌王于公元前 519 年也曾降旨埃及的总督聚集贤良之士,去将埃及的律法定规起来,与波斯的法律尽量相符,以达致中央政府与地方政府的和谐。这是波斯治国之良策,由古列至亚达薛西都是如此施行。③①

七 26 **"凡不遵守你神律法和王命令的人"** 此处明显地将宗教与政治指明出来,王的谕旨让以斯拉归回,教训犹大百姓遵守神的律法,最终目的乃是要他们安分守己地听从王的命令。所以第七章二十五节所提及的士师审判官皆有双重职务,要政教合一,推行安抚百姓,

---

③⓪ Fensham 认为前者为宗教审判官,后者为民事审判官,但很难从文字方面得此结论(*Ezra*, pp. 107‒108)。

③① N. J. Reich, "The Codification of the Egyptian Laws by Darius and the Origin of the 'Demotic Chronicle'," *Mlizraim* 1(1933), pp. 178‒185; A. T. Olmstead, "Darius as Lawgiver," *AJSL* 51(1934‒1935), pp. 247‒249.

顺从波斯政府的政令。

　　"就当速速定他的罪,或治死,或充军,或抄家,或囚禁" 一般而言,王的谕旨都附着警戒的命令,使不遵守、违反的人知道将要承担的后果(六11~12)。王授权给以斯拉设立审判官,但此处没有指明他可以如此司法。以斯拉的任务乃是教导百姓明白且遵守神的律法及王的命令,至于违令者,则需交由波斯的司法机关去执行。刑罚包括死刑(治死)、体刑(充军)、抄家与囚锁。体刑($š^e rōšiw$)的尾端字母显出是波斯文,引进亚兰文的官用公函内,意谓体刑。和合本译作"充军"未能将其原意表达得完整,因为充军只是放逐到边方,而没有身体被鞭打、杖打、上木狗及古时所采用的各种体刑。[32] 抄家即是充公,将私人产业据为公家或政府产业。这一切都是波斯法律所惯用的刑罚。

(II) 以斯拉的回应(七 27~28)

　　第七章二十六节结束了亚兰文的部分,经文从外邦波斯王的谕旨再度回到有关犹太人的部分。故此,圣经作者以希伯来文撰写。很明显作者未详述以斯拉的归程前,以此两节作为转折句,类似编者语,写出以斯拉对亚达薛西的谕旨作出适切的回应。此回应是以希伯来的颂赞诗之体裁写成,去宣告、颂扬神的作为。[33]

27 以斯拉说:"耶和华我们列祖的神是应当称颂的! 因他使王起这心意修饰耶路撒冷耶和华的殿,

28 又在王和谋士并大能的军长面前施恩于我。因耶和华我神的手帮助我,我就得以坚强,从以色列中招聚首领与我一同上来。"

　　七27 "以斯拉说" 此处引进了以斯拉以第一人称的笔法写成(参绪论"文体结构"的"文献取材"一书),构成了一般所谓"以斯拉回忆

---

③ F. Rundgren, "Zur Bedeutung von ŠRŠW – Esra VII 26," *VT* 7(1957), pp. 400 – 404. 《辞海》谓"充军"是"明时流刑之重者曰充军,初边方屯种,后定制分极边、烟瘴、边远、边卫、沿海附近"(上册,页289)。参 Rosenthal, *Grammar*, p.29, §57; pp.58-59, §189.

③ C. Westermann, *The Praise of God in the Psalms* (London: Epworth, 1966), pp. 81 – 90.

录"的一部分。希伯来文圣经没有"以斯拉说"这个楔子引言,和合本为了读者能够分辨亚达薛西的谕旨与以斯拉的称颂,于是翻译时加上此引言。㉞ 除了一些极端的批判学者外,一般近代经学家都接受这第一身的段落为以斯拉个人的手笔。

"耶和华我们列祖的神是应当称颂的"　以斯拉对历史的承担之意识十分重视,他自觉到归回的犹大人与被掳前的以色列人一脉相承。他巧妙地将"我们列祖"放在此节中,使历史编织成一块不可分割的布(参绪论"神学信息"的"历史的承担"一节)。被掳虽然是死荫的幽谷,然而神却没有离弃他向亚伯拉罕、以撒、雅各所立的约,更没有舍弃与犹大家大卫所应许的约。耶和华是亚伯拉罕、以撒、雅各的神,也是回归者的神。他是配得称颂(bārûk)的,称颂此字起源于"膝盖"或"跪下"(代下六 13;创二十四 11)。当一个人跪在神面前时,他为着神所赐给他的恩惠,及神在他生命中的作为而称谢与颂扬。此观念在圣经中逐渐形成称颂、祝福的敬拜礼仪来(创十四 19;申三十三 20;诗六十六 20,一一五 15;撒上二十五 33;代下二 12)。

通常此称颂是基于对神深切的认识和深厚的关系,而"存其中,发乎外"的。一个虔敬者对神产生回应,此人经过神的供应、保守、恩惠、医治、安慰,进而更深入地认识到神的本性,因此由内心深处油然产生称谢的心。并且藉此称颂的表白,更进一步将敬拜者与神紧密地联系在一起。神既得到当得的荣耀,朝拜者的信心也因此增加。㉟

"因他使王起这心意修饰耶路撒冷耶和华的殿"　再者,希伯来人的称颂并非与历史疏远的,他们对历史的理解,是从神的祝福与咒诅的角度去解释(参绪论之"神学信息"的"神在历史中的作为"一节)。神主动地将修葺圣殿的心意放在亚达薛西工的心中,正如他激动古列王的心,使他让以色列人归回一般(一 1)。神的手(七 6、9、28)不断地在历史中施展其奇妙的作为,故此以斯拉要称颂神。

在此处,以斯拉清楚地将他归回的其中一个目的表明出来。除了教训百姓认识神的律法,并设立士师继续教导和督导百姓明白真道外,

㉞ 希腊文的以斯拉壹书八 25 有此附加语,"以斯拉说"。

㉟ Scharbert, "brd," *TDOT*, II, pp. 279 - 308.

以斯拉更进一步提出,百姓明白律法后,生活为人要改变,并要在圣殿过正常的敬拜生活。因此,圣殿必须要恢复其应有的外在和内在的功能。圣殿的修葺属外在的功能,圣殿的祭祀属内在的功能,两者都要并重。

王所赐予的金银,一部分是用作购买献祭牲畜祭物之用,另一部分则用作修饰圣殿之用。自所罗巴伯于公元前515年建完圣殿后,迄今已有五十七年之久,故此维修乃是不可缺少的事宜。虽然此点并没有在谕旨内注明,但是所有礼物都是为耶路撒冷神的殿而奉献的(七16)。

修饰此字原意为"妆饰",诗篇第一百四十九篇四节说:"他要用救恩当作谦卑人的妆饰。"若以近代用词来形容,即美化、化妆、粉刷、修葺等观念。此字演绎出一个宗教的意思,即是"使之得荣耀"。以赛亚书第六十章七节提到在耶和华的日子里,人要将供物带到圣殿里献祭,并且"我〔耶和华〕必荣耀我荣耀的殿"。此处希伯来文的荣耀('ăpā'ēr)就是第七章二十八节所用"修饰"一字。

希伯来文有两个字去形容荣耀,常用的是 kābôd。此字原意为"沉重"(出五9),演绎出来的意义计有"肝脏"(全身最沉重的内脏,出二十九13)、"尊贵"(民中最沉重、有分量的人,民二十二15)等观念。"荣耀"亦是其中之一的演绎意义,出埃及记第二十四章十六节提到"耶和华的荣耀"(出四十34,三十三22)。至于第七章二十八节所用之"荣耀"一字与此不同,并非以"沉重"为根本意义,乃是以"美丽"为原意。神的殿以美学的标准去评估,以赛亚书第六十章十三节则将这两个字一起使用:"黎巴嫩的荣耀(kābôd),就是松树、杉树、黄杨树,都必一同归你,为要修饰(l pā'ēr)我圣所之地。"

七28 "又在王和谋士并大能的军长面前施恩于我" 此段文体的次序,希伯来文与中文刚好是相反,希伯来的第一个字是"于我"(weālay)。作者以斯拉将此字放在句子的开端,乃是强调其语气。他的意思是:"我虽软弱,但神的恩典施于我。"依语句和文体来看,都处处显明是以斯拉的手笔,而非如近代批判学者所言,为后期历代志编者的代笔。

"施于"（hiṭṭāh）与第七章二十七节所用"神将这心意放在王的心中"的动词"放"（nātan）或"交与"此字不相同。㊱ "交与"是神的全能意旨主动地影响王的心，重点在于神的主权。"施于"则是神的恩典延伸普及于以斯拉身上，重点在于神的恩惠。恩典（hesed）此词强调耶和华神基于与以色列立约的关系下，将神忠诚不变的恩典慈爱赐予人。创世记第二十四章二十七节如此记述："耶和华我主人亚伯拉罕的神是应当称颂的，因他不断地以慈爱（hesed）诚实待我主人。"慈爱、恩典、诚实都是相关的用词，指出神待人的关系始终如一，永不更易（诗九十八 3；弥七 20）。㊲

"因耶和华我神的手帮助我，我就得以坚强"　此处如上文一般首先将加重语句的"我"（'ǎnî）字，放在句子的开端，使之更个人化地表达作者亲身的体验。神的手坚固刚强以斯拉的手，使他有力量、勇气、毅力，去完成神所托付给他的事情。"坚强"（hithazzaptî）此动词是以反身式时态写成，即以斯拉领受了神的恩典慈爱后，心中刚强，奋其身，使之励精图治，以完成神的托付。神有他的作为，而人亦有他的责任，两者配合起来，即天衣无缝，牡丹绿叶相得益彰。㊳

"从以色列中招聚首领与我一同上来"　当以斯拉领受王令后，第一件事就是与犹大各地的领袖、族长分享他的负担。然后，激励他们愿意归回，并且招聚他们在一起，一同归回耶路撒冷（八 15）。以斯拉不独要面对波斯宫廷内的王族、参谋、将帅，更要面对自己百姓中作首领、族长、长老的弟兄。两方面都要兼顾，不能得失任何一方。依人来看，身为一个学者的文士，不一定可以在外交礼节上得体面，并且能游说各路豪杰，愿意与他同行。故此，以斯拉清楚体验到神施恩的手，凡事引导他，使他既有智慧口才，又有策划推动的谋略，可以履行神的托付。

㊱ "施于"的希伯来文 Qal 字根为nāṭab，意指伸张、扩展（出九 22～23、十 12～13、21～22），七 28 是 Hiphael，意指往外普及延伸之意。

㊲ hesed、'emet（创三十二 10—13）、'emunāh（诗九十八 3）、bᵉrît（申七 12）等希伯来文的用词互相紧密地连贯在一起。参 Nelson Glueck, *Hesed in the Bible*（Cincinnatiz: The Hebrew Union College Press, 1967），pp. 70 - 102.

㊳ 反身式即 reflexive，希伯来文法称为 Hithpael（BDB, p. 305）（代上十一 10；代下十三 8，十六 9，三十二 5）。

叁 以斯拉所带领回归者的名单与归程（八 1～36）

出埃及的体验是每一代以色列民所要经历的，摩西于临终前循循善诱地劝诫以色列人要跟从神，又呼天唤地向他们陈明神的律法，并呼吁他们作出明智的抉择，遵守神的典章以致存活（申三十 15～20）。所罗巴伯既领人民"出波斯，入迦南"，成为了那时代的"第二次出埃及"。如今，以斯拉也是引导着百姓"出波斯，入迦南"。虽然归回的人数属少数，然而他们却成为了"理想的以色列民"。他们选择活在耶和华的旨意中，去走信心的道路。他们不以住在外邦巴比伦那苟且偷安的生活为念，毅然、再次甘愿地将已经移植好的根拔起来，动身归回，以完成神的旨意。

(I) 回归者的名单（八 1～14）

1 当亚达薛西王年间，同我从巴比伦上来的人，他们的族长和他们的家谱记在下面：

2 属非尼哈的子孙有革顺；属以他玛的子孙有但以理；属大卫的子孙有哈突；

3 属巴录的后裔，就是示迦尼的子孙有撒迦利亚；同着他按家谱计算，男丁一百五十人；

4 属巴哈摩押的子孙有西拉希雅的儿子以利约乃，同着他有男丁二百；

5 属示迦尼的子孙有雅哈悉的儿子，同着他有男丁三百；

6 属亚丁的子孙有约拿单的儿子以别，同着他有男丁五十；

7 属以拦的子孙有亚他利雅的儿子耶筛亚，同着他有男丁七十；

8 属示法提雅的子孙有米迦勒的儿子西巴第雅，同着他有男丁八十；

9 属约押的子孙有耶歇的儿子俄巴底亚，同着他有男丁二百一十八；

¹⁰ 属示罗密的子孙有约细斐的儿子,同着他有男丁一百六十;

¹¹ 属比拜的子孙有比拜的儿子撒迦利亚,同着他有男丁二十八;

¹² 属押甲的子孙有哈加坦的儿子约哈难;同着他有男丁一百一十;

¹³ 属亚多尼干的子孙,就是末尾的,他们的名字是以利法列、耶利、示玛雅,同着他们有男丁六十;

¹⁴ 属比革瓦伊的子孙有乌太和撒布。同着他们有男丁七十。

八 1　"当亚达薛西王年间,同我从巴比伦上来的人"　一些批判学者认为此名单并非以斯拉原著,乃是历代志编者将第二章的名单复述构思而成的。他们指出第八章一节所用的动词"上来"(hā'ōlîm)一词,与第七章二十八节的结尾所用的"上来"(la'ălôt)相同。故此,可能是编者按照第七章二十八节的用词而编砌出来的。^① 可是,同一个作者在相同的书卷内,也可以使用相同的用词来表达他的意思。相同的用词更能支持思想的连贯,一脉相承地将重点引出来。持此理由去反对原作者的手笔,实在是自圆其说——预设了编者的存在,然后到处去寻觅一些所谓的证据去支持他们的预设。

同样地,这些批判学者认为"亚达薛西年间"与第七章的年代记录不相符。第七章为准确肯定的年份,而第八章则为笼统的记录。所以,他们认为第八章是出于不同来源的资料,由编者合并起来的。可是,一个作者有时采用确实的年份,有时采用一般性的记录,两者是没有抵触的。不能因此而视之为是由两个不同的资料来源所组合的。况且,就第七章而言,第七章一节为一般性的用词:"亚达薛西年间",而第七章七节则为确实的记录:"亚达薛西王第七年"。于一章之内,同时存在两种记述的手法,完全是文体措辞上的技巧,而并非是不同的文献来源。^②

"他们的族长和他们的家谱记在下面"　此处的"族长"也可译作"家长"或"一族的首领",与上文第七章二十八节的"领袖"一字相同。第七章二十八节所提及的首领,有一部分也可能是"族长",但并非所有领袖皆

① S. Mowinckel, *Studien zu dem Buche Ezra-Nehemia I*: *Die nachchronistische Redaktion des Buches*, *Die Listen*(SUNVAO, Oslo: Universitetsforlaget, 1964), p. 122.

② F. C. Fensham, *Ezra*, p. 111. 作者以斯拉亦可能采用当时他所记录的名单,然后经过整理后列举成第八章之名单(Williamson, p. 109)。

是族长。领袖通常兼负民间行政事务,而族长则是一家之长者,有家族精神栋梁的地位。此家谱和名单是经过作者刻意的筛选及排列的。首先列举祭司(八 2a),再引出王族(八 2b ～3a),然后是平民百姓(八 3b ～14)。百姓的名单以十二个家族排列,可能代表着以色列的十二个支派,也可能是作者将十二此完整的数字列出来,以表示他们归程是平安的。

八 2a "属非尼哈的子孙有革顺,属以他玛的子孙有但以理" 此名单以祭司为首,按次序而言与第二章的名单相反,由此也可见并非如批判学者所言,历代志编者将第二章的名单加以复制而成的。以斯拉既是祭司,他承接祭司的传统,尤其是被掳时期的祭司以西结(他是撒督祭司家系出任祭司的,结一 3),将祭司的地位抬高,甚至君王也要伏在祭司的影响下(结四十六 1～8、16～18)。所以,第八章的排列以祭司为首,然后才是君王。

非尼哈与以他玛都是亚伦的儿子,[3]非尼哈为亚伦的第三个儿子以利亚撒的儿子,而革顺则是他的后裔。从以利亚撒、非尼哈等而出的有撒督,并撒督的后裔以斯拉(七 1～5)。至于以他玛则是亚伦的第四个儿子(出六 23;代上六 3),但以理乃是以他玛的后裔。此两人代表着归回祭司中的两大家系。尚有其余祭司的名字并没有记录在此(八 24)。但以理此名字亦出现于尼希米记第十章六节,与尼希米立约签名的名单中的一位,至于是否同一人则很难确定。

八 2b～3a "属大卫的子孙有哈突" 此处和合本的翻译与希伯来文有很多出入,和合本将示迦尼列入为巴录的后裔,但依希伯来文圣经的次序来看,哈突是示迦尼的子孙比较合理。[4] 再者,历代志上第三章二十二节指出"示迦尼的儿子是示玛雅,示玛雅的儿子是哈突"。哈突

---

[3] 亚伦的四个儿子如下:拿答、亚比户、以利亚撒和以他玛(出六 23～25)。

[4] 希伯来文(MT)如下:

mibbᵉnê· dāwîd ḥaṭûš mibēnê šᵉkanᵉyāh
     mibbᵉnê parʿōš zᵉḵaryāh

可以译作:"大卫的家系:哈突是示迦尼的子孙,
     巴录的家系:撒迦利亚。"

· mebēnê 有其他文献为 ben,即子孙(以斯拉壹书八 29)。**K & D** 有相反之见解,pp. 103－105。

应该是示迦尼的孙子，也是所罗巴伯的第四代子孙（代上三 17～22）。

整本以斯拉记都将大卫隐藏于暗流底下成为伏笔，所罗巴伯的家谱只提到撒拉铁（三 2），大卫的名字只于奠基礼时，提到祭司等"照以色列王大卫所定的例"（三 10），及此处大卫的家系中出现（八 2）。以前曾提及，作者可能为了避免波斯王的猜忌，而将犹大王隐藏起来（所罗门王也只是说"多年前所建造的殿，就是以色列的一位大君王建造修成的"，五 11，参注释）；但是并非因此就忽略了大卫家对回归者的影响，及弥赛亚的观念之重要。尤其是先知撒迦利亚更直接地指出所罗巴伯就是两个受膏者之一（亚四 14）。由此可见，弥赛亚（即受膏者）的观念在被掳及归回的时期十分盛行。当然，于缄默时期（即没有先知晓喻，公元前 400 年至施洗约翰止）的犹太经典，更显著地发展出弥赛亚的神学观念。⑤

八 3b～14 "有撒迦利亚……乌太和撒布……" 此归回的名单首先排列祭司，再列出王族，然后将平民百姓列出来。作者刻意地将百姓以十二个家族来排列，以代表归回的犹大人为完整的新以色列民，正如昔日的以色列十二个支派一般。这是历史的承担，归回耶路撒冷的群体被视为串联被掳前后的连锁环，并且是应验亚伯拉罕之约的合法选民。⑥ 再者，归回的人数以约数表达，并且都是十进的倍数，共一千五百男丁。若将妇孺也加进去，则约有五千多人，浩浩荡荡地踏上归途。他们认定是神的旨意要他们如此作，揭开了历史的新一页，与所罗巴伯时代的回归者（约八十年前），紧构成"出波斯，入迦南"的"第二次出埃及"，以见证神是昔在今在历史的主。

一些批判学家认为第八章的家族名单与第二章的名单有些相同。故此他们认为是历代志编者，根据第二章之名单而编写构想而成的。⑦

---

⑤ C. T. Fritsch，"The So-Called Priestly Messiah of the Essenes," *Jaarbericht van het voor6aziatisch-egypt，genootschapt Ex Oriente Lux*，17（1963），pp. 242 - 248；R. E. Brown，"The Messianism of Qumran," *CBQ* 13(1957)，pp. 53 - 82.

⑥ K. Koch，"Ezra and the Origin of Judaism," *JSS* 19(1974)，pp. 173 - 197.

⑦ S. Mowinckel 不独认为名单与第二章相同而指出为编者的构思，更进一步认为八 1 所记载亚达薛西为巴比伦王为不正确。希伯来文为 'artaḥᵉ šastᵉ' hammelek mibbābel，他指出巴比伦应该形容"王"字。但是，一般文法结构展示 mibbābel 是出处而非形容词，并且与动词互相连接，即是"从巴比伦上来"之意，和合本译得很准确（Studien I，pp. 116 - 117）。

然而第二章所记录的家族并非整个家族归回,有些家系里的犹大人仍留居于巴比伦。但是经过八十年后,神再度向他们发出呼吁。于是,此回他们甘愿沿着以前回归者的步履,与以斯拉同行回去。所以,第八章所记述的家族名字与第二章的有些相同,是可以理解的。⑧ 第八章三节的巴录家族与第二章三节相同。第八章四节的巴哈摩押与第二章六节的相同,第二章六节提到巴哈摩押的后裔是约押,然而第八章九节则将约押列为独立的家族。有些经学家认为约押与巴哈摩押分家成为独立家族,而另外一些经学家则认为本来是两个家族,然后合并为一,后来再度分开。⑨ 不过这也很难重组其历史的渊源,从现有的资料展出,第二章六节记录为巴哈摩押的后裔,八十年后则成为独立一系。可能出于分家,也可能第八章九节的约押并非与第二章六节的相同。正如第八章五节的示迦尼与第八章三节的示迦尼不相同一样。上文交代过第八章三节的示迦尼应该与大卫的子孙哈突相连为王族,故此第八章三节与第八章五节的示迦尼为同名的不同家系。

第八章五节与第八章十节都出现了文献鉴定的问题。第八章五节于希腊文七十士译本与希腊文以斯拉壹书皆有"撒督"一字。依文理而言,应该译作"撒督的后裔有示迦尼,他是雅哈悉的儿子"。⑩ 而第八章十节则于七十士译本和以斯拉壹书中皆有"巴尼"一字,即"巴尼的后裔有示罗密,他是约细斐的儿子"。⑪ 第八章六节的亚丁亦于第二章十五节出现过,第八章七节的以拦与第二章七节相同,第八章八节的示法提雅与第二章四节相同,第八章十一节的比拜与第二章十一节同,第八章十三节的亚多尼干与第二章十三节相同,第八章十四节的比革瓦伊与第二章十四节相同。此处的用词进一步支持所罗巴伯时期归回的只是家族中的一部分,以斯拉归回的又是剩余的家族。第八章十三节提到

---

⑧ K & D, p. 105.

⑨ Williamson 主张分家之说,参 *Ezra-Nehemiah*, p. 110;K & D 认为原本是两个家族的合并,参 p. 105.

⑩ 撒督即 zattû', LXX(8:5)谓 ἀπο των υἱων Ζσθοης Ζεχενιας υἱος 'Αζιηλ。以斯拉壹书(viii. 32)即有 ἐκ των υἱων Ζαθοης Ζεχενιας 'Ιεζηλου.

⑪ 巴尼即 bānî, LXX(8:10)有 και ἀπο των υἱων Βααντ Σελιμοιθ υἱος 'Ιωσεφια。而以斯拉壹书(viii. 36)即有 ἐκ των υἱων βανιας Σαλιμωθ 'Ιωσαφιου.

"末尾"此名单，即是亚多尼干家族最后的一批，与以斯拉一起归回。[12]

(II) 回归者的归程（八 15～36）

以斯拉详细地将此归程记录下来，这与首部所罗巴伯的归回记录不相同。首批回归者没有记述他们归途的过程，第二章一至三节记述回归者的首领，第二章四至六十七节记录回归者的名单，第二章六十八至七十节已经指出他们到了耶路撒冷，各归各城去了。但是，第二批的归回路程则比较详细，因为作者以斯拉是根据一些记录将首部撰写成文，他并非亲身目击事情的进展。然而，于第二批回归者而言则不同了，以斯拉是亲身体验的策划推动者，所以各事的细节都十分熟悉。

有些批判学者认为此段有三个不同层次的编写：（一）第八章十五至二十节利未人的名录，他们认为这与第八章一至十四节的名单可能是一体的，后来经过编者的布局拆开；（二）圣殿献金的单据（八 26～27）；（三）由第三人称写成的末端部分为编后语。[13]去寻觅所采用的资料的来源，对经文的解释不一定有很大帮助。以斯拉可能将一些资料写下来备作忘录，然后根据这些资料再撰写成文。文献的来源并非最重要，正典的文献乃是我们释经的对象。圣经作者可以选用第三人称或第一人称去描述事件，第三人称并不构成后期编者的存在。故此，以历史、文法、文体为解经的原则，并不需要预设此段经文为三个阶段或层次的编写。以斯拉其人可以依据他个人的备忘录撰写出此段经文，以表达回归者的归程。

（ⅰ）利未人的征录（八 15～20）

[15] 我招聚这些人在流入亚哈瓦的河边，我们在那里住了三日，我查看

---

[12] 有些经学家认为此"末尾"的一段为后期编者所加插进去的，但是并没有文献支持此说。参 R. du Mesnil du Buisson, *Nouvelles études sur les dieux et les mythes de Canaan* (Leiden, 1973), pp. 232 - 233.

[13] S. Mowinckel, *Studien* III, p. 29; Kellermann, *Nehemia*, p. 64; Williamson, pp. 114 - 116.

百姓和祭司，见没有利未人在那里。

16 就召首领以利以谢、亚列、示玛雅、以利拿单、雅立、以利拿单、拿单、撒迦利亚、米书兰，又召教习约雅立和以利拿单。

17 我打发他们往迦西斐雅地方去，见那里的首领易多，又告诉他们当向易多和他的弟兄尼提宁说什么话，叫他们为我们神的殿带使用的人来。

18 蒙我们神施恩的手帮助我们，他们在以色列的曾孙、利未的孙子，抹利的后裔中带一个通达人来；还有示利比和他的众子与弟兄共一十八人。

19 又有哈沙比雅，同着他有米拉利的子孙耶筛亚并他的众子和弟兄共二十人。

20 从前大卫和众首领派尼提宁服事利未人，现在从这尼提宁中也带了二百二十人来；都是按名指定的。

八 15 "我招聚这些人在流入亚哈瓦的河边，我们在那里住了三日" 此段经文回应着第七章二十八节"从以色列中招聚首领与我一同上来"。若从叙述的顺序来看，第八章一至十四节似乎是加插进去的题外话。但是，细看回归者的名单时，即发现内中没有利未人。然后来看第八章十五节，则回响着以斯拉的心声。正如读者于上文所觉察到，以斯拉也惊讶没有利未人甘愿主动地归回。故此，第八章一至十四节并非是题外语，乃是作者刻意将此名单放于此处，目的是展示利未人的缺乏，及以斯拉的心情。

当时，以斯拉招聚众人集合于亚哈瓦此地。亚哈瓦既是地名，也是幼发拉底河的支流（或运河），流经亚哈瓦此地。亚哈瓦应该地方宽广，适宜聚集五千多人之众。再者，"那里"（šām）此字出现了三次（八 15，二次；八 17，一次），于旧约而言，此字有时是与圣殿（或献祭的地方）一同使用，或有相同意义（申十二 2～3、5）。[14] 亚哈瓦可能是被掳的犹大

---

[14] 当时，以色列人在埃及伊里芬丁地方设立了祭祀的地方（Derck Kidner，*Ezra & Nehemiah*，III [IVP, 1979]，p.65）。亚哈瓦此地现在不能确定在哪里，有些经学家认为是幼发拉底河西之 Pallacopas。七十士译本作 Eùi（viii. 40），或 θερα（viii. 61）。史学家约瑟夫称为 εἰς το περαν του εὐφρατου（K & D，p. 107）。

人经常在巴比伦幼发拉底河畔，聚集举行宗教活动的地方。虽然他们在巴比伦没有献祭（因为圣殿被毁），仍有宗教活动。会堂的设立也是于此段时间逐渐成形，拉比经典称以斯拉为会堂的始创人（参绪论"历史考据"的"以斯拉的成果"一节）。

那时，他们在亚哈瓦河畔停留了三天的时间，一方面四处搜罗招揽利未人，另一方面禁食预备自己的心，且在神面前求恩（八 21～23）。若将日期合并来看，正月初一日，以斯拉"从巴比伦起程"（七 9），到了正月初九日，他在亚哈瓦招聚众人（八 15），并于正月十二日全体会众五千多人动身归回（八 31）。长途跋涉，历尽千辛万苦，终于在五月初一日抵达耶路撒冷（七 8～9）。

"我查看百姓和祭司，见没有利未人在那里" 上文的回归者名录内已经找不到利未人，现在经文展示以斯拉亲自查看检视百姓和祭司，竟然找不到利未人。于所罗巴伯首次的归回团体内，总数有四万九千多人（二 64～65），其中利未人也只有百分之一点五而已。利未人不愿意归回也可能有苦情，祭司是有地位的人物，其他百姓也有安定的生活。可是，利未人在圣殿中既无地位，在社会上也无安定的生活，并且圣殿的事奉颇刻苦。既无名也无利，故此，当利未人被掳于外邦后，逐渐在巴比伦安定下来，就不大愿意再次将根拔起来，回到耶路撒冷圣殿中刻苦地事奉。

这句话是带着几分以斯拉的叹息，他满怀感慨地道出："利未人在哪里呢？"难道他们只顾自己的生活，就忘却了神的呼召吗？为何他们只顾自己的家业，而忘记了神的圣殿呢？感叹之余，以斯拉就招聚了首领来，差遣他们仍然努力四处去寻觅，也许还有一些利未人不是单爱世界，而愿意以神殿的事为念。

八 16 "就召首领以利以谢、亚列、示玛雅、以利拿单、雅立、以利拿单、拿单、撒迦利亚、米书兰" 和合本将动词 'ešlᵉḥāh 和各首领名字的前置词 lᵉ 译作召见他们来，嘱咐他们应说的话（八 17），然后打发他们去易多那里。不过此动词也可以译作"我派首领以利以谢……"去。按上文下理而言，前者的解释比较清楚一点，尤其是以斯拉亲自提点他们在易多前该说什么话。可见以斯拉是首先召见他们来，然后才打发他们去。

此九位领袖的名字虽有重复，但并不表示这名单会有混淆之处。以利拿单出现过两次，亚列（yārîb）或雅立（yôyārîb）也有两次。他们的名字相同不一定就是相同的人物。从第十章十五节、十八至三十一节与异族女子通婚的名单来看，相同的名字曾出现于不同的家族内。譬如以利以谢于十章十八节而言是祭司耶书亚的子孙，然而第十章二十三节记述另一位利未人以利以谢，第十章三十一节又记载哈琳的子孙以利以谢。可见同名并非同人。我们不必因为于此名单内出现同名字的人物，就下结论说一定于抄写时出现混淆不清之处。[15]

"又召教习约雅立和以利拿单" 教习原作教师，按尼希米记第八章七节、九节及历代志上第十五章二十二节，第二十五章八节来看，他们是"使百姓明白律法"的人，"清清楚楚地念神的律法书，讲明意思，使百姓明白所念的"（尼八8）。一般而言，此职分应属利未人或祭司、文士之职，但第八章十五节清楚指明那时并没有利未人在回归者的当中。所以，第八章十六节的两位教习应该不是利未人。故此，有些经学家将此字 mᵉbînîm 译作翻译律法的人，或是智者，而并非利未人等的专职教师。

八17 "我打发他们往迦西斐雅地方去，见那里的首领易多" 此处的希伯来文出现了口传与手传之别，中文和合本以手传（即以笔书写流传之版本）为主，译作"打发"。至于犹太人所保存的口传记录可译作"命令"，两者之意义分别不大。[16] 以斯拉打发此九位领袖和二位教习前去首领易多处。此易多应该是利未人中间为首带领的中心人物，他住在迦西斐雅。此地位于何处则无从稽查，可能是于亚哈瓦运河附近。

希伯来文的介绍颇为特别，迦西斐雅之后加上一字 hammāqôm。第八章十五节曾提及以斯拉等人在"那里"住了三日，"那里"此用词于旧约的文藻而言，可以用于献祭的地方或圣殿（参八15注释）。亚哈瓦可能是被掳的犹大人聚居的地方，类似后期所发展形成的会堂，是犹太

---

⑮ Grosheide，*Ezra*，p. 226.

⑯ 手传（Kethiv）为 w'wṣ'h，若加上韵母可读作 wā'ôṣi'āh，意谓"委任""差派""打发"等含义。
口传（Keri）为 w'wṣ'h，则可读作 wā'aṣawweh，意谓"命令""指示""授权"。

人进行宗教活动的地方。此处的迦西斐雅"那地方"，也可能是指着相同的利未人聚居、进行宗教活动的地方。他们聚集在一起研读律法，并有教师教导他们，类似后期的拉比学校、修道院或近期的神学院之类的组织。⑰ 伊里芬丁蒲草纸也有记录 hmqrm 此字为圣殿之所在。旧约圣经也曾以此字去形容圣殿或献祭所在之处（申十二 5、11，十四 23；王上八 29；耶七 3、6～7）。此字于后期的犹太经典中也常用于圣殿、献祭、会堂等地，这些地方与律法的宣读、考究、教导都有密切的关系。

"又告诉他们当向易多和他的弟兄尼提宁说什么话，叫他们为我们神的殿带使用的人来" 以斯拉亲自嘱咐这批领袖该说什么话，希伯来文的字义为"我将该说的话放在他们的口中"。⑱ 由此可见，以斯拉是十分重视这十一人的代表团在易多面前所说的话，故此他要亲自口授话语给他们。以斯拉未能亲身前往迦西斐雅，可能有其他未指明的原因，所以，他慎重地挑选了民中的领袖及教师等人作代表，并且指定他们当说的话。

易多和他的弟兄尼提宁之间的关系应该分别清楚，尼提宁是圣殿中的服役，是专门协助服事利未人的（拉七 7，八 20），一般是战俘被编入成为殿役的（参二 55 之注释）。从以斯拉对此事之慎重可见，易多此人并非等闲之殿役，乃是利未人中的首领。故此，我们同意中文和合本的译法"易多和他的弟兄"（虽然希伯来文并没有"和"〔wᵉ〕字）。⑲ 易多应该是利未人，与殿役有所分别的，正如历代志上第十六章三十九节所言："祭司撒督和他弟兄众祭司"，撒督为大祭司，与众祭司是有分别的。此处所指的弟兄并非将易多与尼提宁人同等，乃是指出他们都是在圣殿中事奉的人。这群体中为首的就是易多，也就是以斯拉所要争取的

---

⑰ A. Cowley, "The Meaning of *mqwm* in Hebrew," *JTS* 17(1916), pp. 174 - 176; L. E. Browne, "A Jewish Sanctuary in Babylonia," *JTS* 17(1916), pp. 400 - 401; K. Koch, "Ezra and the Origin of Judaism," *JSS* 19(1974), pp. 173 - 197.

⑱ 希伯来文：lᵉdabēr   dᵉbārîm   bᵉpîhem   wā'āśimāh
中文直译：去说话   话语   在他们口中   我安放
此希伯来文的结构可参照撒下十四 3、19。

⑲ K & D 指出 Vulgate, 1 Esdras 等译本都有连贯词"和"字（即wᵉ'ehāyw）(p. 108)，Fensham 进一步指出可能于抄写时出现错误，将前一个易多（'iddô）的 w 与"他的弟兄"的 w 字删掉 wᵉ'āhîw(p. 114)。

关键人物,好让易多能够鼓励利未人及尼提宁人,愿意与以斯拉等一同回去耶路撒冷神的殿中服事神。

八18　"蒙我们神施恩的手帮助我们"　以斯拉于正月一日从巴比伦起程(七9),沿途招聚各路以色列的百姓。于亚哈瓦河边聚集时,发现中间并没有利未人(八15)。于是,以斯拉立即打发此十一位代表去迦西斐雅找首领易多(八16～17)。然后,于正月十二日即正式出发往耶路撒冷去。时间如此仓促,并且利未人亦对归回此异象十分冷淡;故此,能够有利未人愿意决定回去,实在是神的感动。所以,以斯拉说神施恩的手(七6、9、28,八18、22、31;尼二8、18)加在他们身上。

以斯拉非常小心注意所用的词藻文法,他刻意表明他个人应尽的责任,所以他以第一人称单数去形容(八15、17)。他"招聚""查看""我召""我打发"等都清楚表明他个人的责任。然而,当他提到神的殿,他即引用"我们神的殿",以复数去形容。神施恩的手也加在众人的身上,归回事奉神乃是众人的心志,以斯拉深知他只是在神计划中的一个环节而已。他需要利未人、尼提宁及众百姓彼此同心,一起走在神的旨意中,去完成他的作为。

"他们在以色列的曾孙、利未的孙子,抹利的后裔中带一个通达人来;还有示利比和他的众子与弟兄共一十八人"　终于神感动了两个利未的家族愿意归回,抹利的后裔示利比和众子共十八人,并米拉利的后裔哈沙比雅和耶筛亚,共二十人(八19)。依出埃及记第六章十六节、十九节而言,利未的儿子有革顺、哥辖和米拉利,米拉利的儿子是抹利。故此,这两个家族实在源于共同的家系,都是米拉利的后裔。据民数记第三章三十二至三十七节、第四章二十九至三十三节所记述,米拉利有二族;抹利族与母示族,他们的职分为看守会幕"帐幕的板、闩、柱子、带卯的座和帐幕一切使用的器具、院子四围的柱子、带卯的座、橛子和绳子"。

第八章十八节所提及的一位"通达人"('îš śekel),据七十士译本而言,属专有名称,即是人名,与示利比同等为抹利的后裔。但此字可能是形容示利比,虽然于希伯来文而言,"通达人"与"示利比"中间加插了"以色列的曾孙、利未的孙子,抹利的后裔",但依希伯来文法来看,这是可能的。至于示利比之前的连贯词 w^e,可能属于解释的连贯词,可以

译作"带一个通达人来，即是示利比"。⑳ 此示利比与哈沙比雅和其余
十个利未人领袖，并十二位祭司长，与以斯拉一起检核献金的数目（参
八 24；尼八 7，九 4，十 12，十二 24）。

八 19 "又有哈沙比雅，同着他有米拉利的子孙耶筛亚和他的众
子和弟兄共二十人" 希伯来文圣经将哈沙比雅与耶筛亚并列，都是米
拉利的子孙。㉑ 依民数记第三章三十三至三十七节而言，米拉利的二
族计有抹利与母示。第八章十八节提到示利比为抹利的一族，此处的
哈沙比雅与耶筛亚可能属于母示一族。第八章二十四节称示利比与哈
沙比雅为利未的领袖。二族加起来的人数共有三十八人，看起来人数
不多；但是于短短几天内，在恶劣的环境与归回的条件下，以斯拉认为
能够有三十八家的利未人，愿意动身与他同去，就足够印证为神与他们
同在。

八 20 "从前大卫和众首领派尼提宁服事利未人" 尼提宁人（参
二 43 的注释）直译为"那些赐予者"，希腊文七十士译本就是如此直译
作 οί δεδομενοι（hoi dedomenoi）。历代志上第九章二节将祭司、利未人
与尼提宁人分离而论。若将历代志上第十四至十五章所言大卫如何委
任利未人抬约柜，并派他们弟兄任讴歌作乐者，即可看出大卫的时代
已经拟定了服事神之成员的制度。尼提宁人可能于那时已为大卫所定
位，为服事利未人的殿役。殿役一词更是犹太史学家约瑟夫所使用的，
他称为 ίεροδουλοι（hierodouloi）。㉒

希伯来文的结构与第八章十九节相呼应，尼提宁人为句子之首，回
应着哈沙比雅。然后，接着是连续词，"此人是委任于大卫"（šennātan）。
此连续词为 še，而不是一般常用的 'ešer，引起了一些批判学者认为是后
期编者所代入的用词。不过，这也是不能武断而言的，传道书中曾使用

---

⑳ Kautzsch 称之谓 wāw copulātivum，即 wāw explicativum，参考经文为出二十四 12，二十
五 12，二十七 14，二十八 23；士十七 3（*Gesenius' Hebrew Grammar*，p. 484，§ 154a note
[b]）。

㉑ 希伯来文（MT）是 weʾittô 即是和合本所翻译的"同着他的"，不过七十士译本即是
και άννουνον，翻过来即是希伯来文的 weʾet，中文为"和"，与上文的哈沙比雅同属文法上的
受词（accusative）。

㉒ Joseph，*Ant*，xi，5，1（128）。

'ešer 约八十九次,而 še 则有六十八次之多。㉓

"现在从这尼提宁中也带了二百二十人来;都是按名指定的" 无可否定的是尼提宁人愿意归回的人数远比利未人多,并且他们甘愿与以斯拉归回也可能对利未人产生了鼓舞的作用,致使有三十八家利未人也愿意挺身而出。以斯拉亦在尼提宁人中有良好的影响力及信任,以致于几天之内能够招募二百多人前来。这些人的名单并没有详细记录于此,以斯拉必定拥有此"按名指定"的名录,以确切稽查他们的身份,但于选材撰写此书时,他并不以为适用于此,故没有抄录出来。这些有名目的尼提宁人虽然没有记录于圣经中,但每一个都为主所记念的。

(ii) 以斯拉宣告禁食(八 21~23)

21 那时,我在亚哈瓦河边宣告禁食,为要在我们神面前克苦己心,求他使我们和妇人孩子并一切所有的都得平坦的道路。

22 我求王拨步兵马兵,帮助我们抵挡路上的仇敌,本以为羞耻;因我曾对王说:"我们神施恩的手,必帮助一切寻求他的;但他的能力和忿怒必攻击一切离弃他的。"

23 所以我们禁食祈求我们的神,他就应允了我们。

八 21 "那时,我在亚哈瓦河边宣告禁食,为要在我们神面前克苦己心" 当利未人和尼提宁人都前来时,以斯拉即作出动身归程的最后预备。他深知此段旅程,若不是神亲自保守施恩,一千七百多男丁及妇孺,身上携带着那么多金子银子等财物,能够顺利归回耶路撒冷并非易事。他并不是政治家或军事家,他是祭司和宗教家。他所能做的乃是在神面前恳求,于是他在出发前宣告禁食。

于旧约而言,禁食代表着一个人或一个群体,在神面前克己不进食,一方面是表示慎重其事,另一方面有内省自责之意,希望可以平息

㉓ S. Japhet 反对为后期编者的手笔,这连接词就是其中之一的例证,参 "The Supposed Common Authorship of Chronicles and Ezra-Nehemiah Investigated Anew," *VT* 18 (1968),pp. 330 - 371.

神的怒气，并能打动他的慈心，去施行拯救（士二十 26；撒上七 6；王上二十一 9；代下二十 3；耶三十六 6）。于被掳后期的时代中，禁食祷告是非常通行的事（尼九 1；斯四 3、16）。一般而言禁食与祷告是相提并论的，以确保神会回应人的求问（耶十四 12；尼一 4；斯四 16）。

禁食也常与克己同时出现，利未记第十六章二十九节记录守赎罪日时，以色列人"要刻苦己心"（利十六 31）。刻苦己心即在神面前谦卑，一般希伯来文为 'innāh nepeš，或繁写为'innāh baṣṣôm napšô（诗三十五 13）。此处希伯来文的动词是自我反射之文法（lᵉhitʾannôṯ），即是攻克己身或刻苦己心之意。

"求他使我们和妇人孩子并一切所有的都得平坦的道路" 求者，寻求之意（代下二十 3～4），以斯拉深知长途跋涉的旅程，充满各种盗贼的危险，所以他宣告各人在神面克己祈求神。他们一行人等，至少超过三千人，并且身上携带着的贵重财物，必定会引起许多人的注意。故此他们极需要有神施恩的手帮助他们，以致他们可履平安的道路。诗人大卫形容得很清楚，他以相同的词藻说："使你的道路在我面前正直。"（诗五 8）

"妇人孩子"是希伯来文（lᵉ ṭappēnû）的意译。此字原意为弱小的孩子（创三十四 29；申一 39），但也包括女子（士十八 21，二十一 10；撒下十五 22）。故此，和合本采取意译，将妻子、妇人、孩子都包括在内。此祷告祈求涵盖了以斯拉等归回的男丁、其余妇孺和一切财物，都需要主赐下平安。

八 22 "我求王拨步兵马兵，帮助我们抵挡路上的仇敌，本以为羞耻" 以斯拉的归回与后来尼希米不相同，前者纯是宗教为目的，所以以信心投靠神的保护而非靠兵马，是很合宜的。至于尼希米则是王所委派的省长官员，故此王差派兵马护送也是十分合理的（尼二 9）。[24] 以斯拉在亚达薛西王面前曾多次见证神的能力，如今在归回的旅程上，他

---

[24] Kapelrud（*Authorship*，pp. 50 – 51），Myers（*Ezra*，p. 67），In der Smitten（*Ezra*，p. 22）. Kapelrud 认为此处作者刻意将以斯拉的属灵地位抬高，过于尼希米。但是这并不尽然，因为以斯拉以祭司的身份归回，与尼希米以省长的身份归回不相同，故此所采用的途径、方法也可能不相同。

也要一致地表明神的能力。所以,他以求王派兵马护送为羞耻。这也是引发他要在亚哈瓦河边宣告禁食祷告的原因。他深知路上仇敌强盗猖獗,故需要神亲自施恩保守。

"因我曾对王说:'我们神施恩的手必帮助一切寻求他的;但他的能力和忿怒必攻击一切离弃他的'" 此刻正是信心考验之际,以斯拉既在王面前作了见证,表明神的施恩与能力,现在就不能收回起先所说过的话,只是毅然将回归者完全交托给神。以斯拉所见证的,乃是旧约中常用的对比:神施恩的手与神忿怒的能力对比,帮助一切寻求他的与攻击一切离弃他的对比(代上二十八9;代下十五2)。以斯拉清楚地晓得王允许他归回,利未人愿意同行,以致旅途之平安都是有赖于神"善良的手"(希伯来文原意),施恩于他,使他能亨通顺利。能力和忿怒为旧约诗类体裁的"二为一"的措辞,即是忿怒的能力。"帮助"与"攻击"原文为 'al⁻ kāl,即是加于一切人身上。于寻求他的人即是帮助,于离弃他的人就是攻击,正如日光能融化蜡烛,却能硬化泥土般。对神的作为有不同的回应,就产生不同的结果。

八23 "所以我们禁食祈求我们的神,他就应允了我们" 此处的"所以"是回应上文的"因"(kî),希伯来文是没有此字的,和合本译本就其文理放在此处,指出其因果关系。回归者的禁食祷告主要是为了此事('al⁻ zo't),可见以斯拉于临出发前心中的负担甚重,故此他恳请所有回归者与他一同禁食祈求,直到他们心中有确据,知道神实在应允了他们的恳求,会将平安赐给他们,他们才安心动身起程。

(iii) 以斯拉权衡金银器皿(八 24~30)

²⁴ 我分派祭司长十二人,就是示利比、哈沙比雅和他们的弟兄十人,

²⁵ 将王和谋士、军长,并在那里的以色列众人,为我们神殿所献的金银和器皿都秤了交给他们。

²⁶ 我秤了交在他们手中的银子,有六百五十他连得;银器重一百他连得;金子一百他连得;

²⁷ 金碗二十个,重一千达利克;上等光铜的器皿两个,宝贵如金。

28 我对他们说:"你们归耶和华为圣,器皿也为圣,金银是甘心献给耶和华你们列祖之神的。

29 你们当警醒看守,直到你们在耶路撒冷耶和华殿的库内,在祭司长和利未族长并以色列的各族长面前过了秤。"

30 于是祭司、利未人按着分量接受金银和器皿,要带到耶路撒冷我们神的殿里。

八 24　"我分派祭司长十二人,就是示利比、哈沙比雅和他们的弟兄十人"　和合本将示利比等利未首领与祭司长十二人合并于一起来翻译,算为相同的一群人。但是,希伯来文则指出为两类人:祭司长十二人与示利比、哈沙比雅等利未人十二位。希腊文七十士译本亦是如此理解,将 lᵉ 视作"间接受事格"(dative)。拉丁文武加大译本则翻作"直接受事格"(accusative),与祭司长同为动词"分派"的受词。虽然从亚伦而出的祭司皆是利未人(亚伦之父暗兰是利未的儿子哥辖所生的,出六 18～20),然而,神将亚伦的祭司等次与其余利未人分别出来,利未人要"站在祭司亚伦的面前,好服事他。替他和会众在会幕前守所吩咐的,办理帐幕的事"(民三 6～8)。因此,于会幕及后期圣殿的事奉而言,利未人是服事祭司的。

此处的祭司长十二人和利未十二人,应有代表以色列的十二支派之象征,正如第八章三至十四节所记录的回归者中,也是将十二个家系代表新以色列的十二个支派(参八 3b～14 之注释)。作者刻意选用"分派"('aḇdîlāh)此字,此字多出现于圣殿礼仪有关的经文中,意思是分别为圣之义,譬如祭司要分别为圣(民八 14,十六 9;申十 8;代上二十三 13,二十五 1)。㉕ 以斯拉曾以此字去形容归回的以色列人,要与外邦所沾染到的污垢"除掉"或"分别"出来(六 21),中文亦译作"离绝"(九 1,十 11)。可见,以斯拉特意将这二十四人分别出来,并委派他们去核点金银和器皿的数目。

金钱是最容易给魔鬼留地步的引诱,以斯拉深明大义,故此他慎重地将祭司长及利未首领分别出来,去办理此事,免得他及归回的群体都

㉕ Otzen, "bdl," *TDOT*, II, pp. 1–3.

蒙受毁谤。"留心作光明事"乃是一个很好的属灵原则,以斯拉一点也不松懈。

八25 "将王和谋士、军长,并在那里的以色列众人,为我们神殿所献的金银和器皿" 按照亚达薛西的谕旨(七15),王和谋士甘心将金银等器皿献给以色列神的殿,并收纳了以色列众人的献金(七16)。"在那里的以色列众人"(weʻkol-yiśerîm hannimṣāʼîm)是指着在巴比伦境内,领受了王谕旨的以色列民。虽然他们没有动身归回,但是他们仍有份参与圣殿献祭和重修的工程。他们所献的金银都要送到耶路撒冷神的殿中,奉献(hērîmû)此字回响着大卫为神殿预备了各样材料的事件,历代志上第二十九章十七节记载:"我以正直的心乐意献上这一切物。现在我喜欢见你的民,在这里(hannimṣeʻû)都乐意奉献与你。"

"都秤了交给他们" "秤"字,即是指旧约重量舍客勒的动词ʼešqāwlāh,[26]以斯拉将这些金银器皿秤了后,即交给这二十四位祭司长和利未首领作稽核。以斯拉于起程前后都是如此作,以确保数目是正确无误的。由于数量颇多,据估计有六百五十他连得银子(八26)约二十二吨之多。很可能动手秤的以斯拉需要很多人在旁帮助,这二十四位代表就是助手去核点这些金银器皿。

八26～27 "我秤了交在他们手中的银子有六百五十他连得;银器重一百他连得" 以斯拉秤了金银及器皿,即交给这十二位祭司长和十二位利未代表(参一8)。依照第七章二十二节所记述亚达薛西王的谕旨,河西的库官要提供一百他连得银子。一他连得约三十四公斤,六百五十他连得即约有二十二吨重的银子(参七22之注释)。有些经学家认为太多了,故此觉得是不可能的事;又有些认为属夸张或误解了古代的数量或重量单位。[27]但既然王与谋士都有进贡、河西库官也有出纳银子、以色列百姓又有甘心乐意献金,这些数量并非没有可能的。况且,以斯拉如此慎重地处理,并宣告禁食祷告去求平安,可见,他们携带回去的数量是不少的。

㉖ 希伯来文圣经(MT)于八25、26的字体有不同的型态,八25有手授本(Kethiv)ʼešqôlāh与口授本(Keri)ʼešqāwlāh。八26即将中间的w删去,只有ʼešeʻqalāh。

㉗ Myers,*Ezra-Nehemiah*,p.71;Williamson,*Ezra*,p.119.

　　和合本译作银器共重一百他连得，即三点四吨。但第八章二十七节的金碗二十个，只重一千达利克(一达利克约十六分之一个弥那，一弥那约重零点五七公斤)，即现代重量三十五公斤。于文体结构和重量来看，和合本对银器与金碗数目的译法相差太远。但依希伯来文的结构而言，两者十分工整对称。㉘ 银器与金碗的数量相对——一百个与二十个，它们的重量也是对称的——他连得与一千达利克相呼应(参脚注 28)。此处的释经问题在于银器的"他连得"一词，有些经学家认为可能遗漏了一个数据。㉙ 但是，希伯来文圣经(MT)建议"他连得"(leᵏkikkārîm)此字可能是复数的 leᵏkikkārāyim，即是将原本所没有的韵母更改，使之成为复数的"两个"。㉚ 翻译起来即为"银器一百个、重二他连得"，即其重约七十公斤。此解释并没有更改希伯来文的原文子音，只是将口授的马所拉传统更正，使之符合上文文体的结构。㉛

　　"金子一百他连得，金碗二十个重一千达利克"　此处的排列十分工整，银子、金子在先，银器、金碗在后(一 4)。金子一百他连得即三点四吨。金碗二十个，重一千达利克，即为三十五公斤重。达利克可以为货币的单位，于大利乌王时期所采用的金币。但达利克又可以为重量的单位，源于更早期亚述时代，约为十六分之一弥那(约三十五克)。㉜

　　"上等光铜的器皿两个，宝贵如金"　此处的希伯来文体十分繁复难解，上等(tôḇāh)是阳性的形容词，描述这两个器皿(keᵏlê)的质量。

㉘ 兹将银器与金碗的文体结构并列如下：

银器	leᵏkikkārîm	mēʾāh	û keᵏlê˘ kesep
金碗	la ˀaḏarkōnîm ˀălep	ʾeśrîm	ûkeᵏpōrê zāhāḇ
	重量	数目	器皿

㉙ Myers 翻译时将空格腾出来，以表示所遗漏的数字(p. 66)。
㉚ 希伯来文圣经原本只有辅音(consonants)，而没有元音(vowels)。公元 500－950 年间，犹太学者马所拉及其学派按照文士所口传的传统鉴定经文，并加上元音和重音符号。他们采用点与画的符号为韵母，承袭前人的传统，将发音定规下来。我们现今所采用的希伯来文圣经，就是马所拉抄本。
㉛ Fensham, *Ezra*, p. 118.
㉜ 达利克的希伯来文为 ˀă darkōn 或 darkeᵏmōn，希腊文为 δαρηκος(darēkos)，英文译作 Daric 或 Dram (AV)和 Drachma (NEB)。可能是取自大利乌一字(Darius)，但亦可能源于亚述重量单位 darag mana(1/16 弥那，mina)。圣经记述此单位共四次，代上二十九 7；拉二 69，八 27；尼七 70(*ISBE*, I, p. 867)。

铜是名词与器皿构成文法上的相系名词。[33] "光"(mushāb)是阴性的名词,虽由sāhab的分词演绎而成,但于此处并非以一般分词的功能去形容铜制器皿此名词,因为它与"上等"此形容词属于不同性别。故此,"光"此名词很可能与"铜"此名词并合成一连串的文法相系名词。"光"此字曾于旧约历代志下第四章十六节出现,以形容"巧匠户兰用光亮的铜为所罗门王"制造神殿的器皿。利未记第十三章三十节、三十二节、三十六节用此字形容"黄毛"。可见,此字的含义包括"光明如黄金般灿烂"。

"宝贵如金"的译法着重其价值。hǎmûdôt此字于旧约是用作形容一个人(但以理)在神面前是"大蒙眷爱"的(但九 23,十 11、19);或用作形容金银财宝之宝物(但十一 43)。这两个铜制器皿特别被指出为宝贵的,因为铜在古时是贵重的金属。这译法回应上文的"上等"之意思,以进一步描述其价值连城,如黄金般珍贵。近代有些经学家认为此字应该回应"光铜"的明亮,尤其希腊文七十士译本将之删去,只有"如黄金般"。[34] 不过,光亮与宝贵,这两个意思都于"上等光铜"中包括在内,在此也不必执着某一重点去演绎。百姓们以"上等""宝贵"的金、银、铜等物献给神。他们虽然不能归回,但身为海外的侨胞,仍然为故国献上最好之物。

八 28　"我对他们说:你们归耶和华为圣,器皿也为圣"　以斯拉真知道人性的软弱,这十二个祭司长和十二个利未族长,面对着如此大量金子和银子,所肩负的责任和试探实在是非常重大。倘若途中有人变节或不忠,整团的回归者都会受牵连。如此,他语重心长地嘱咐他

---

③③ 相系词(Construct Chain)是圣经希伯来文特有的文法结构,去表达类似英文的前置词 of。此结构的功能是希伯来文的"所有格"(genitive),以表示"属于"之意。一般是由两个或以上的名词并排组合而成的,通常重音或韵母都会有所更改,以显明其相系连锁的关系。拉八 27 的经文可分别译作"铜制的器皿"与"光亮的器皿"。合并起来即成"光铜的器皿",参 Thomas Lambdin, *Introduction to Biblical Hebrew* (NY: Charles Scribner's Sons, 1971), pp. 67 - 70, §72 - 73; E. Kautzsch, *Genesius Hebrew Grammar* (Oxford: Clarendon, 1978), pp. 462 - 466, §145。

③④ LXX Χρυσοειδῆ (Chrusoeidē)即是希伯来文的 dᵉmût zāhāb,MT 的脚注处,编者亦有此建议(*Stuttgartensia*, *Biblia Hebraica*)。Pelzl 亦以铜的光亮为主去译解此字(*ZAW* §7 [1975], pp. 221 - 224)。

们,务要归耶和华为圣(qōḏeš)。此字于旧约中的非神学用处为"不搀杂"之意。申命记第二十二章九至十一节指出:"不可把两样种子种在你的葡萄园里,免得你撒种所结的和葡萄园的果子都要充公。不可并用牛驴耕地。不可穿羊毛细麻两样搀杂料作的衣服。"所以此字的基本意义为分别、不混杂。当应用于宗教神学范围时,此字则进一步引申分别为圣的意义。先知以赛亚宣告神的独一性时,如此记录:"我是耶和华,在我以外并没有别神,除了我以外再没有神。"(赛四十五 5)故此,耶和华的名为"圣者"(赛五十七 15)。这位圣者命令他的子民:"我是耶和华你们的神,所以你们要成为圣洁,因为我是圣洁的。"(利十一44,十九 2,二十 7、26,二十一 8)

再者,这些器皿都是归入圣殿使用的,它们必须被洁净,分别为圣方合乎主用。处理这些圣物的祭司也务必洁净,不然若玷污了圣物,自己也干罪(出二十九 1;利二十一 6)。以斯拉的嘱咐遂成为了第九、十章的重点,他归回的使命乃是要重整圣民的生活,使之能够成为圣洁。这句话成为了构成最后两章与全书合一的伏笔。所罗巴伯归回重建圣殿有形的建筑,以斯拉归回重整圣民无形的信仰。所罗巴伯以砖块为材料去建造,而以斯拉则以神的律法为标准,去整顿圣民的内心世界及道德生活。

八 29　"你们当警醒看守"　"警醒"(šiqḏû)一词于旧约中曾被译作耶和华"留意"拔出、拆毁,又"留意"建立、栽种(耶三十一 28)。又可译作"警醒",比如诗篇第一○二篇七节:"我警醒不睡,我像房顶上孤单的麻雀。""看守"(šimrû)一词有受托照管之意,比如创世记第二章十五节:"耶和华将那人安置在伊甸园,使他修理看守。"但亦可以译作"留心",比如诗篇第一○七篇四十三节,"凡有智慧的,必在这些事上留心。"又可译作"仰望",比如撒迦利亚书十一章十一节:"那些仰望我的困苦羊,就知道所说的是耶和华的话。"

故此,这两个字的意义有相近之处,诗篇第一二七篇一节将它们用在一起:"若不是耶和华看守城池,看守的人就枉然警醒。"以斯拉将这两个意义与音调相近的词藻放在一起,于文体而言属"二为一"的综合法,可以译作"警醒的看守"。这二十四个祭司长和利未族长身负重任,于途中务必警醒,免受亏损。所以,这两个字都是以命令时态写成,他们是受托去监管这些献金,直到归回圣城。

"直到你们在耶路撒冷耶和华殿的库内,在祭司长和利未族长并以色列的各族长面前过了秤" 这二十四个祭司长和利未首领需要有始有终,将这些献金安然无恙地送到耶路撒冷。古代的通商大道、驿站市镇,常有盗贼抢掠杀人,波斯及地方军队不一定可以确保安全。尤其是这一个群体,既无军兵护送,又扶老携幼,徐步前行,更容易成为强盗洗劫的对象,的确需要神施恩的手去帮助,也需要警醒看守,尽上当尽之本分。神的恩典及人的尽忠,两者配合起来才可以完成此艰巨的任务。

经文清楚地表示,以斯拉等于旅途前后,皆将金、银、器皿秤过,加以记录,以保证准确无错误。并且每秤一次,皆有众多见证人作证。圣经对钱财处理的原则,乃是留心作光明磊落的美事,总不要给那恶者留地步。

八30 "于是祭司、利未人按着分量接受金银和器皿,要带到耶路撒冷我们神的殿里" 此处形容当时此二十四人,从以斯拉手中接过(qibbᵉlû)所量给各人的分量。"接受"此字藏着希西家王洁净圣殿的一幅图画。当时"祭司进入耶和华的殿要洁净殿,将殿中所有污秽之物搬到耶和华的院内,利未人接去(yᵉqabbᵉlû),搬到外头汲沦溪边"(代下二十九16)。从上而下的转交委托,由以斯拉处交付给祭司长和利未人,然后,他们各人将所量的份收藏妥当,就一起与众百姓动身上路,把这些贵重的献物带到耶路撒冷去。

(iv) 以斯拉等人安然归回耶城(八31~36)

31 正月十二日,我们从亚哈瓦河边起行,要往耶路撒冷去。我们神的手保佑我们,救我们脱离仇敌和路上埋伏之人的手。

32 我们到了耶路撒冷,在那里住了三日。

33 第四日,在我们神的殿里,把金银和器皿都秤了,交在祭司乌利亚的儿子米利末的手中;同着他有非尼哈的儿子以利亚撒,还有利未人耶书亚的儿子约撒拔和宾内的儿子挪亚底。

34 当时都点了数目,按着分量写在册上。

³⁵ 从掳到之地归回的人向以色列的神献燔祭,就是为以色列众人献公牛十二只、公绵羊九十六只、绵羊羔七十七只;又献公山羊十二只作赎罪祭。这都是向耶和华焚献的。

³⁶ 他们将王的谕旨交给王所派的总督与河西的省长,他们就帮助百姓,又供给神殿里所需用的。

圣经作者用了三十节经文将以斯拉出发前的预备,非常详尽地描述出来,但只用了五节经文轻描淡写地记述他们归回的行程。当然题材与篇幅的修订都是作者按着他写作的神学目的所拟定的。第八章一至十四节之名单回响着第二章一至七十节所罗巴伯等首批归回的名单,也引出整个"出波斯,入迦南"的经历,于神学的角度而言,乃是"第二次出埃及"。至于第八章十五至二十节的片段,指出以斯拉归回的意义乃是属灵的宗旨,利未人是不可缺少的一环。既有属灵的目的,禁食祷告(八21～23)与分别为圣(八24～30)则是必须的预备。至于在路上四个月的行程,并没有加以选材记录,因为这对以斯拉记的整体神学发展影响不大。虽然从所记载的语气中得知途中亦有仇敌及埋伏等事情发生,但作者认为这些事件与全书的发展不相符,将之略去不详谈。

八31　"正月十二日,我们从亚哈瓦河边起行,要往耶路撒冷去"

第七章九节记录以斯拉从亚达薛西王获悉谕旨后,即动身起程去亚哈瓦河边,并招聚众百姓。当他发现利未人不在其中时,就于三日后委派各领袖去易多处邀请利未人同去。当利未人出现时,他即宣告禁食大会,及后将各金银和器皿数点,分派给祭司长和利未人首领。当这一切事务办妥后,即是正月十二日,³⁵他们就起程赴耶路撒冷。

"我们神的手保佑我们,救我们脱离仇敌和路上埋伏之人的手"

神的手(yād)与人的手(kap)显出强烈的对比。yād字是拟人法的比喻去形容神的大能(申十六17;诗七十八42)。第七章六节、九节、二十八

---

³⁵ Jaubert 认为以斯拉于正月十二日正式起程,五月初一抵耶京(七9),依犹太人历法计算,应该是星期五抵达,故此需要等安息日过后,才可以到圣殿秤量金银等物。参"Le calendrier des Jubilés et de la secte de Qumran. Ses origins bibliques," *VT* 3(1953), p.261.

节,第八章十八节、二十二节、三十一节都有记述神施恩大能的手,如何在波斯王、利未人等面前帮助以斯拉。故此,作者选用词藻时,刻意与人的手有分别。人的手(kap),原意是掌心,曾用于埃及法老手中的杯(创四十11)。这两个希伯来文都可以用于人或神的身上,本是相通的。不过,于此处则显出作者将神施恩大能的手,与仇敌、埋伏人的手分别出来。

"救我们脱离"(yassîlēnû)此字带出一幅图画。最能代表此字的基本意思的,就是阿摩司书第四章十一节:"使你们好像从火中抽出来的一根柴"(亚三2亦有同样的用词)。火代表危难凶险,抽出来就是拯救脱离之意。以斯拉于三言两语间,就将路上的危险及神的拯救,以此富于色彩的词藻表露出来。

八32 "我们到了耶路撒冷,在那里住了三日" 差不多一千五百公里漫长的旅途,于轻描淡写下就略过了。仆仆的风尘,疲累的客人,于抵达耶路撒冷后,即安顿休歇三天。他们也可能于安息日抵达,按着律法安息于主前,重新得力。耶路撒冷的众领袖亦十分体谅他们的景况,让他们好好地休息。后来的尼希米也是如此,抵达耶京后,即住了三日才正式作工(尼二11)。

此时正是五月初一日(七9),被掳后的犹太人称五月为埃波月,即是公历(贵格利历)之七、八月。那时暑热干旱,回归者实在需要这三天的休息。尤其是以斯拉,因为接下来就是一连串改革行动,他体力上必须可以承担圣民内在生命重整之重任。

八33 "第四日,在我们神的殿里,把金银和器皿都秤了" 三天过后,以斯拉等领袖就进了神的殿,首先与耶路撒冷众领袖交代好献金的数目。出发前数点,抵达后也清楚地数点,留心去做光明的事。他们在耶路撒冷的祭司们面前秤好了金银器皿后,即交给他们。当时有"祭司乌利亚的儿子米利末"为首接收此献金。此米利末在尼希米记第三章四节、二十一节提作建造城墙的得力分子。他的祖父为哈哥斯,哈哥斯记载于第二章六十一节,为所罗巴伯首批回归者,三个家族祭司寻查不清家谱的其中一家。倘若尼希米记第三章与以斯拉记第二、八章所记录的都是同一家族,哈哥斯如何能够从不明家谱的身份,演变成为圣殿祭司的首领呢?

故此，有些批判学家则认为第八章与尼希米记第三章的名单次序是倒置过来的。第二章六十一节所记载哈哥斯于所罗巴伯归回时，仍未能确定其祭司家谱的身份，故不能在圣殿任职。这些经学家认为尼希米为第二批回归者（参绪论"归回次序"一节），那时"哈哥斯的孙子乌利亚的儿子米利末修造一段"（尼三 21）。尼希米记第三章没有记录他们为祭司，因为身份尚未明朗。后来，因为建城墙有功，这些学者认为犹大人就接纳他们为祭司。于是，当以斯拉第三批归回时，米利末已经为圣殿的祭司。[36]

可是，此揣测也是未必尽然。绪论中，归回的次序采用传统的顺序解释：所罗巴伯（538 B.C.）、以斯拉（458 B.C.）及尼希米（444 B.C.）的三次归程。至于哈哥斯的个案，可能于第二章六十一节之后，即寻觅到他的族谱。于是经过八十年后，他的孙子米利末已正式成为祭司，在圣殿任职财务事宜，负责接受以斯拉的献金（八 33）；并于十四年后，参与尼希米圣城墙垣的重建（尼三 4）。[37]

"同着他有非尼哈的儿子以利亚撒" "同着他"（we'immô）及"还有"（we'immāhem）是繁写的希伯来文，其用意是要表明这些人都是见证人，与祭司米利末一起核点献金数目。以利亚撒的身份很难稽查，此名字本身十分普通，与第十章二十五节的应该是不相同的人物。两个祭司长与两个利未族长一起接收以斯拉的献金。约撒拔可能是第十章二十三节与外邦女子通婚的那位。而宾内则记载于尼希米记第三章二十四节、第十章九节、第十二章八节，其子挪亚底就没有进一步的记录。约撒拔可能是第二章四十节耶书亚的儿子，尼希米记第十一章十六节记载"约撒拔管理神殿的外事"。

八 34 "当时都点了数目，按着分量写在册上" 依文理而言，此节是顺着经文发展，指出这四位耶路撒冷圣殿的代表，把金银和器皿接过来后，核点数目及重量，稽查过与归回前的数据相同时，即记录于圣殿的册内。但依文法而言，此节的组织与上一节脱节自悬一方。按字义直译

㊱ Rudolph，p. 84.

㊲ Fensham，p. 121；但 Kellermann 认为这几个名字都是当时极普遍通用的名字，不能将拉二、八与尼 3 联于一起而言。参 *ZAW* 80（1986），p. 69.

为"按着数量和重量,都点齐了,每一分量都于那时写下来"。由此可见,作者小心地表达这些人的慎重,数量和重量都清楚点齐,才记录上册。

八35　"从掳到之地归回的人向以色列的神献燔祭"　作者将上下文的第一身叙述,加插了两节以第三人称为旁述的第八章三十五至三十六节。于是,有些经学家认为是编者或历代志作者的手笔。⑧ 不过,若以整全的以斯拉记为文士以斯拉的手笔作品为前提(参绪论"文体结构之作者鉴定"一节),他可能回响着第二章一节"从前掳到(haggôlāh)巴比伦的人",并他们归回后筑坛献燔祭的事迹(三1~7),以第三人称祭司的身份去描述这群回归者的献祭。况且,献祭与王的谕旨息息相关,并且于实际上没有抵触王的旨意。作者的思路可能因第八章三十四节第三人称的动词"被记录"(yikkāṯēḇ)而引发,开始以第三人称旁述他们献祭的经历,及将王的谕旨转告总督和河西省长。

"燔祭""赎罪祭"及"焚献"都是指着祭物献在祭坛上焚烧。燔祭是全烧的焚献,赎罪祭是部分焚烧,另一部分留给祭司用的(利四8~12)。赎罪祭应该在先,表示以色列人的罪在耶和华面前已经处理妥善了,然后他们所献上的燔祭或其他馨香的祭才被悦纳。这些燔祭都是感谢神对他们施恩的手。以斯拉深感此归程的每一项细节都有神施恩的手之帮助,方可如期顺利地完成。因此,他归回后即以感恩的心献上燔祭。

这些祭物都是十二和七的倍数,十二只公羊、九十六(八乘十二)只公绵羊、公山羊十二只。至于绵羊羔为七十七(七之倍数),希腊文以斯拉壹书(八66)译作七十二(六乘十二),约瑟夫也如是记录。但是,此处不必删改希伯来圣经(MT)也可以有完善的解释。作者对七、十二等数字是十分看重的。

八36　"他们将王的谕旨交给王所派的总督与河西的省长"　以斯拉以第三人称的身份讲述他的使命,将王的谕旨送到王所派的总督那里。总督或译作省督,为波斯国二十多个省区的最高行政长官,通常

---

⑧ Myers 认为是历代志作者手笔(*Ezra*, p. 72),Brockington 认为是别的编者(p. 89)。Ruldoph 更认为此两节为编者的剪刀,将原先的文献剪开,把它放在尼八章的部分。

是波斯王的近亲(参四 8 之注释);㊴此处是复数,可以指着以斯拉将王
的谕旨送呈给河西及埃及省区的总督。省长为省区内的省份,波斯全
国共有一百二十七个省份,各有一省长。以斯拉如此作,完全是依着王
谕旨内所拟定的意旨(七 21～23)。

"他们就帮助百姓,又供给神殿里所需用的" 此处所指的他们,应
该是上文所提及的总督及省长,他们慷慨解囊,伸出手去帮助百姓,此
字原意为"将百姓举起来"(一 4)。依着王的谕旨,他们要供应银子、麦
子、酒、油、盐等物(七 22)。据此处而言,他们照着王的谕旨,尽量去供
应圣殿所需用的物品。

如此就完成了记述以斯拉归回的任务,然而,他在耶路撒冷及犹大
境内,却发掘了一些新问题,引起了他日后将全副精神力量,都集中于
此,以重整百姓们的道德生活及内在敬虔。外在圣殿的重建或重修,都
属于比较容易办妥的事;然而内在圣民的重整,却是一生之久的任务。
故此,余下的两章,以及尼希米记都是记录此事:圣民内在敬虔及道德
生活的重整。

肆 以斯拉所带领下圣民信仰和生活的重整（九1～十44）

（I）以斯拉获悉圣民与外邦人异族通婚的罪（九1～4）

1 这事作完了，众首领来见我，说："以色列民和祭司并利未人没有离绝迦南人、赫人、比利洗人、耶布斯人、亚扪人、摩押人、埃及人、亚摩利人，仍效法这些国的民，行可憎的事。

2 因他们为自己和儿子娶了这些外邦女子为妻，以致圣洁的种类和这些国的民混杂，而且首领和官长在这事上为罪魁。"

3 我一听见这事，就撕裂衣服和外袍、拔了头发和胡须，惊惧忧闷而坐。

4 凡为以色列神言语战兢的，都因这被掳归回之人所犯的罪聚集到我这里来；我就惊惧忧闷而坐，直到献晚祭的时候。

　　九1 "这事作完了" 依一般文法而言，"这事"应指着上文所发生的事，即第八章三十四至三十六节所简略介绍，以斯拉等归回后核点金银之数目、献祭，以及四处与总督和省长交代王谕的事。希伯来文的结构 ûkᵉkallôt ʼēlleh 都是用于总结上文所作的事，完毕后即开展下文的事（参代下七1，二十九29，三十一1）。况且，"这事"是复数，即包括了以斯拉归回后所作的一连串事。尤其是将王谕向总督及河西各省长传递之事，更需时数月之久。以斯拉归回耶路撒冷后，即马不停蹄地进行各样事，甚至要亲力亲为地在各处争取省长们的支持。因此，自五月初一日抵耶京后（七9），至九月二十日百姓、领袖等聚集圣殿前认罪守约，足有四个多月之久。

　　有些经学家认为第八与九章之间，于七月间以斯拉于"水门前的宽阔处",招聚了众人,并宣读了神的律法(尼八章)和守了住棚节等活动。他们认为于次序而言,原先的以斯拉回忆录被编者拆开了,并加插了第九至十章和尼希米记第一至七章。[①] 但是,如此删剪忽略了经文本身的年代记录,第七章八节记载为亚达薛西王第七年正月起程,五月抵达耶京,九月会众认罪(十 9)。[②] 然而尼希米记第五章十四节记载尼希米为亚达薛西王二十年任省长。他于基斯流月(即公历十一至十二月)获悉耶路撒冷城墙荒凉的消息(尼一 1),尼散月在王前申诉(即公历三至四月,尼二 1),随即动身归回。归回后就动手兴建城墙,于五十二天内,以禄月(即羊鲁鲁月,或公历八至九月,尼六 15)完工。

　　工程完毕后,于犹太宗教年历的第七月(尼八 1~2),尼希米与以斯拉招聚众百姓于水门宽阔处,宣读神的律法。那时,是亚达薛西王的二十年,与以斯拉刚回去时亚达薛西王第七年,相隔了约十三年之久(参绪论"归回次序"一节)。显然,第八章与尼希米记第八章的年代不相同,不能以编者的剪裁而将之删改或缝合。[③]

　　"众首领来见我,说:'以色列民和祭司并利未人没有离绝迦南人、赫人……仍效法这些国的民,行可憎的事'" 当以斯拉办完公事后,他稍为安顿下来,可以处理犹大人本身的信仰生活问题。那时,以色列民、祭司和利未人的首领一起来见以斯拉,向他报告有关这三类人的实况。这些领袖所提出的问题,并非是与以斯拉同期的归回问题,乃是自所罗巴伯以后,当地所遗留下来的问题。

　　此问题乃是回归者群体中出现的一个十分严重的现象——犹太人与异族通婚,并将异族的宗教信仰和生活习惯引进回归者当中。这些首领报告给以斯拉知道,以色列各代表的阶层内,没有离绝(nibdᵉlû)异族人。离绝此字原意为分开,譬如于创世时,"神看光是好的,就把光暗分开了"(创一 4、6~7、14、18)。后来,此字用于宗教意义上,譬如祭

---

① Batten 的注释书就是按着所重新更改的次序排列,他认为以斯拉壹书的次序就是将尼八章放在拉八章之后,而约瑟夫亦是以此为根据,撰写以斯拉的生平。参 *A Critical and Exegetical Commentary on the Books of Ezra and Nehemiah* (Edinburgh: ICC, 1913).

② 正月、五月、九月为犹太宗教年历,即公历三至四、七至八、十一至十二月。参绪论脚注 36。

③ Kidner 有一段精辟文章将这些批判学者的立场归纳起来,并作一回应,参 *Ezra & Nehemiah*, Tyndale Old Testament Commentaries, Appendix IV, pp. 146-152.

物的鸟"不可撕断"(利一 17,五 8)就是此字。用于利未人与祭司身上,即为分别为圣之意(民八 14,十六 9;申十 8;代上二十三 13,二十五 1)。分别为圣的观念更进一步展示出圣俗、洁净与不洁净务要分别出来(利十 10,十一 47,二十 25;结二十二 26,四十四 23)。④

第六章二十一节提及"一切除掉(hannibdāl)所染外邦人污垢"的记录,包括宗教上拜偶像、道德上淫乱、生活上不忠等。故此,第九章一节所指的离绝实在有宗教与道德的含义。尤其是"可憎的事",更明显地指明其宗教道德的可憎。查申命记第十二章三十节,这些"耶和华所憎嫌所恨恶的一切事",包括恶俗,将自己儿女用火焚烧献给别神等事。第九章十一节也提及"列国之民的污垢和可憎的事"(九 11)。⑤

至于与外族通婚一事,律法是有明文禁止的。出埃及记第三十四章十五至十七节清楚指出:"只怕你与那地的居民立约……又为你的儿子娶他们的女儿为妻,他们的女儿随从他们的神就行邪淫,使你的儿子也随从他们的神行邪淫。"申命记第七章一至四节亦有如此提及"不可与他们结亲……因为他必使你儿子转离不跟从主,去事奉别神的"。虽然摩西五经中有记载以色列人与外邦女子通婚之事(创十六 3,四十一 45;出二 21;民十二 1);但是王国时期所出现的外族通婚,的确是引起以色列人转离耶和华。最显著的例子,就是以利亚时代,以色列王亚哈娶了西顿王谒巴力的女儿耶洗别,并因此引进了巴力的敬拜、庙宇、祭坛等的建造(王上十六 31~34)。到了被掳时期,此现象更是普遍,归回的群体逐渐与邻近的居民通婚,形成了血缘混杂,宗教信仰搀杂不纯的局面。这正是当时一些首领们所关注的,但是此现象普遍存在于社会各阶层的人士,这些首领们自觉无能为力。当德高望重的以斯拉归回后,即刺激了他们的信心去面对此严重的问题。

至于有关当地邻邦民族的名单,于旧约中曾出现过好几次(出三 8、17,三十三 2;申七 1,二十三 7~8)。前四个名字"迦南人、赫人、比

---

④ Otzen, "bdl," *TDOT*,II,pp. 1 - 3;此字于被掳后期经常出现,昆兰文献(Damascus Document Manuel of Discipline)亦出现了二十四次之多,其意义除了包括圣俗之分别外,尚有将昆兰社团与别的团体分别,甚至将违反律法的人与昆兰团体分别出来。

⑤ P. Humbert, "Le substantif to'ēbā et le verb t'b dans l'Ancien Testament," *ZAW* 82 (1960),pp. 217 - 237.

利洗人、耶布斯人"亦于申命记第七章一节出现过。其余两个民族"亚扪人、摩押人"则于申命记第二十三章三节出现过。⑥ 有些经学家将"亚摩利人"解作"以东人",甚至希腊文译本以斯拉壹书(八 69)亦是如此将以东人取替亚摩利人。但是,依申命记第二十三章七至八节而言,以东人是与其余邻邦人不同的,他们被称为"以色列人的弟兄"。至于埃及人则在利未记第十八章三节有所提及,不可仿效他们的行为。

　　作者按着他以"第二次出埃及"为神学主题,力倡"出巴比伦,入迦南"的回归者,不要效法他们的祖宗,与当地人结亲通婚,以至转离耶和华。故此,这些古代的民族被列举出来,一方面更进一步将此"第二次出埃及"的主题突出;另一方面藉此代表当时回者所面对邻近民族的威胁。

　　九 2　"因他们为自己和儿子娶了这些外邦女子为妻"　以色列的历史中曾出现过一些以色列人与外邦人通婚的事(民十二;得一),甚至大卫的宗族中亦有此现象。此现象于圣经的救赎历史中,是表明救恩不独只是犹太人的专利品,乃是关乎万民的。外邦人也可以凭信成为亚伯拉罕蒙应许的子孙。耶稣的家谱中也有几位外邦女子的名字:他玛、喇合、路得(太一 3、5)。并且,在耶路撒冷"素常盼望以色列的安慰者来到"的西面,被圣灵感动后,发出预言说:"我的眼睛已经看见你的救恩,就是你在万民面前预备的,是照亮外邦人的光,又是你民以色列的荣耀"(路二 30～32)。由此观之,神的救赎计划是涵盖外邦人的。

　　但是,律法中所禁止他们与外邦通婚的诫命(出三十四 16;申七1～4),其目的为的是要保持以色列信仰的纯正,好让弥赛亚救主可以从此蒙拣选的族类而出。故此,归回的以色列人要维持民族的纯种也是合乎神的旨意。就一般的情况而言,以色列人不应该与外邦人通婚。除非是有神特殊的安排,以显明救恩可临到外邦,才有外邦的女子嫁给以色列人为妻。不然,出埃及记第三十章和申命记第七章的诫命是应当遵守的。

　　"以致圣洁的种类和这些国的民混杂"　"圣洁"此字的非神学原意

_____

⑥　出处呈现了后期拉比释经及新约对旧约引用之法的先例,它将两处经文综合在一起,甚至将其中一段(申二十三 3)的经文扩宽其应用范围。

乃是"不搀杂"。利未记第十九章十九节指出，"不可用两样搀杂的种种你的地。也不可用两样搀杂的料作衣服穿在身上"。利未记第十九章使用了"不搀杂"与"种"这两个字，也就是第九章二节所引用"圣洁的种类"两个相同的字（参六 21 及八 28 之注释）。"混杂"此字原意为纺织的经纬穿梭之意，利未记第十三章四十八节说："无论在经上、在纬上，是麻布的、是羊毛的"。⑦ 交织混合即将原来纯洁的种类，使之纯杂不清。诗人指着以色列人与摩西在旷野时："不照耶和华所吩咐的灭绝外邦人，反与他们混杂相合，学习他们的行为，事奉他们的偶像。这就成了自己的网罗。"（诗一〇六 34～36）

"而且首领和官长在这事上为罪魁" 上不贤，下不良。为首的若没有好榜样，下属的也是如此。"首领"此字与第九章一节的相同，即一部分为首的以色列人，犯了与外族通婚的罪。官长是亚喀文的外借语，尼希米记称之为民间的领袖（尼二 16，四 14、19，五 7，七 5，十二 40，十三 11）。⑧ 这些为首的犹大人，竟然作了"这些不忠之事的首榜"（希伯来文直译）。和合本将"不忠"（ma'al）译为"罪"，与"为首"（ri' šônāh），结合为"罪魁"。"不忠"此字中文可译作"过犯"（利五 15）。历代志下第三十六章十四节有很生动的描述："众祭司长和百姓也大大犯罪（hirbû lim'āl-ma'al）。"将此不忠之字重复使用，以显出其罪大恶极之意，此字最显著的意义乃是用于妻子与他人行淫，对丈夫不忠（民五 12、27）。这些为首作带领的，竟然与外族通婚，以致圣民的种类混杂不清。⑨

　　九 3 "我一听见这事" 从经文所展示，以斯拉是首次听到此消息，故此，他的反应是非常惊讶。据第九章一节的注释所讨论而得，以

---

⑦ 纺织机上的经（warp）与纬（woof），希伯来文以 šetî 及 'ēreb 来形容。混杂（hiṭ'ar°bû）此字原意为纺织机上的纬，引申为经纬穿梭、混合交织之意。此字的文体为 hithpael，即是反射作用，自招混杂的结果。

⑧ 亚喀文（Akkadian）为 šaknu，希伯来文为 segen，亚兰文为 signā'。中文译作"官长"或"副省长"（耶五十一 28；结二十三 6、12、23）。

⑨ D. Bossman, "Ezra's Marriage Reform: Israel Redefined," *BTB* 9(1979), pp. 32－38; W. Eichhorst, "Ezra's Ethics on Intermarriage and Divorce," *Grace Journal* 10(1969), pp. 16－28.

斯拉归回后即马不停蹄，四处将王的谕旨转告给邻近一带的省长。所以，他可能无暇照顾到犹大境内的内部问题。经过了四个半月后（五月初一日抵耶京，九月二十日会众聚集），首领们终于将问题呈给以斯拉。

"就撕裂衣服和外袍、拔了头发和胡须，惊惧忧闷而坐"　以斯拉获悉此消息后，立即撕裂衣服，以表示深切哀痛（书七 6；撒下一 2，十三 19）。衣服是包括内衣与外袍。当一个人于极度忧伤时，就会将衣服撕裂。[10] 通常此人亦会剃头或拔发（伯一 20；赛二十二 12）。外邦人的风俗，有的将头发献给亚斯他录塔模斯，阿拉伯人于丧礼中将周围的头发剃去（耶九 26，二十五 23，四十九 32）。故此，摩西的律法禁止此异教风俗（利十九 27）。[11] 但是，若不是与宗教邪术有关的，以色列人于哀痛时会拔头发或胡须（申十四 1；撒下十九 24；赛十五 2）。以斯拉为着这些人所干犯的罪，惊惧忧闷而坐下。

九 4　"凡为以色列神言语战兢的，都因这被掳归回之人所犯的罪聚集到我这里来"　很可能当以斯拉听到以色列人与外族人通婚之消息后，他一边撕裂衣服、拔发须时，一边将神的律法向报讯的众首领宣告。然后，以斯拉则在一个众民经常聚集的地方，忧闷而坐，以示对此事的伤痛。众首领遂将以斯拉所宣告的律法向其余以色列人传讲，凡听到神的言语的，都战兢不安（ḥārēd）。一般而言，此字与前置词 'al 或 'el 一起用的，譬如以赛亚书第六十六章二节："我所看顾的就是虚心痛悔、因我话而战兢的人。"（另参五节）但此处即与 bᵉ 一起使用，通常是指着因为相信了神的话，而产生战兢之诚意。他们为着回归者所犯不忠混杂的罪，就聚集在一起，来到以斯拉面前，为要进一步聆听神话语的指示。

"我就惊惧忧闷而坐，直到献晚祭的时候"　当群众聚集到以斯拉那里来时，他仍忧闷木讷而坐，身上的衣服撕裂，不断在拔自己的头发与胡须。他越缄默不言，会众越是焦急。大家都为着回归者当中不忠

---

⑩ M. Jastrow, "The Tearing of Garments as a Symbol of Mourning with Especial Reference to the Custom of the Ancient Hebrew," *JAOS* 21(1900), pp. 23 - 29. 一般而言，内衣是贴身衣物，以羊毛或麻做成，在颈部和手臂处开口，腰束带子。外衣即是由一块方形的布料做成，当作斗篷或披肩。

⑪ 亚斯他录塔模斯乃是 Astarte Tammuz；参洪同勉：利未记（卷下），天道书楼，1992，页 613 - 614。

贞的异族通婚之罪而担忧,究竟神将会如何对待他们呢?

　　以斯拉木讷而坐,直到献晚祭的时候,即是犹大时间约九时(为下午三时左右)。但献晚祭的时候,也可能是黄昏之前所献的羊羔之例行祭祀。据出埃及记第二十九章三十九节来看:"黄昏的时候要献那一只"应该是晚祭,因为它被称为"每天所要献在坛上的",也是"作为献给耶和华馨香的火祭",并且要作以色列人"世世代代常献的燔祭"(出二十九 18、41~42)。⑫ 以斯拉就是如此在会众面前,木讷而坐,直至黄昏前献晚祭的时候。

(II) 以斯拉代表圣民向神认罪祈祷(九 5~15)

(ⅰ) 以斯拉跪下向神举手(九 5)

⁵ 献晚祭的时候我起来,心中愁苦,穿着撕裂的衣袍,双膝跪下向耶和
　华我的神举手,

　　九 5 "献晚祭的时候我起来" 以斯拉坐在会众聚集的地方不知有多久,但是当献晚祭的钟鼓敲过后,他即徐徐地站起来。那时,四野一片宁静,大家鸦雀无声地静观以斯拉的一举手、一投足。他的"心中愁苦",百姓的罪过压在他的心头。当他站起来时,所撕裂的衣裳飞扬于微风中。他随即双膝跪下,朝天仰望,并举起双手(kappâ)。从此字中可推想到以斯拉的手掌是朝天,故此,他的姿势并非俯伏于地,乃是跪着仰天,向神举手祷告。举手祈祷乃是旧约常用的姿势,以示向神仰望(出九 29;王上八 22;赛一 15)。双膝跪下以示谦卑在神面前,诚心恳求神怜悯。

(ⅱ) 以斯拉为民族向神认罪(九 6~7)

⁶ 说:"我的神啊,我抱愧蒙羞,不敢向我神仰面,因为我们的罪孽灭顶,

---

⑫ R. de Vaux, *Ancient Israel*: *Social Institutions*, vol.1, pp. 181 - 182.

我们的罪恶滔天。

7　从我们列祖直到今日,我们的罪恶甚重。因我们的罪孽,我们和君
王、祭司都交在外邦列王的手中,杀害、掳掠、抢夺、脸上蒙羞,正如今
日的光景。"

九 6　"我的神啊,我抱愧蒙羞,不敢向我神仰面"　抱愧(bōštî)与
蒙羞(niklamtî)通常用在一起,表示极度的羞愧(耶三十一 19;赛四十
五 16)。抱愧是表示一个人或一个民族从他原先尊贵的地位上,滑跌
下来或被打垮,而导致羞愧的感觉(耶二 26,九 19,十二 13,十四 4,十
五 9,十七 18,三十一 19,四十八 39)。先知耶利米最常使用此字,并将
以色列人从君尊的地位,被自己所犯的罪败落而蒙羞,描述得清楚感
人。⑬"蒙羞"此字比"抱愧"更严厉,带有屈辱羞耻之意。以斯拉因为
百姓所犯的罪,不敢向神仰面。很可能他从朝天仰视的姿势更换为俯
伏于地。

"因为我们的罪孽灭顶,我们的罪恶滔天"　以斯拉从个人单数改
为复数,以表示他与犹大民族的罪认同。虽然他个人并没有犯上这些
罪,但他与民族认同,表示他有承担民族的罪孽之大义(尼一 6,九 33;
但九 5～19)。此认同式的认罪祷告,乃是一个很好的榜样,因为他不
再以第三者的旁观身份去指责民族的罪。他乃是把自己投身于民族当
中,忧国忧民,民族的罪恶也就是他个人的罪恶。这种"道成肉身"的心
态,赢得了百姓对他的回应。⑭

"罪孽"(ʿᵃwōnōtênû)原意为歪曲,耶利米哀歌形容得很细腻入微:
"他使我的路弯曲"(哀三 9)。约伯记以此字形容"颠倒是非"(伯三十
三 27)。先知耶利米谓以色列人"在净光的高处听见人声,就是以色列
人哭泣恳求之声,乃因他们走弯曲之道,忘记耶和华他们的神"(耶三
21)。故此,以斯拉直言回归者走了弯曲的道路,颠倒了是非,背离了神
的诫命。此罪孽淹灭了头顶,并且是"大大"(rābû)的灭顶(此结构可参
代上二十三 17)。

---

⑬ Seebass, "brš," *TDOT*, II, pp. 50－60.

⑭ 认同式的认罪英文称为 Identification Repentance,或"道成肉身"式的事奉(Incarnational
　Ministry)。

"罪恶"涵盖了"亏负"（民五 7）、"过错"（利五 1）、"差错"（利五16）、"误犯"（利二十二 14）、"犯律法"（代下十九 10）等意思。⑮ 此过犯引起了神的烈怒要惩戒罪人，历代志下第二十八章十三节清楚表示此点："你们想要使我们得罪耶和华，加增我们的罪恶过犯，因为我们的罪过甚大，已经有烈怒临到以色列人了"。以斯拉直言"我们的罪恶极大，上达诸天了"（希伯来文直译）。

九7 "从我们列祖到今日，我们的罪恶甚重" 以斯拉不单与他同期的回归者认同，更进一步与被掳前的列祖认同。因着他们的罪，以致以色列民要经过被掳的困境。此处也回响着同一回归者的罪，也可以导致他们再次被掳。故此，以斯拉复述上文的"罪恶滔天"的用词，去形容回归者的"罪恶甚大"。以斯拉的认同有三个层面：第一，以斯拉本人与他同期的回归者之罪认同；第二，以斯拉与他以前的列祖之罪认同；第三，他同期的回归者与以前列祖的罪认同。他将个人与民族、现在与过去都视为一体。民族的整体是由单元的个体所组成的，现在是过去的延伸。故此，牵一发能动全身。这种民族与时间的合一性，于罗马书第五章一至十二节，保罗更进一步引申在亚当里众人皆犯了罪，及在基督里众人也称为义。于神学而言，此观念称为"有机体的合一性"。⑯

"因我们的罪孽，我们和君王、祭司都交在外邦列王的手中，杀害、掳掠、抢夺、脸上蒙羞，正如今日的光景" 第九章六至七节两节中的罪字，以交替更换的结构排列，即 ABB'A' 之综合。此处作者以罪孽在先、罪恶在后（九 6），再以罪恶在先、罪孽在后（九 7）。两个罪的不同用词，互相紧构成一个语言枷锁之图案，去形容以色列人的罪。⑰ 因为以色列人的罪，百姓、君王和祭司都被交在外邦君王的手中。当然，一人犯罪一人当，因着个人所犯的罪，此人受罚（结十八）。但是，旧约亦有此"有机体的合一性"的教导。因着民族的罪，此民族中的一些个人也

---

⑮ D. Kellermann，"'šm," *TDOT*，I, pp. 428 - 437.

⑯ "有机体的合一性"的英文是 organic solidarity 或 organismic wholeness.

⑰ 交替更换的文法结构英文称为 chiasm，希腊文为 *chiasmus* 或 *chiaston*，由希腊文的字母 chi 所演绎而成，即 $^A_B×^B_A$ 或 ABB'A'的排列。参 Bullinger, *Figures of Speech used in the Bible*, pp. 374 - 393.

因此受罚。譬如,亚当的罪称在每一个从亚当而生的人身上。全人类都与亚当构成"有机体的合一"。故此,当为首的陷在罪中,全体也因此陷在罪中。⑱

　　此处特别提到君王和祭司等首领的罪,招致神的忿怒,藉着外邦君王(赛十5),将他们杀害、掳掠。"外邦君王"的希伯来文为 malkê hā'ărāsôt,尼希米记第九章三十二节用作形容亚述、巴比伦及波斯君王。从考古学而言,这名称也是波斯王专有的称号。⑲ 虽然波斯王宽待以色列人,没有杀戮、抢掠他们;但是,大部分犹大人仍然散居在波斯所统治的巴比伦一带,成为了被掳的子民。故此,"正如今日的光景"就是描写过去与当时的被掳实况。以斯拉也想到许多游离流连于外邦的以色列人,都是因为过去的犹大君王和祭司,这些为首的没有遵行耶和华的律法。

(iii) 以斯拉承认神的恩典(九8～9)

⁸ "现在耶和华我们的神暂且施恩与我们,给我们留些逃脱的人,使我们安稳如钉子钉在他的圣所;我们的神好光照我们的眼目,使我们在受辖制之中稍微复兴。

⁹ 我们是奴仆;然而在受辖制之中,我们的神仍没有丢弃我们,在波斯王眼前向我们施恩:叫我们复兴,能重建我们神的殿;修其毁坏之处,使我们在犹大和耶路撒冷有墙垣。"

　　九8 "现在耶和华我们的神暂且施恩与我们" 以斯拉所看重的乃是"今日"(九7)和"现在"(九8、10),他一再强调若要挽回过去所失去的祝福,现今就是回转的时候。现在神"暂且"施恩,此暂且的片时,

---

⑱ 罪的归算这一神学观念的英文是 Imputation of Sin。John Murray 引申称之三个层面意义:(1)亚当的罪归在全人类身上;(2)我们的罪因信也归在基督的身上,他被钉挂在十字架上,担当了我个人所归在他身上的罪;(3)然而,基督的公义也因着信归在我的身上,使我称为义(*The Imputation of Adam's Sin* 〔New Jersey: Presbyterian and Reformed Publishing Co.,1977〕,pp.42-70)。

⑲ Murashu documents 有此记载,A. T. Clay,*Business Documents of the Murashû Sons of Nippur Dated in the Reign of Darius II* (424-404 B.C.) (Philadelphia,1904),p.28.

一方面是由古列归回至以斯拉,约有八十年之久。此八十年相比于亚述的提革拉毗列色三世之欺压为始(约 740 B.C.),至巴比伦尼布甲尼撒之灭耶京(586 B.C.;共一百五十年),则显得短暂一些。但另一方面,他对波斯目前宽容的政策也略有疑问,究竟可以维持多久呢?

一般而言,以斯拉是于公元前 458 年归回的,而尼希米是于公元前 444 年归回。第四章七至二十四节所记录亚达薛西的谕旨,禁止犹大人"筑立根基、建造城墙"(四 12),可能是于以斯拉归回后,尼希米之前颁发的。故此,以斯拉所顾虑的是极可能的,因为反对的势力仍十分巨大,波斯王也可以一反其宽容的政策,使犹大人仍遭困境。

他们确实需要神施恩与他们,施恩(tᵉhinnāh)此字在旧约词藻中十分丰富,约有五十三个专有名称(即人名或地名)是由此字演变而成的(譬如尼三 18 的希拿达),又有八个名词是由此演变而出的。[20] 一般而言,恩典(hēn)此字至为普遍,约有六十五次之多,譬如创世记第六章八节"惟有挪亚在耶和华眼前蒙恩"。旧约中此字的动词字根出现过五十六次,其中四十一次是有关神向人所施予的恩惠。此恩惠不是人所当得的,人所配得的只有罪所引致的审判,然而,神将人所不配的施予给人。大卫于犯了奸淫之罪后,本应得到审判致死,然而神怜悯施恩给他。故此,在诗篇第五十一篇一节(MT3)中,他说:"神啊,求你按你的慈爱怜恤(hānnēnî)我,按你丰盛的慈悲涂抹我的过犯。"[21]

故此,以斯拉坦率地指出以色列人原为不配的,因为他们的罪恶甚重,理应受罚。如今蒙受神特别的恩宠,使他们可以回归故国。

"给我们留些逃脱的人" "留些逃脱的人"的希伯来文为 lᵉhašʾâr pᵉlêtāh,构造成旧约圣经的一个重要课题——余民神学。[22] 剩余逃脱的子民成为了神救赎计划的进程中,不可缺少的重要一环。洪水时,挪亚成为剩余逃脱的人,然后全人类也是由他而出。以利亚时

---

[20] 那八个名词是 hēn, hîn, hannāh, hannûn, hᵃnînāh, hinnāh, tᵉhinnāh, tahᵃnûnîm.

[21] hānan 此字在古代语文中亦有此意思——恩惠、怜悯,譬如亚喀文 enēnu,腓尼基文 mhb、乌加列文 hnn,但这些古代近东语文与圣经相对照时,即显出圣经的意思有进一步的发展,一个原先不配的,反而成为蒙恩的对象。参 D. R. Thomas, "Some Aspects of the root HNN in the OT," *JSS* 2(1975), pp. 128-148.

[22] G. F. Hasel, *The Remnant*.

期,他与七千未曾向巴力屈膝的以色列人构成剩余之民(王上十九15～
18)。以赛亚论及余民为数不少(赛一 8、9,六 13,十七 4～6,三十 17,
三十七30～32,四十一 8～14,四十二 1～9,22～25,四十三 5～13,四
十四3～4,五十三 10～12)。与以赛亚同期的弥迦也有此观念(弥二
12～13,四 1～8,七 1～12)。西番雅亦有此预言:"以色列所剩下的人
必不作罪孽。"(番三 13)

　　被掳时,以西结先知也关注到未来余剩之民在神的计划中如何伸
展出来,他以多个问号发问:"主耶和华啊,你……岂要将以色列所剩下
的人都灭绝吗?"(结九 8,十一 13)神要兴起"一牧人"(结三十四20～
24),他要除去以色列人的石心,赐下肉心,并将神的灵放在他们里面
(结三十六 24～32);甚至使枯骨复生,成为耶和华的军队(结三十七
1～14)。

　　归回期,先知哈该更以回归者为行在神旨意中的剩余子民,他称归
回的以色列人为"剩下的百姓"(该一 12,二 2)。撒迦利亚亦在异象中
得见神向余民应许,他说:"我待这余剩的民必不像从前"(亚八 11)。
尼希米亦提到"被掳归回,剩下逃脱的犹大人"(尼一 2)。可见,此处以
斯拉将余民神学的传统指出来(九 13～15),直言他们这一群愿意归回
的犹大人,虽然犯上了这些滔天大罪,仍是行在神的救赎计划中的。

　　"使我们安稳如钉子钉在他的圣所"　钉子(yātēd)可以解作帐幕
的营钉,中文译作"橛子"(赛五十四 2):"要扩张你帐幕之地,张大你居
所的幔子,不要限止。要放长你的绳子,坚固你的橛子"。依此译法,以
斯拉即指出神使那些余民如会幕的橛子般坚固安稳。但"钉子"此字也
可以解作墙上的钉,以赛亚书第二十二章二十三节以此来形容神使以
利亚敬安然得蒙保守:"我必将他安稳,像钉子钉在坚固处,他必作为他
父家荣耀的宝座"。依此解释,以斯拉即将余民比作在圣殿墙上的钉子
般稳固。两者的意义都是相同的,指着回归者的平稳。依文献评鉴而
言,有些古抄本读作 yeter,意思谓"余民安稳在圣所内"。这可能是将
钉子此比喻之难处挪开,以余民的专有名称代替之,很可能是后期抄写
文士的作为;不过以上两处以赛亚书之经文,都可以正确地将其意思表
达出来。

　　"我们的神好光照我们的眼目"　第九章八节只有一个动词"施

恩",然后有四个无主格的不定式去表达动词之目的——"留些""使"
"光照""复兴"。㉓ 神施恩之目的乃是(一)要使以色列人留下余民;
(二)赐予他们安稳平安;(三)光照他们的眼目;(四)复兴他们。

　　"光照"此动词在旧约出现了四十五次,名词则有一百五十次。一
般是指出自然界天体的现象,有时是形容救恩(赛二 5),或失败(赛九
2,四十二 16),或道德的善恶(赛五 20),或公义(赛四十二 1~3),或神
救赎的彰显(赛六十 1~3)。此处所指的光照,是使人的眼目明亮(撒
上十四 27、29)。一个人的眼目光明,就不会"沉睡至死"(诗十三 3)。
箴言第十五章三十节很清楚地将此含义表白出来:"眼有光使心喜乐,
好信息使骨滋润。"此功能是神的作为,藉着他自己的律法达成:"耶和
华的训词正直,能快活人的心。耶和华的命令清洁,能明亮人的眼目"
(诗十九 8)。㉔

　　以斯拉祷告神,求神施恩光照他们的眼目,好看见神的训词命令之
实在,因此愿意顺服遵行,以致他们得以存活,并且可以复兴。

　　"使我们在受辖制之中稍微复兴"　这是第四个施恩之目的,也是
综合以上三者的结果。希伯来文直译应该是"赐与我们复苏的生
命"。㉕ 此字是希伯来语"生命"的复词,创世记第四十五章五节用作
"保全生命"、士师记第十七章十节称为养生"度日的食物",历代志下第
十四章十三节译作"不能再强盛"。由此可见,归回的余民只是于历史
中此时刻可以从奴役辖制中,稍微恢复一点生机。第九章九节则进一
步指出他们仍在波斯的统治下。

　　九 9　"我们是奴仆;然而在受辖制之中,我们的神仍没有丢弃我
们"　此节复述第九章八节的意思,并进一步指出神如何使他们在奴役
的辖制中得复兴。以色列人是服役于巴比伦和波斯的,"奴仆"与"辖
制"都是相同的一个字。作者刻意将以色列人在埃及作为奴之家的用

㉓　Infinitives 为无主格的不定式,九 8 包括:"留些"(lᵉhašʾîr)、"使我们"(lātet-lānû)、"光照"
　　(lᵉhāʾîr)和"复兴"(lᵉtitēnû miḥyāh)。

㉔　Aalen, "ʾwr," *TDOT*, I, pp. 147 – 167.

㉕　lᵉtitēnû miḥyāh, ḥayyāh为生命的一般用词,ḥayyîm为复数,miḥyāh为复词,在旧约只出现
　　过六次。

词提出来(出一 14),目的乃是让读者体验到被掳的以色列人也是如此成为奴仆。为奴之景况虽凄惨,但神一刻钟也没有丢弃过他们。故此,以斯拉肯定地宣告,"我们的神仍没有丢弃我们"。外在的环境虽恶劣,但内心仍可以有此肯定的信念。

"在波斯王眼前向我们施恩" 希伯来文的"施恩"(yat-ʾālînû ḥesed)与第九章八节的施恩用词不相同。若照字义而译,可翻作"他将永远不变的慈爱(ḥesed)向我们伸展"。此用词与结构比较接近第七章二十八节(参七 28 之注释)。慈爱或恩惠是基于耶和华神与以色列人的立约关系。神记念他的圣约,于是在波斯王"面前"(希伯来文并非眼前)伸张他的恩惠,好让波斯王也甘愿施恩惠于犹大人,允许他们归回耶路撒冷。

"叫我们复兴,能重建我们神的殿;修其毁坏之处" 复兴与第九章八节的观念及用词一样,此历史的生机也是犹大人的转机,可以回归故国。"重建"(lᵉrômēm)并非惯用之"建造"(bānāh)一字。此字曾用作"拿一块石头立作柱子"(创三十一 45),或是"我的大路也被修高"(赛四十九 11),或"将我高举在磐石上"(诗二十七 5)。综合这些用处来看,此字是用作将物件或建筑物从平地上建高竖立起来之意。故此,进一步的意思乃是"高举""升高"(诗七十五 7)。

以斯拉可能是以此去形容所罗巴伯于古列年间归回时,所建立的圣殿根基,然后又于大利乌年间在根基上建立圣殿。至于"修其毁坏"直译为"使废墟能再竖立起圣殿"。可见,此两段都是形容所罗巴伯时圣殿的重建,而并非指着以斯拉自己归回,对圣殿之修饰(七 27)。

"使我们在犹大和耶路撒冷有墙垣" 有些经学家认为此处的墙垣应该解作尼希米所兴建耶路撒冷的城墙,故此,以斯拉应该是于尼希米归回之后才归回。⑳ 不过此处所用"墙垣"(gādēr)一字,并非常用语。旧约常用 ḥômāh 来描写城墙(尼一 3,二 13、15,三 8、13、15、27,四 1、3、6、7、10、13,五 16,十二 27、31、37～38,十三 21)。第九章九节的"墙垣"一字可以指城墙(弥七 11)、葡萄园窄路旁边的墙(民二十二 24)、圣

---

⑳ G. Widengren, *Stand und Aufgaben der iranischen Religiousgeschichte* (Leiden: 1955), p. 504; H. Kaupel, "Die Bedeutung von Gādēr in Esr. 9:9," *BZ* 22(1934), pp. 89 - 92.

殿东边的墙(结四十二 7);但亦可以用作寓意的比方,譬如假先知"好像荒场中的狐狸,没有上去堵挡破口,也没有为以色列重修墙垣"(结十三 4～5)。以赛亚书第五章五节更清楚地以此为比喻,且是指着葡萄园的墙垣。以斯拉可能于第九章九节以寓意方式,去表示神施恩的第四方面——犹大和耶路撒冷有保障。

况且,以墙垣去围住犹大是不可能的。以斯拉将犹大与耶路撒冷并列,称为"有墙垣"。可见,他并非指着围着犹大省的城墙。故此,有些经学家认为以寓意去解释此字比较适合。以斯拉特意使用旧约常用的寓意,以葡萄园比喻以色列,当以色列与耶和华复合关系时,神即成为她的盾牌保障。墙垣此字就可以在读者心中引出以赛亚书第五章五节、民数记第二十二章二十四节等葡萄园的联想。[27]

另一方面,以斯拉的祷告也可能有圣灵的感动,让他发出预言性的祈祷。耶和华将会成就此事,即神会赐予(lātet)回归者,在犹大和耶路撒冷各城邑,重新兴建城墙。这是预言性的肯定口吻,去形容尚未发生的事。当尼希米归回时(十二年后),耶路撒冷的城墙即被重建起来。

无论是寓意或预言的解释,也可以合理地解释到此节,并不能构成以斯拉在尼希米重建耶路撒冷城墙后,始归回耶京的必要。

(vi) 以斯拉为着当时异族通婚认罪(九 10～14)

10 "我们的神啊,既是如此,我们还有什么话可说呢? 因为我们已经离弃你的命令,

11 就是你藉你仆人众先知所吩咐的,说:'你们要去得为业之地是污秽之地;因列国之民的污秽和可憎的事,叫全地从这边直到那边满了污秽。

12 所以不可将你们的女儿嫁他们的儿子,也不可为你们的儿子娶他们

㉗ Williamson,p.136;Fensham,pp.130-131,Williamson 记述 J. B. Pritchard 在基遍一带发掘到一些瓦器上刻着葡萄园的图案,并且有墙垣(gdr)此字刻在上面。参 J. B. Pritchard, *Hebrew Inscriptions and Stamps from Gibeon* (Philadelphia:University of Pennsylvania, 1959),pp.9-10.

的女儿。永不可求他们的平安和他们的利益,这样你们就可以强盛,吃这地的美物,并遗留这地给你们的子孙永远为业。'

13 神啊,我们因自己的恶行和大罪遭遇了这一切的事,并且你刑罚我们轻于我们罪所当得的,又给我们留下这些人。

14 我们岂可再违背你的命令与这行可憎之事的民结亲呢? 若这样行,你岂不向我们发怒,将我们灭绝,以致没有一个剩下逃脱的人吗?"

九 10 "我们的神啊,既是如此,我们还有什么话可说呢? 因为我们已经离弃你的命令" 以斯拉的祷告并非私祷,乃是在会众前的公祷。藉此公祷以斯拉将神的心意和信息带出来,所以一些经学家认为,此祷文可归纳于"讲道式祈祷"之类别内。[28] "讲道式"或"教导式"的祷文,于诗篇或尼希米记第九章五至三十七节都常有出现。祷文的用词充满圣经的措辞,但并非只引用一节或两节经文,乃是让圣经的观念与措辞成为祷文的骨干。藉着公祷的机会,将神的话语表达、传递出来。

以斯拉在神面前履行他作祭司中保的身份,他代表着以色列民,将百姓的罪状陈明于神的台前。既是面对证据确实的罪状,他不能为百姓申诉什么,只得无言以对,等待神的回复。"因为"(kî)此副词将以斯拉无言以对的前因申述陈明出来,他率直地承认以色列人已经离弃了神的命令。

九 11～12 "就是你藉你仆人众先知所吩咐的,说" "命令"与"众先知所说"的连贯起来,神的命令是藉先知们所传递的。"众先知"是将旧约传统归纳来表明神的命令,他们包括了摩西及众写作先知。摩西为整个旧约先知体系的元始(申三十四 10),并且神会于日后的世代兴起一位先知像摩西般(申十八 15)。作先知的功能乃是将神所传给他当说的话都吩咐传递给百姓知道(申十八 18)。故此,先知所传讲的,也就是神所传授的(王下十七 23)。

于此"讲道"或"教导"式的祷文中,以斯拉将摩西律法的话融会贯通于其中,尤其是申命记的多处经文,更成了祷文的用词及引证。"得

---

[28] "讲道式祷文"(sermon prayer),或者称作"教导式祷文"(didactic prayer)。参 U. Kellermann, *Nehemia: Quellen, Überlieferung und Geschichte*, BZAW 102 (Berlin, 1967), p. 66.

为业之地"可从申命记第七章一节引用出来；"污垢之地"（niddāh）可参
利未记第二十章二十一节；"可憎之事"可参申命记第十二章三十一节
（参九 1 注释）；"不可将你们的女儿嫁他们的儿子"引自申命记第七章
三节；"永不可求他们的平安"来自申命记第二十三章六节。

　　昔日摩西带领以色列民进入迦南时，迦南的多神教直接冲击以色
列民。迦南人敬拜诸神为首的伊勒、其子巴力、伊勒三个妻子亚舍拉、
亚斯他录和巴力提斯。巴力左手拿着霹雳，右手握着权杖，他是风暴之
神，也是雷神。尚有死神摩特、巴力之妻亚拿等神祇。㉙ 圣经形容这些
为可憎的事。并且，他们敬拜中常有淫乱的行为，女神的偶像是裸体突
胸的，荒淫的祭祀仪式多有男女的庙妓等活动。所以，圣经称此地为污
垢之地，因为其上充满了各样宗教与道德的不洁。

　　当以斯拉复述过去神的作为时，他将禁止与异族通婚的诫命显明出
来。当日，神的心意是要以色列民作"祭司的国度、圣洁的国民"（出十九
6）。他们不准与迦南人通婚，因为这会引起宗教与道德的搀杂。再者，
他们是神手中的杖，以惩戒审判迦南人的罪（创十五 16；书六 17、21；申七
26）。故此，以斯拉引用了申命记第二十三章六节来指出这些外邦人，不
要为他们求平安和利益，因为神是藉着以色列人来审判迦南人的。

　　九 13～14　"神啊，我们因自己的恶行和大罪遭遇了这一切的事"

　　第九章十三节回响着第九章六至八节，以斯拉祈祷神，承认因着以色
列人的恶行和滔天的罪恶，这一切事临到他们。这些事乃是第九章七
节所指的被掳、杀害等噩运。和合本并没有将希伯来文的 'aḥărê 翻译
出来。经文的译法应该是"这一切的事临到我们之后——本是我们自
己的恶行和极大的罪恶招致的——我们的神啊，你所刑罚我们的实在
是轻于我们的罪孽，因为你施恩给我们这些逃脱的余民"。

　　在此处，'aḥărê 是有关时间的前置词，故此译作"之后"。㉚ 以斯拉

―――――――――――――――

㉙ 亚斯他录为 Athtarat（或 Astarte、Asbtaroth、Astaroth，士二 13；申一 4）；亚舍拉为
　 Asherah（或 Asheroth，王上十五 13；王下二十一 7）；亚拿为 Anath；伊勒为 El 或 'ilúm；巴
　 力为 Baal（或 Baal-shamem，或 Aliyan，得胜者）。参 Merrill Ungre, *Archaeology and the
　 OT*（Grand Rapids：Zondervan, 1970），pp. 167－175；W. F. Albright, *From the Stone
　 Age to Christianity*（NY：Doubleday Anchor Books，1957），pp. 209－235.

㉚ BDB，pp. 29－30.

的意思乃是当这一切被掳等事发生以后，他觉察到神仍为他们存留归回的余民，这乃是神所赐予他们不配受的恩惠(tiḥinnāh)(九8)。因着他们所犯滔天的大罪，理应领受极大的审判刑罚；但是，神竟然轻判他们，没有将他们完全灭绝。神为他们存留余民，就是恩典的明证。

"并且你刑罚我们轻于我们罪所当得的，又给我们留下这些人"希伯来文将"我们的神啊！你"这一组的措辞放在句子的中央，并将"你"(ʾatāh)字置于加重语调的位置上，要突出神的作为。[31] 下文则比较难解一点，希伯来文可直译为"你已压制着(我们当得的刑罚)，低于我们的罪孽"。压制(ḥāśaktā)此字可译作"忍住""阻止""遏制"或"扣住"。创世记第二十二章十二节曾用此字去形容天使呼叫喝止亚伯拉罕，"不可在这童子身上下手"。此处则是描述神如何没有按着以色列人当得的刑罚加与他们，他遏制着刑杖，轻判他们。此字是"及物动词"，故需要于翻译时加上"刑罚"，方可得完整的意思。[32]

和合本将连接词 wāw 译作"又"，即与上文接连成相关并行的片段。但是此连接词可以用作解释词"即是"之意，[33]语气可译作"即是他赐予我们这些逃脱的余民"。

"我们岂可再违背你的命令与这行可憎之事的民结亲呢"　以斯拉于此发出两个问题，但这两个问题是不需答辩的。它们属于所谓的修辞学问题，即问题本身已经将答案的方向标明出来了。以斯拉选词十分慎重，为要让听众与读者产生预期的回应。此句第一个字，中文译作"岂可再"(hănāšûb)，使用 hă 引出发问式的时态。动词 nāšûb 于此处用作副词的功能，去表达"再度"的意思。此字由动词 šûb 所引申而成，其根本意思是"既已走在某一指定的方向上，却再度回转过来，回到原

---

[31] kî ʾatāh ʾĕlōhêûn, kî 是引子或确实，并将神的名字与上文的"大罪"隔开，ʾatāh 放在强调位置上。

[32] "及物动词"(transitive verb)需要一个对象以完整表达它的含义(K & D, p. 124)。

[33] Kautzsch, *Gesenius Hebrew Grammar*, §154a, note b.

先的起点上"。㉞ 当此字用于属灵的关系上,可以表达"转向神"(耶三7;赛十21;何六1,七10)或回转悔改之意(赛六10,十22;何三5,十一5),或转恶归正(耶十五7,十八8;王上八35,十三33)。但此字也可以表示"离开神"(民十四43;撒上十五11;王上九6),或离道背教(耶三19;民三十二15;书二十二16、18、23、29)。

当以斯拉刻意运用此字时,在听众与读者心中引起联想,不要再如昔日以色列人出埃及后,"退回不跟从耶和华"(民十四43)。并且,因着以色列人"退后不跟从"神,他就把他们撒在旷野,使这民灭亡(民三十二15)。如今此群经历过"第二次出埃及"的被掳归回之以色列人,"岂可再违背"神的命令,像昔日的以色列人呢?以斯拉回响着昔日流泪的先知耶利米,表达出耶和华的心肠:"背道的儿女啊,回来吧"(耶三12、14)。㉟ 以色列虽然"背道"(mᵉšûḇāḇ),但仍可回转过来(šûḇāh)。

以斯拉进一步引用一个相关词"违背"或"背弃"去勾起听者的思绪。此字本是形容以色列人背弃了神的约(申三十一16、20;耶十一10,三十一32;赛二十四5)。㊱ 然而,纵使人背弃神的约,神是信实的,不会"背弃"与他们所立的约(利二十六44~45)。虽然回归者有违背神的命令,与当地的居民通婚,并行他们所行可憎之事(参九1之注释),但神仍不会背弃他向以色列人列祖所立的约。

"你岂不向我们发怒,将我们灭绝,以致没有一个剩下逃脱的人吗"

以斯拉提出第二个修辞学的问题,问题隐含的答案乃是"是的",神会因着回归者所行的恶,向他们发怒,以致没有一个人可以逃脱。神的怒

㉞ William Holladay, *The Root šûbb in the OT* (Leiden:E.J. Brill, 1958),p.53. šûḇ 此字在希伯来文圣经(MT)中出现过有一千零五十四次之多。Holladay 指出 Qal 动词时态,约有二百七十三次对十三次之多,是指着归回起点的,不同于同义词 sāḇaḇ 即徘徊、循环、环绕(王下九18),或 sûr 即改变方向,或 pānāh 即转移注意力(赛四十五22)或 sûg 即退后等。

㉟ 耶三12 šûḇāh mᵉšûḇāh yiśrāʾēl,很明显此乃是修辞学的语文技巧,藉着 šûḇ 此字的双重意思——背道与回转,去表达信息。

㊱ 九14"违背"的希伯来文为 lᵉhāpēr,由 pārar 一字引出的 Hiphil 时态。四5曾用此字去形容敌对回归者的外邦人,贿赂波斯的谋士,去"败坏他们的谋算"。故此,背弃与败坏都是此字的意思。

气此字是旧约常用的词藻,它的原意为"鼻子"或"鼻孔所出的气"。[37]
以西结书如此形容:"我的怒气要从鼻孔里发出来。"(结三十八 18)通
常神的怒气发作,乃是基于神的子民背弃了神的圣约(申二十九 28;书
二十三 16),或离开神去敬拜别的偶像(申二 15,四 25,九 19,二十九
28,三十一 29),或悖逆神(民三十二 11～14)。

当神发怒时,如烈火喷身(结二十一 31,二十二 21),又如"涨溢的
河水"(赛三十 28),"密烟上腾"(赛三十 27),正如"忿怒之杯,喝了那
使人东倒西歪的爵"(赛五十一 17、22),又如"狂风吹裂这墙"(结十三
13)。违背他命令者会被灭绝,没有剩余可逃脱的(参九 8 之注释)。

(ⅴ) 以斯拉承认神的公义(九 15)

15 "耶和华以色列的神啊,因你是公义的,我们这剩下的人才得逃脱,
正如今日的光景。看哪,我们在你面前有罪恶,因此无人在你面前
站立得住。"

　　九 15　"耶和华以色列的神啊,因你是公义的"　以斯拉以耶和
华此立约之神的专称向神呼求,恳求神记念他向列祖所立的约(利二
十六 44)。耶和华神"是信实的",也是"守约施慈爱"的(申七 9、12)。申命
记的经文明显地将耶和华的名字与圣约(bᵉrît)和慈爱(ḥesed)串联在一
起。基于神忠诚不变的慈爱,他会为以色列民存留剩余之民,因为他公
义的本性必要成全他的旨意(赛九 7)。神的公义涵盖了法律上的公
平——他是正直的(申三十二 4;诗一一九 137),宗教上的独一——他
是至圣者(赛五 16;"因公义显为圣"),道德上的忠诚——他是信实的
(赛四十八 1),救赎上的称义——他是拯救者(赛五十三 11)。以斯拉
以他的公义作为祷告的中心,恳求神因着他的公义施行救赎(出九 27;
尼九 33)。

---

[37] "发怒"希伯来文为'ānap,于旧约出现过十四次,都是以神为主的。怒气为'ap,计有七十
　　次是以神为主的。其他同义词计有"嘴唇满有忿恨"(za'am,赛三十 27)、"热风"(za'ap,诗
　　十一 6)、"炙热苦毒"(hemah,申三十二 24)、"忧愁眼睛干瘪"(ka'as,诗六 7)、"暴风直吹墙
　　壁"(rûah,赛二十五 4)等。

"我们这剩下的人才得逃脱，正如今日的光景" 立约的耶和华神，按着他的慈爱，"用公义的右手扶持"以色列人（赛四十一 10），存留他们的余种，使他们可以归回耶路撒冷。以斯拉在此"教导式的祷告"中提醒以色列民，他们今日的光景，可以踏足、厕身于圣地，都是因为神的怜悯。"看哪"，以斯拉以不同的方法与措辞，去提醒、呼唤、苏醒以色列人。若神要追讨人的罪，"无人在你面前站立得住"。恩典乃是为那些原本不配的人，就是那些本来只配领受神的震怒的人，为他们展开一条又新又活的路（诗七十六 7，一三〇 3）。当神究察人的罪，无人能站立得住而称为义。以斯拉为着他所获悉以色列人与外族人通婚的罪，而俯伏于神的面前，祈求神的怜悯。

（III）以斯拉向圣民劝告要遵行神的律法（十1～44）

（ⅰ）众民承认犯了罪（十1～4）

1 以斯拉祷告、认罪、哭泣、俯伏在神殿前的时候，有以色列中的男女孩童聚集到以斯拉那里，成了大会。众民无不痛哭。

2 属以拦的子孙，耶歇的儿子示迦尼对以斯拉说："我们在此地娶了外邦女子为妻，干犯了我们的神；然而以色列人还有指望。

3 现在当与我们的神立约，休这一切的妻，离绝他们所生的；照着我主和那因神命令战兢之人所议定的，按律法而行。

4 你起来，这是你当办的事；我们必帮助你，你当奋勉而行。"

第十章一至十七节类似第七章一至十节，第八章三十五至三十六节，以第三人称旁述的手法写成。于是有些经学家认为这可能是出自后期编者的手笔（一般以为此编者就是历代志的作者）。⑧ 又有一些经学家认为可能是编者按着第一人称的"以斯拉回忆录"，将其改编而成

---

⑧ O. Eissfeldt 认为第一人称与第三人称的叙述来自两个不同的来源（*The OT：An Introduction* [Oxford：Blackwell，1966]，p. 544），可是除了旁述者身份改变之外，第九与十章并没有于文体与思路上的改变。Torrey 认为是历代志编者的编后话（*Ezra Studies*，pp. 244 – 246）。

的。㊴ 可是，我们也不能排除以斯拉自己于写作时，由第一人称改为第
三人称旁述的不同风格之可能性。㊵ 况且，古代文献的展示确实有此
现象，风格修辞的更易，并不因此构成不同作者或文献来源的因素。第
十章记述以斯拉祷告后，众百姓的回应以及异族通婚的罪如何从民中
剪除之事。作者以斯拉可以选择自己退到幕后，以旁述来记录神如何
在以色列民中施行他的行为。

　　十 1　"以斯拉祷告、认罪、哭泣、俯伏在神殿前的时候"　祷告与
认罪都是以加重时态来表达，旧约常用pālal 此字来形容祷告。㊶ 此字
常有代求之意（申九 20），即以斯拉为百姓的罪，在神面前代求。历代
志下第六章二十四节将这两个字同时使用："你的民以色列若得罪
你……又回心转意承认你的名，在这殿里向你祈求祷告。"（即拉十 1 之
祷告认罪）认罪或译作承认，历代志下第六章二十六节将其含义表明出
来："他们若向此处祷告，承认你的名，离开他们的罪，求你在天上垂听、
赦免……"

　　哭泣（bōkeh）通常译作"哀号""悲哀""哭泣"（赛十五 2～5，二十二
12）。除了眼泪外，尚有哀号的声音，所以申命记第一章四十五节形容
以色列人"在耶和华面前哭号"。此哭号含有谦卑（诗一一六 8）、悲哀
（尼一 4）、忧愁（尼八 9～10）之意。它是将祈祷深化至内心深处，并盼
望主怜悯施恩、垂听应允（赛三十 19）。有时祈求的人会全身俯伏在地
（申九 18），或双膝跪下（九 5）。以斯拉在神殿前俯伏，旧约多处提及
"在神殿前"祈祷呼求（代下二十 9）。此处于修辞学而言属于换喻法，

㊴　Williamson 认为编者必须有一手的资料（即以斯拉回忆录）作为根据，并非如 Torrey 所言
　　是凭空虚构的（*Ezra*, pp. 146 - 147）。

㊵　Mavinckel 提出了四个可能，第四个即是作者风格的多样化，不过他不接受是以斯拉本人
　　为作者。然而他举了几个例证，表明古代文献中亦曾出现过同一作者于文内更易身份，由
　　第一人称转移至第三人称等。最显著的例子乃是 Book of Tobit（"'Ich' und 'Er',"
　　Studies, III, p.75）; Book of Tobit 于 D. C. Simpson 之 *The Apocrypha and
　　Pseudepigrapha of the OT in English*, vol. 1（Oxford: Clarendon Press, 1913）, p.195.

㊶　祷告为 kᵉhitpallēl，认罪为kᵉhitwaddōtô。参代下六 24。认罪此字由希伯来文 yādāh 之
　　Hithpael 加重强调时态而来。此字有双重意义：（1）承认或认罪（王上八 33、35）；（2）称
　　谢或感恩（诗四十四 8，五十四 6，九十九 3）。

譬如王冕代表君王、神的殿代表神等。㊷

"有以色列中的男女孩童聚集到以斯拉那里,成了大会。众民无不痛哭" 当以斯拉这位由波斯王所御派回来的文士,俯伏在圣殿前,不停地放声哭号时,百姓的良心也因此受到谴责。男女老幼成群结队地聚集在圣殿前,成为了大会(qāhāl)。"大会"此字可用于集合争战(民二十二 4),或聚集聆听神的话(申五 22,九 10,十 4),一起守节敬拜神(诗一〇七 32;代下三十 13)。被掳后常以此字来形容回归者群体(二 64,十 12、14;尼七 66,八 2、17)。

希伯来文有一感叹词 kî,可以不必译出来或译作"看哪""是的"等。㊸ 以斯拉将读者的注意力集中在会众的反应上。这也可以看出他为何以第三人称来描述此事件,为要将注意力放在会众身上,把自己隐藏起来。这些会众及百姓的痛哭声极大,他们为着自己的罪和百姓中的过犯而懊悔痛哭。

十 2 "属以拦的子孙,耶歇的儿子示迦尼对以斯拉说" 以斯拉为着民族悲天悯人的情怀,感动了一个以色列人。他挺身而出,回应以斯拉的呼吁,勇于承认以色列民所犯的罪,并且提出一个积极的建议。此人是首批回归者以拦的后裔(二 7,八 7,十 26)。按第十章二十六节而言,他的父亲耶歇也是与外族通婚的以色列人之一。示迦尼应该不是第八章五节那位与以斯拉一起归回的同伴。至于他的父亲与外族通婚,是否表示他自己为不洁的混血儿,也应该列为被离绝的一群中呢?有些经学家认为他可能曾按着第六章二十一节所言,"除掉所染外邦人污秽归附他们"的人;但也有可能是他的父亲耶歇生了示迦尼以后,再娶外邦女子。更有些经学家认为第十章二十六节的耶歇并非示迦尼的

㊷ 换喻法英文为 Metonymy,一般可分作四类:(1) 以因代果之换喻法(王下二 9);(2) 以果代因之换喻法(结十九 7);(3) 以主代客之换喻法(民二十二 4);(4) 以客代主之换喻法(十 1)。参 E. W. Bullinger, *Figures of Speech Used in the Bible* (Grand Rapids: Baker, 1979),pp. 537 - 608.

㊸ kî 一般用作因果关系上,但此处指以感叹意义(Interjection)为佳(参 Fensham, p. 134)。Dahood 指出与希伯来文接近的乌加列文(Ugaritic),亦有此用法(*Psalms*, III [Garden City: AB, 1970],p. 473)。

父亲,只是同名而已。㊹

"我们在此地娶了外邦女子为妻,干犯了我们的神;然而以色列人还有指望" 倘若示迦尼的父亲耶歇就是第十章二十六节所列举与外邦通婚之回归者之一,而他的父亲是生了示迦尼之后才再娶外邦女子的,我们就可以更体验到为何他是如此恨恶与外族通婚的罪。他不独是被以斯拉的真情所感动,更是亲身察验到与外族通婚的家庭痛苦。信仰不和谐能引致家庭严重的伤痛,示迦尼身受此害,于是毅然挺身而去,支持以斯拉。

他回应以斯拉的哀号,承认干犯了神。希伯来文将"我们干犯了我们的神",放在句子的开端。㊺ 示迦尼也代表着归回的以色列民,承认他们的罪。此种忧国忧民,与民族的罪认同之态度,与以斯拉的表现完全一致。然后,示迦尼指出以色列人迎娶外邦女子过门(wannōšeb),只是住在家里(十 10、14、17、18;尼十三 23、27)。然而,此婚姻并不能在神面前构成合法的婚姻,作者刻意使用(nākrīyyô t)此字去表达此意思。此字于箴言书而言,是指妓女(箴二 16,五 20,六 24,七 5,二十三 27,二十七 13)。文理的结构可译作"我们迎进了此地居民之妓女住在我们家里"。㊻ 作者并不以此为合法婚姻,乃是干犯神的罪行。

然而,依以斯拉的祷文所言,只要以色列民愿意回头,悬崖勒马,神是会施恩悦纳他们悔改的心的。故此,示迦尼指出以色列人并非绝望,乃是仍有指望(miqweh)的。指望一字是由等待、期盼、仰望(赛五 7,五十九 9、11;诗三十九 7,六十九 20,一一九 95)所演绎出来的。第九章十五节与第十章二节都有相同的用词 'al-zō't,然而两者却有很大对比。以斯拉记第九章十五节是暗淡的光景,第十章二节却充满了希望。

———

㊹ Brockington 提及,在以斯拉记和尼希米记中,大约有六次,出现过示迦尼这个名字(*Ezra*, *Nehemiah*, *and Esther*, p.92);Clines 认为示迦尼的父亲耶歇可能娶过两次妻子,一次娶以色列女子为妻,生了示迦尼;另一次娶外邦女子为妻(*Ezra*, *Nehemiah*, *Esther*, NCBC [Grand Rapids:Eerdmans, 1984]);Williamson 认为他可能为混血儿,按着六 21 的规矩而成为以色列人(*Ezra*, *Nehemiah* [WBC], p.150)。

㊺ "我们"('anahnû)是加重的强调词,充分表现他并非站在论断者的地位去控告他们,乃是与民族的罪认同。

㊻ 希伯来文为 hā'āreṣ me'ammê nokrîyôt nāšîm wannišeb
逐字直译为 当地 由居民 妓女 女子 迎进住在家里

十 3 "现在当与我们的神立约,休这一切的妻,离绝他们所生的"
作者刻意以双关语的技巧,将与神立约(niḵrāṯ bᵉrîṯ)与和外邦女子
(nāḵrîyyôṯ)联合,形成强烈的对比。与神立约就是要离弃这些外邦女
子。依示迦尼所看的,这些结合并非合法的婚姻,所以他没有用离婚
(šānē ʾšallaḥ)此字(玛二16;申二十四1),而是用了一个比较中立的用
词 lᵉhôsî ʾ,"将她们送走"。既然不是合法婚姻,故此不必离婚,只要将
这些外邦女子与所生的子女,用人道合理的条件送走他们就可以了。
所生的子女也包括在内,是因为子女通常会受母亲的信仰所影响,所以
示迦尼也将孩子们包括在其中。

"照着我主和那因神命令战兢之人所议定的,按律法而行" 示迦
尼恭敬地在以斯拉面前提案建议后,即以谦恭的态度作最后的谏言。
他说必定照着"我主"或"我主的教导"(baᵃšaṯ ʾᵃḏōnâ)而行。有些经
学家认为"主"应该是指着耶和华而言,即照着神的教导和那些敬畏神、
因神命令战兢的人之心思,务要按着律法而行。如此翻译比较繁复,但
未尝没有道理。[47] 但又有些经学家认为"我主"是指着以斯拉的教导,
和敬畏神命令的人之回应,他们都按着律法而行。[48] 两者的意思相差
不远,因为以斯拉的教导也是按着神的话语来讲的。后者对以斯拉而
言是带有鼓励性,因为示迦尼表示十分尊崇以斯拉的职事与身份。

十 4 "你起来,这是你当办的事;我们必帮助你,你当奋勉而行"
示迦尼勉励以斯拉务要刚强去办此事。此处的用词与历代志下第十
九章十一节很相近:"你们应当壮胆办事,愿耶和华与善人同在。"示迦
尼代表着当时聚集在神殿前面的百姓,表示他们必帮助以斯拉,希伯来
文是"我们与你"(ǎnahnû ʾimmāḵ),即是"我们与你一起",大家并肩而
行,扶助以斯拉去完成此事。示迦尼所代表的群众,给了以斯拉莫大的
鼓舞,于是他就站起来,奋勉刚强地去办此事。

---

[47] Keil & Delitzsch 认为示迦尼并非以斯拉的仆人,不应用"我主"去形容以斯拉(K & D, pp. 126 - 127)。

[48] Williamson 认为因为以斯拉先前已经有此教导,不应与外族人通婚,故此处经文进一步支持九1 - 4,并非指着以斯拉首次获悉此问题。但是若接受九5 - 15 为"教导式的祷文"之解释,即不必预设以斯拉事先已经知道此事,而于九1 - 4 时才以戏剧化的表现去感动百姓(参九1 - 4 注释)。

(ii) 以斯拉劝民遵照神的律法而行(十5～8)

⁵ 以斯拉便起来,使祭司长和利未人,并以色列众人起誓说,必照这话
　去行。他们就起了誓。

⁶ 以斯拉从神殿前起来,进入以利亚实的儿子约哈难的屋里;到了那里
　不吃饭,也不喝水,因为被掳归回之人所犯的罪心里悲伤。

⁷ 他们通告犹大和耶路撒冷被掳归回的人,叫他们在耶路撒冷聚集。

⁸ 凡不遵首领和长老所议定三日之内不来的,就必抄他的家,使他离开
　被掳归回之人的会。

　　十5　"以斯拉便起来,使祭司长和利未人,并以色列众人起誓"
以斯拉自听到众首领所带来的信息后,即撕裂衣服,俯伏在神殿面前,
哀号祷告。当示迦尼建议并催促他起来,奋勉办这事后,他就徐徐起
来。他深知神的灵已经感动了百姓,有感而不动是不能成事的。于是,
趁着百姓仍是心有所感,以斯拉即要求他们将此心愿转化为盟誓,向神
立约起誓。当时,三类回归者都在场,计有祭司长、利未人和众百姓。

　　"说必照这话去行。他们就起了誓"　照着"这话",即是示迦尼所
建议将外邦女子和子女弃绝的话。以斯拉一个人的悲悯,以及示迦尼
一个人的建议,竟然能将以色列民族挽回过来。神的作为往往是藉着
那些信服他指引的人所完成的。众人因着以斯拉和示迦尼的话,就起
了誓,表示要遵照而行。

　　十6　"以斯拉从神殿前起来,进入以利亚实的儿子约哈难的屋
里"　当以斯拉催使当时在神殿聚集的回转者起誓后,即起来进入了
"以利亚实的儿子约哈难的屋里"。一些经学家认为此处所提到的约哈
难,就是尼希米记第十二章二十二节所提以利亚实的孙子(依尼十二
22所记:"以利亚实、耶何耶大、约哈难",即约哈难应该是以利亚实的
孙子)。以利亚实是尼希米时期任大祭司的,所以依此看来,以斯拉是
在尼希米之后归回的(参绪论"归回次序"一节)。甚至有些批判学家更
以考古依据为论证,当大利乌二世(424－405 B.C.)时期,伊里芬丁蒲
草纸记录一位约哈难大祭司,就是第十章六节所提及的那位,故此,以

斯拉是于公元前 398 年才归回的。

可是，据尼希米记第十二章二十二至二十三节所记述的，约哈难是以利亚实的儿子而非孙子。虽然儿子一字有时可以用作孙子，但是经文将以利亚实各儿子都列举出来，明显地并非孙子。除非尼希米记第十章十至十一节所提到的"约拿单"更改成"约哈难"，但是却没有文献鉴定的客观支持。再者，第十章六节所提到的约哈难，并没有祭司或大祭司的头衔。在神殿附近有一间屋子，并不能因此就定断约哈难必定是大祭司。去过耶路撒冷的人都知道，圣殿附近是有很多民居的。

再者，尼希米记第十二章大祭司的名单并不完整，是否有可能于尼希米记第十二章二十二节之前，另外有一位祭司名以利亚实及约哈难呢？⑭ 何况这两个名称都是当时极普遍的名字。就尼希米记而言，已经有不同的以利亚实。譬如尼希米记第十三章四节所提："管理我们神殿中库房的祭司以利亚实"，此处很明显指出此以利亚实并非大祭司，并且他是管理库房的。

总括来看，第十章六节的以利亚实与其子约哈难，可能并非尼希米记第十二章二十二节的大祭司以利亚实与其孙子约哈难。同名字并不一定是相同时期的人物。第十章六节的约哈难可能是当时的领袖之一，也是以斯拉归回后经常去拜访的人。当他在神殿前祷告起来，并与以色列人起誓立约后，即进入约哈难的屋里。

"到了那里不吃饭，也不喝水，因为被掳归回之人所犯的罪心里悲伤" 以斯拉仍然为着回归者的过犯而悲伤（mit̠'abbēl），他的哀痛并非一般的伤痛，乃是犹如为着已故的亲人而悲鸣致哀（创五十 10；申三十四 8）。⑮ 此内心悲痛，形溢于外。于旧约而言，此字常与披麻蒙灰一齐用（赛六十一 3），有时悲伤哀号、荒凉坐地（赛三 26），有时披上黑衣坐地悲哀（耶十四 2）。此时，以斯拉不吃不喝地在约哈难的屋里哀号（尼

⑭ Cross 推测尼十二 22 的以利亚实其实是按着他的祖父以利亚实而定名的。祖父是在以斯拉期前，而孙子是在后期。此犹太人的定名一般称为 papponymy（即以祖父为名，*JBL* 94〔1975〕，pp. 4 - 18）。Williamson 详细地讨论此可能，参 *Ezra*，p. 153 或 *JTS* 28（1977），pp. 62 - 63。Cross 的论证虽属描测，但亦有可能。

⑮ 'āḇal 此字多用于举丧之用，与三 12，十 1 的 bāḵāh 与 sāp̠aḏ 有不相同之处，后者两个字比较少用于丧事中的哀号。

一 4，八 9）。㊿

十 7 "他们通告犹大和耶路撒冷被掳归回的人，叫他们在耶路撒冷聚集" 以斯拉于第十章一节开始即以第三人称来旁述，并且在第十章七节就完全退到幕后。回归者的首领们（九 1）发出一通告。一般而言，此通告是张贴于城邑之显眼处，并于民中宣读出来（qôl）。"被掳归回"者（六 16、20～21，九 3～5）的人口不多，并且多聚居于耶路撒冷附近。因此，此口讯和通牒很快就传开了，各地回归者必须于三日内抵达耶路撒冷。

十 8 "凡不遵首领和长老所议定三日之内不来的" 首领（śārîm）包括了军长官员（八 25）与民间和宗教领袖（九 1）。长老即是德高望重、施行裁判的司法领袖（三 12）。他们一起商议回应以斯拉和示迦尼的呼吁，共同联名发出一通告（赛四十 14）。很可能当以斯拉进入约哈难屋里后，这些首领和长老们即商议应如何回应；然后进去向以斯拉汇报，并得到以斯拉的认可，立即行事。

"就必抄他的家，使他离开被掳归回之人的会" "抄家"（yāḥºram）此字原为以色列人进迦南后，要将当地的民、牛羊等牲畜除灭杀尽之意（书六 21，撒上十五 3）。后来即将其意义引申为使产业充公，就是抄家之意（撒上十五 33）。作者没有使用一般常用意为抄家（niksîn）的字（七 26），而采用一个富于宗教色彩的字，必定有他的用意。hāram 此字必然于回归者心中回响着神在出埃及时对以色列人的命令，申命记第十三章十二至十八节提到以色列人若被匪类勾引，与外邦人一同敬拜事奉别的神，行可憎恶的事（留心此用词，九 1、11、14），就要被"杀尽"（申十三 16）。

并且，这些人要被驱离以色列人的会中，不能与他们一起在圣殿中敬拜献祭，甚至他们留居犹大的权益都会被剥夺。他们将会被驱逐出去，成为外人一般。如此严厉的刑罚必定得到以斯拉的认可，因为他是从波斯王那里得到谕旨，可以施行王的命令，定罪、治死、抄家或囚禁

㊿ 此处出现了两次使用 hālak（"走到"）此字，故此有些经学家将这两个"走到"（wayyēlek šām）更改为 wāyyalen šām（"过一夜"）。他们认为希腊文七十士译本亦是如此翻译και αυλισθεις εκει（以斯拉壹书 ix.1）。不过七十士译本可能因着两个 hālak 而将其一更改过来，此不足以证实原抄本是"过一夜"。

（七 26）。

（iii）会众在圣殿前表示愿意遵照神的律法而行（十 9～15）

9 于是犹大和便雅悯众人，三日之内都聚集在耶路撒冷。那日正是九月
二十日，众人都坐在神殿前的宽阔处；因这事，又因下大雨，就都战兢。

10 祭司以斯拉站起来，对他们说："你们有罪了，因你们娶了外邦的女
子为妻，增添以色列人的罪恶。

11 现在当向耶和华你们列祖的神认罪，遵行他的旨意，离绝这些国的
民和外邦的女子。"

12 会众都大声回答说："我们必照着你的话行！

13 只是百姓众多，又逢大雨的时令，我们不能站在外头；这也不是一两
天办完的事，因我们在这事上犯了大罪。

14 不如为全会众派首领办理。凡我们城邑中娶外邦女子为妻的，当按
所定的日期，同着本城的长老和士师而来，直到办完这事。神的烈
怒就转离我们了。"

15 惟有亚撒黑的儿子约拿单、特瓦的儿子雅哈谢阻挡这事，并有米书
兰和利未人沙比太帮助他们。

十9 "于是犹大和便雅悯众人，三日之内都聚集在耶路撒冷。那
日正是九月二十日"　散居在犹大境内的都是被掳归回的犹大人和便
雅悯人（一 5，四 1），他们闻讯后知道事态严重，不得迟延；于三日后，就
云集在耶路撒冷。很可能是男丁的责任赴会。但第十章一节记述男女
孩童都聚集成大会。[52]

"那日正是九月二十日"，那日是指会众于三日后聚集正式宣布成
为大会（qahal）之日（十 8）。那正是犹太历法的九月二十日，即为阳历
（贵格利历）十一至十二月。被掳后称九月为基斯流月（尼一 1；亚七
1）。以斯拉是于正月初一起程（七 9），正月十二日从亚哈瓦河边动身
（八 31），五月初一日（七 9）抵达耶京。经过了四个月又二十日，以斯拉

---

[52] 希伯来文指出犹大和便雅悯的男人'anšê yᵉhûḏāh ûḇinyāmin。

才真正处理百姓属灵道德的问题。

"众人都坐在神殿前的宽阔处;因这事,又因下大雨,就都战兢"犹太历九月为冬至时令,气候微寒且多雨,是回归者收冬季无花果及撒种的时候。故此,各人是付出代价而前来耶路撒冷的。当他们来到后,即聚集于圣殿前宽阔处。现在去过耶路撒冷的人都会发现大希律所建之圣殿(也即是按着所罗巴伯圣殿所修建的),其遗迹及模型展示都呈现出圣殿前面是非常宽敞的,适合聚集会众过节(尼八 1、3)。

当时,百姓因着首领及长老所颁发之宣告,事态严重,甚至会招致回归者触怒耶和华,可能再次被掳(九 13～15)。众人都因为此事而战兢,作者采用了一个前置词 min(用了两次),去形容外在的因素——"下大雨"(mēhagšāmîm);要注意此字的第一个字母 m,即是 min 的缩写,和"因这事"。希伯来文将 m 字母放在"战兢"(mar'îdîm)之前。因着此两项外在的因素,他们内心战兢。内心的激情,是藉着另一个前置词 al 来表达。会众因着外在的因素,而产生内在的激情。正如昔日但以理因着天使给他的异象与启示,"便战战兢兢地立起来"(但十 11)。

十 10～11　"祭司以斯拉站起来,对他们说"　于倾盆的豪雨和凛冽的寒风下,以斯拉站在圣殿前的宽阔处,面向着会众,并没有冗长的讲论,而是开宗明义、率直地宣告:"你们有罪了!"他是以祭司中保的身份,站在神圣洁公义的一边,代替神发出此宣告。他再次强调:"你们"('attem),被掳归回的以色列人中,犯了此不忠(me'altem)之罪(参九 2、4 之注释)。以斯拉将首领们向他所陈明的罪,完全摆在会众面前(九 1,用词完全一致)。不独他们个人犯了此不忠之罪,更是增添了以色列人的罪恶(九 6)。以色列的历史就是一连串失败的记录,如今因着回归者娶了外邦女子为妻,又增多一项罪恶。

"现在当向耶和华你们列祖的神认罪"　"认罪"的希伯来文为 tenû tôdāh。此字的基本意思乃是"抛掷"(哀三 53),将其原始意思引申到一个人将手高举于神的面前,或投身俯伏叩拜(代下七 3)。㊽ 若

㊽　"抛掷"为 Qal 时态的用法,"举手"为 Piel 时态,Piel 时态为加重 Qal 时态的意思,将其意思伸展出去,即"将手抛掷于空中——举手之意"(Lambdin, *Introduction to Biblical Grammar*, p. 195,§148)。Hiphil 时态更进一步将其意思抽象化,即是称谢、认罪等意思。

将此向神举手的动作与敬拜联上关系,此字则有"承认"之意。向神承认他的恩惠即是称谢(诗一〇七 1),若于祭祀上向神承认他的作为即成了感恩祭(代下三十 22),若于敬拜中承认神的伟大即是称颂(诗一二二 4,一四〇 13),若于心灵中承认自己的罪污即是认罪(箴二十八 13)。

以斯拉劝告回归者一方面承认自己的罪恶而认罪,另一方面承认神赦罪的恩惠而感恩。约书亚于查出艾城之败仗乃因亚干犯罪,于是对亚干说:"我儿,我劝你将荣耀归给耶和华以色列的神,在他面前认罪。"(书七 19)此处明显地将荣耀神与认罪结合在一起来看。当人认罪时,也是同时在荣耀神。

"遵行他的旨意,离绝这些国的民和外邦的女子" 遵行神的旨意(rᵉsônô)也就是行他所喜悦的事。此字源于喜悦(rāsāh)一词(赛四十二 1;代上二十九 17)。于被掳后,此字即多用作表达旨意(但八 4,十一 3、16、36;尼九 24;斯一 8,九 5)。但其原始意思仍没有完全失落。因此,遵行神的旨意乃是行他所喜悦的事。于以斯拉的处境而言,回归者就要离绝(六 21,九 1)这些外邦人和外邦女子。

十 12~14 "会众都大声回答说:我们必照着你的话行" 简短的两句话,以斯拉就能勾起会众的心弦,他们为罪而扎心。于是,大家齐声回应:"是的,你的话我们必去行"。下文提及会众中的首领与长老可以经过商议后,代表会众讲话,也可能他们为首,带领会众大声地回答以斯拉的呼吁。

"只是百姓众多,又逢大雨的时令,我们不能站在外头" 由以下之理由可以看出,当时首领们和长老经过商议后,代表着会众来到以斯拉面前。他们认为此时、此地、此环境、此事态,并不能立刻就开展查询事宜。人多、豪雨、事关重要,他们不希望因着意气用事,就失去公允。况且"这也不是一两天办完的事",于是,众领袖建议"不如为全会众派首领办理"。这是十分明智的建议,委任民间认可的地方议事会,去判决此既切身又敏感的问题,比较合适。

并且,他们建议"凡我们城邑中娶外邦女子为妻的,当按所定的日期,同着本城的长老和士师而来",也是相当稳重。因为他们需要一些时间去处理家庭子女的安置问题,所以定下了日期去办理此事,乃是十分合理的。并且,这些人等必须首先经过地方议事的长老和士师审判断定属实,然后才带到耶路撒冷。这些议事的长老和士师也一起同来,以作证供。

"直到办完这事。神的烈怒就转离我们了" 作者刻意地采用修辞手法,去达成他要表达的效果。第九章十四节以斯拉提到"岂可再违背"神的命令,此"再"字就是此处"转离"一字(参九 14 之注释)。只要以色列人转离罪恶,神亦会转离他的怒气。"烈怒"乃是将"喷火的怒气"(hārôn)与"鼻子所出的怒气"('ap)两字合并而成(出三十二 12;民二十五 4,三十二 14;申十三 18;诗六十九 24;耶四 8、26,十二 13,二十五 37～38 等)。从神鼻子喷火而出的怒气就是烈怒了,这是拟人的修辞手法,以人的鼻子来形容神(参九 14 之注释)。

希伯来文有两个相同的前置词 'ad,放在"这事"与"转离"前面。和合本将一个译作时间性的副词"直到",另外一个译作因果性的字"就"。有些近代经学家认为,同一前置词不应在相同的句子里有不同的用途,故此将"这事"之前的改为"关于"('al),他们认为是文士抄写的错漏。⑭这也有两份古抄本的依据和一些古译本的支持。虽然两者于意思上分别不大,但以文献鉴定学来看,却可以引申出一个原则——难解的经文较易解的经文接近原来的意思。⑮ 故此,我们采纳和合本的译法,"直到这事办完以后,神的烈怒就必然会转离我们的"。

十 15 "惟有亚撒黑的儿子约拿单、特瓦的儿子雅哈谢阻挡这事,并有米书兰和利未人沙比太帮助他们" "惟有"('ak)属于副词,附有缩窄限制前文的意思,有时是与前文相反的(出二十一 21;利二十一 23,二十七 26;民十八 15、17)。⑯ 此处明显地指出这些人与会众及首

---

⑭ 希伯来文是'ad lhsyb . . . 'ad laddābār hazzeh,直译为结果('ad)神的烈怒就转离我们,直到('ad)这事完了。*Revised Standard Version*:Till ('ad) the fierce wrath of our God over ('al) this matter.

⑮ 文献鉴定学(Textual Criticism)是将不同抄本的经文进行合乎科学的客观评估方法,以确定哪一个抄本为可靠。参 B. M. Metzger, *The Text of the NT* (Oxford:Oxford Univ. Press, 1918);E. Würthwein, *The Text of the OT*, trans. E. Rhodes (Grand Rapids:Eerdmans, 1979)。

⑯ BDB, p. 36.

领的建议相反。"阻挡"('āmdû)与第十章十四节的"办理"(ya'ǎmdû),原属同一的字,基本意思为"站立"。第十章十四节表示首领"站在"会众前,代表他们办理此事。第十章十五节指出这两位"站在"会众前反对('al)此事(代上二十一 1;代下二十 23)。至于他们反对的实情,经文没有清楚交代。究竟是他们反对延迟办理此事,还是他们反对以斯拉及示迦尼的建议,要将外邦女子离绝此事呢?前者仍是支持以斯拉,只是他们要更积极、激进地作成此事。后者则根本上是反对以斯拉等人的建议。两者的解释有天渊之别,由于此二人的身份不明,我们只有再从下文来揣测下去。

米书兰与利未人沙比太"帮助他们"('ǎzārum),有些经学家认为"他们"是指会众,因为帮助此字是复数。[57] 依此解释而言,这两个人是支持会众的建议,去反对约拿单和雅哈谢。但是,复数的动词也可以是指着约拿单和雅哈谢两人;并且据文法而言,应该是指着最接近的复数,即他们两人。再者,米书兰的名字出现于第十章二十九节,与外邦人通婚的以色列人之名单内。倘若这两个名字是指相同的人物,即米书兰有反对的动机,因为他自己就是犯了与外邦人通婚的罪。

依此看来,当会众与首领提议将离绝外邦女子延迟于日后指定的日期办理,有两人站起来反对,并有另外两人附议。其中反对的一个人为本身与外族人通婚的以色列人。他们的反对无效,于是会众议决在指定的日期内,各地百姓要交出与外族通婚的人。

此处尚要提及利未人沙比太,于尼希米记第十一章十六节提到当尼希米鼓励众民留居耶路撒冷城时,其中有利未族长沙比太,此人是"管理神殿的外事"。当尼希米进一步推行严禁与异族人通婚之事的时候,利未人沙比太就没有再反对(尼十三 23~31)。他可能经过以斯拉的改革后,观念有所改变,确认此事是合宜的,同意回归者必需要与外邦女子离绝。

---

[57] Fensham, p. 141; Grosheide, *Ezra*, pp. 283 – 284.

(vi) 会众查清与外邦女子通婚的数目(十 16～44)

16 被掳归回的人如此而行。祭司以斯拉和一些族长按着宗族都指名见派。在十月初一日,一同在座查办这事;

17 到正月初一日,才查清娶外邦女子的人数。

18 在祭司中查出娶外邦女子为妻的,就是:耶书亚的子孙约萨达的儿子和他弟兄玛西雅、以利以谢、雅立、基大利。

19 (他们便应许必休他们的妻;他们因有罪,就献群中的一只公绵羊赎罪。)

20 音麦的子孙中有:哈拿尼、西巴第雅。

21 哈琳的子孙中有:玛西雅、以利雅、示玛雅、耶歇、乌西雅。

22 巴施户珥的子孙中有:以利约乃、玛西雅、以实玛利、拿坦业、约撒拔、以利亚撒。

23 利未人中有:约撒拔、示每、基拉雅(基拉雅就是基利他),还有毗他希雅、犹大、以利以谢。

24 歌唱的人中有:以利亚实。守门的人中有:沙龙、提联、乌利。

25 以色列人巴录的子孙中有:拉米、耶西雅、玛基雅、米雅民、以利亚撒、玛基雅、比拿雅。

26 以拦的子孙中有:玛他尼、撒迦利亚、耶歇、押底、耶利末、以利雅。

27 萨土的子孙中有:以利约乃、以利亚实、玛他尼、耶利末、撒拔、亚西撒。

28 比拜的子孙中有:约哈难、哈拿尼雅、萨拜、亚勒。

29 巴尼的子孙中有:米书兰、玛鹿、亚大雅、雅述、示押、耶利末。

30 巴哈摩押的子孙中有:阿底拿、基拉、比拿雅、玛西雅、玛他尼、比撒列、宾内、玛拿西。

31 哈琳的子孙中有:以利以谢、伊示雅、玛基雅、示玛雅、西缅、

32 便雅悯、玛鹿、示玛利雅。

33 哈顺的子孙中有:玛特乃、玛达他、撒拔、以利法列、耶利买、玛拿西、示每。

34 巴尼的子孙中有：玛玳、暗兰、乌益、

35 比拿雅、比底雅、基禄、

36 瓦尼雅、米利末、以利亚实、

37 玛他尼、玛特乃、雅扫、

38 巴尼、宾内、示每、

39 示利米雅、拿单、亚大雅、

40 玛拿底拜、沙赛、沙赖、

41 亚萨利、示利米雅、示玛利雅、

42 沙龙、亚玛利雅、约瑟。

43 尼波的子孙中有：耶利、玛他提雅、撒拔、西比拿、雅玳、约珥、比拿雅。

44 这些人都娶了外邦女子为妻，其中也有生了儿女的。

十 16～17　"被掳归回的人如此而行。祭司以斯拉和一些族长按着宗族都指名见派。在十月初一日，一同在座查办这事。到正月初一日，才查清娶外邦女子的人数"　希伯来文提到被掳的子孙（四1，六19～20，八35，十7），即是归回的余民（九15），也就是当时的会众。他们照着在圣殿前的宽阔处与以斯拉所立的公约而行。当时以斯拉按着各宗族选立（yibbādlû，八24）一些领袖出来去查办此事。以斯拉极慎重地处理，处处都委任当地首领及各家族的族长去考查这事。他深知此事涉及各人的家庭内室的问题，甚至有不少领袖亦在其中。故此，他将此责任由草根单位处着手，而不以高压手段，标榜波斯的王谕，来使百姓屈服。

九月二十日的耶路撒冷大会至十月初一日，共花了十天的时间，让各城的百姓们自己选出族长来，与以斯拉一起去查办此事。由十月初一日至正月初一日，他们用了许多天去办理这事。若将第十章十八至四十四节的名单综合来计算，共一百一十个家庭犯了异族通婚的罪。他们各族长非常慎重地处理每一件个案，故此用了多天的时间，才正式查清各案件。当然，呈到各族长台前的案件可能超过一百一十件，因为有些经过查明后，并不属于异族通婚的个案里面。故此，一天只查问约两件个案，实在是十分详尽慎重的处理。

十 18～22 "在祭司中查出娶外邦女子为妻的，就是：耶书亚的子孙约萨达的儿子和他弟兄玛西雅、以利以谢、雅立、基大利。（他们便应许必休他们的妻；他们因有罪，就献群中的一只公绵羊赎罪。）音麦的子孙中有：哈拿尼、西巴第雅。哈琳的子孙中有：玛西雅、以利雅、示玛雅、耶歇、乌西雅。巴施户珥的子孙中有：以利约乃、玛西雅、以实玛利、拿坦业、约撒拔、以利亚撒" 第十章十八至四十四节记录一百一十个与外族女子通婚的回归者之名单。此名录是作者刻意的排列，由大祭司开始（十 18），提至祭司十七名（十 19～22）、利未人六名（十 23）、殿里唱歌的一名（十 24 上）、守门的三名（十 24 下）及以色列的回归者八十六名（十 25～43）。

十 18 "耶书亚的子孙约萨达的儿子" 耶书亚是与所罗巴伯一齐归回的大祭司，他的子孙约萨达之子和其兄弟都犯了此罪。大祭司的身份和传统并不能担保人不会犯罪。古时撒母耳时期的大祭司以利，也有两个儿子藐视耶和华的祭物（撒上二 12～17）。约萨达此名字，既是耶书亚父亲的名字（三 2），也是耶书亚子孙中一个的名字。可见，犹太人是常以先祖的名字定名的。约萨达的弟兄应该是第二章三十六节所记载的耶大雅（即耶书亚家的后裔）的子孙，也是大祭司的门第出身的。

十 19 "他们便应许必休他们的妻" "应许"此字希伯来文为"他们伸手"（wayyitᵉnû yādām）。正如列王纪下第十章十五节所记："耶户说：若是这样，你向我伸手。他就伸手"；意思乃是"诚心待人"（王下十 15），或"应许""许愿"之含义。这几家大祭司的家族许愿表示，甘愿将此不合法的婚姻解散，并将外邦的女子"送走"。

"他们因有罪，就献群中的一只公绵羊赎罪" 此处的罪与赎罪都是相同的字 ʾăšēmîm，利未记第六章六节（MT，五 24、26）译作"赎愆祭"。当一个人一知道自己犯了罪，就要立时献上此赎愆祭（利五 3～5），以赎去过犯。神亦会饶恕（sālāh）他们的罪（尼九 17；诗八十六 5），止息神的忿怒，免除对他们的惩罚（摩七 1～6）。此处并非只有祭司才需要献祭，虽然下文的各人没有提及献祭之事，但是他们仍要为自己的罪献祭。祭司只是以代表的身份，提及他们所献的赎罪祭。

十 20～22 "音麦的子孙……哈琳的子孙……巴施户珥的子孙……"

若将此名录与和所罗巴伯一同归回的祭司的名录对比（二 36～39），即发现祭司中的四个班次都有人犯了与外族人通婚的罪。此名录中的一些人物亦出现于尼希米记第八章四节，第十章二至九节的名录中。譬如玛西雅亦是当日与尼希米签约之领袖之一，可见，只要一个人能够回头，悬崖勒马，神是可以再次使用此人的。另一方面，很可惜一代之后的回归者，仍没有完全处理好通婚的问题；到了尼希米记第十三章二十五至三十节，尼希米仍要处理"大祭司以利亚实的孙子耶何耶大的一个儿子，是和伦人参巴拉的女婿"（尼十三 28）。

十 23～24 "利未人中有：约撒拔、示每、基拉雅（基拉雅就是基利他），还有毗他希雅、犹大、以利以谢。歌唱的人中有：以利亚实。守门的人中有：沙龙、提联、乌利" 利未人中有六个人被提出来，但没有记录是属于哪些家族的。依第二章四十节而言，当所罗巴伯归回时只有"利未人何达威雅的后裔，就是耶书亚和甲篾"，被记录下来。故此，很可能在此处所言之六个利未人，是属于耶书亚和甲篾的子孙。歌唱的有一人、守门的有三人（二 41～42），都被查出与此有关。

尼希米记第二章提到的殿役尼提宁人和所罗门的仆人，则没有记录与外族人通婚。这可能是当时的特殊处境，引致上流社会阶层的人颇多通婚的现象。自犹大人被掳后，外族人即承受了当地的产业，经过了约一百年之久，自然成为了地主与当地显赫的人物。当以色列人归回时，他们想要收回以前的祖业并不容易，除非他们进入一种婚约的关系中，才可以重新建立起祖业。因此，不少上流人士——祭司、利未人等，即不顾一切与外族通婚。至于社会底层人士，则没有此必要与机会。

以斯拉洞悉以色列民族中心支柱的人物，若不能保持纯一，则整个归回的群体将来必定经不起时代潮流的同化与冲击。故此，他不惜采取如此剧烈的行动，务求使回归者的群体于民族上能够保持合一、纯洁。他所用的方法乃是教导他们神的律法，恳切地祷告，并让神自由作工去感动众人。结果，他们由草根阶层开始回应神，应许离绝这些外邦女子与所生的子女。

十 25～43 "以色列人巴录的子孙中有：拉米、耶西雅、玛基雅、米雅民、以利亚撒、玛基雅、比拿雅。……尼波的子孙中有：耶利、玛他提雅、撒拔、西比拿、雅玳、约珥、比拿雅" 此名录最后记录八十六个（或八十五个，近代一些经学家认为第十章三十八节的巴尼、宾内应该是巴尼的子孙）[58]以色列人。以色列人可代表全体犹大人（包括祭司与利未人，六 17），但有时是只代表祭司与利未人以外的以色列人（六 20，十 25）。此八十六个名字以十二组家族来排列，应该是包括了来自耶路撒冷及其他犹大城邑之以色列人。有些经学家认为巴尼是划分耶路撒冷（十 29～33）与犹大其他城邑（十 34～43）的指标。[59] 但此推测亦很难证实，不过，于名字的排列而言，巴尼家庭确实有不少人与外族人通婚（十 34～42）。

十 44 "这些人都娶了外邦女子为妻，其中也有生了儿女的" 以上这一百一十人都是被查明确实娶了外邦女子为妻的，并且生儿育女。希伯来文的文法结构十分繁复，"他们"（mēhem）属阳性，但动词"生子"（wayyāśîmû）属阴性。于是，有些经学家依据希腊文以斯拉壹书把此句更换成"他们离绝了外邦女子，甚至包括了他们所生的儿女"。[60]此解释与整段文理意思十分吻合，不过需要将希伯来文 MT 版本的经文删改。另外一些经学家则认为，按文献鉴定学的原则，希伯来文圣经属难解的经文，应该比较易解的希腊文以斯拉壹书，更接近原本。因此，他们认为主词"他们"（阳性）与动词"生了"（阴性），于归回后期的文献中曾出现过，于语文上并非不可能的事。何况希腊文七十士译本、拉丁文武加大译本、叙利亚译本亦是按照希伯来文 MT 版本翻译；[61]甚至此处的动词"生了"可能与"女子"互相呼应，而为女性时态。故此仍以希伯来文 MT 版本为依据，认同和合本的翻译。

---

[58] ûbānî ûbinnûy 改作 ûmiblᵉnê binnûy，即"巴尼的子孙"，七十士译本及希腊文的以斯拉壹书（九 34）皆以此为译本。

[59] K & D 认为巴尼的子孙名单太冗长（十 29，34～42），故此十 34 之巴尼应该是指着别的家系，由此推想可能是耶路撒冷以外的犹大人（p. 134）。Williamson 认为十 34 应该是文士抄写的错漏，可能是 bgwy Bigvai（p. 144），但这也不一定如此。

[60] 希伯来文 MT 为：wᵉyēš mēhem nāšîm wayyāśîmû bānîm
依希腊文以斯拉壹书九 36 可得以下之希伯来文：
ûyišalhûm nāsîm ûbānîm（参 Fensham，pp. 144 - 145）

[61] L. Kopf 提出阿拉伯文亦有类似的文法结构，主词为阳性，动词为阴性的例子（"Arabische Etymologien und Parallelen zum Bibelwörterbuch," VT 9〔1959〕, p. 276），GKC 亦有举例提及，希伯来文后期的作品也有如此不对称的现象（§150，§145p）。

跋

以斯拉记以先知耶利米的预言为开端,将被掳前后的历史首尾衔接起来。历史乃是神于时空的领域内所施展的作为。被掳后归回的以色列人自觉地体验着,神主动地伸出他施恩的手,去引导他的百姓。以斯拉记就是记述神在历史中的作为,并且于叙事之余,进行神学反省,将神之救恩历史表露无遗。

神首先激动波斯王古列,颁下谕旨让犹大人可以归回重建圣殿。他又激动犹大人,由所罗巴伯和耶书亚等为首,带领以色列人归回。他们清楚神所托付的使命,乃是要重建圣殿并圣殿的敬拜生活。故此,他们矢志不渝地将外在圣殿的工程完成了。

然而,外在圣殿工程的完成,并不表示圣民内在的生活可以自然地重整起来。因此,神又主动地兴起以斯拉及其余犹大人,使他们第二次归回,使命乃是要重整百姓的信仰及道德生活。当时,以斯拉遵照神的指引揭起了犹大人的道德生活的改革。归回后的犹太人可以与被掳前接轨,实有赖于以斯拉的功劳。

此《以斯拉记注释》乃是基于圣经都是神所默示的前提下写成的。释经的原则以文法、历史、文体为骨干,将圣经作者以斯拉昔日所领受的默示原意,尽量发掘出来。就文法而言,希伯来文与亚兰文的基本文法含义、字义、词藻,都加以研究解释。撰写时亦顾及有些读者未必熟悉原文,故此尽量加以直译,并以浅白的方式注释,至于详细的原文讨论,则在脚注处申述。

就历史而言,笔者采取圣经作者对历史叙事之准确性与神学反省之可信性,为撰写此书的前提。行文走笔之余,与批判学者进行有关历史的研讨。笔者以福音派的立场,将历史记述与神学反省结合为一致的道统。圣经作者所进行的神学反省,乃是基于准确的历史实录的。至于所谓之不协调之处,则加以研究并提出合理之解释。

就文体而言,以斯拉记中包含了叙事、家谱、诏书、谕旨等文体。笔者尝试将文体本身的内在结构加以分析,并与当时考古文献对比,务求达致释经时不与文体背道而驰。

　　释经与解经的最终目的，乃是要发掘圣经作者的原意。既领会了神所默示圣经作者的原意，我们就更需要将经文与今日我们的生活融合在一起，将经文落实应用于我们日常生活的处境中，使我们得到造就，生活得到指引。

附录

附录一:波斯帝国版图

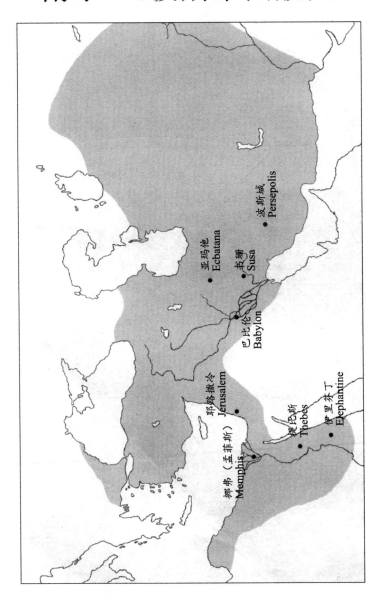

附录二：被掳归回的历史背景

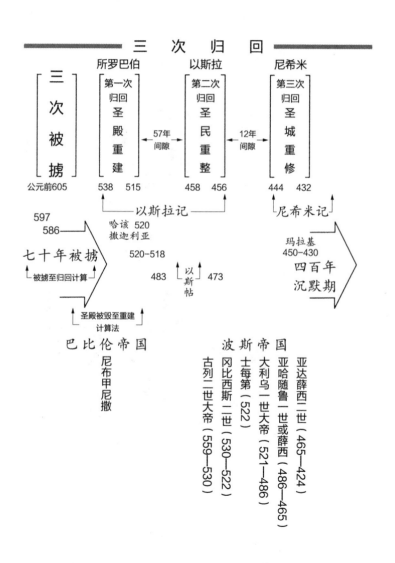

附录三：归回期的历史事迹

圣经事迹	经文参考	年代（公元前）	波斯王（公元前）
古列谕旨	一 1～4	538	古列（Cyrus） 559－530
第一次归回：所罗巴伯带领，约有四万九千人	二章	538	
筑坛及圣殿奠基	三 1～四 5	536	
哈该传信息	哈该书	520	大利乌（Darius I） 521－486
撒迦利亚传信息	撒迦利亚书	520－518	
圣殿工程完成	五～六章	515	
控告犹大	四 6	486	亚哈随鲁（Ahasuerus） 485－465
亚达薛西将圣城维修工程停工	四 7～23	464－458	亚达薛西（Artaxerxes I）465－424
第二次归回：以斯拉为首带领约五千人归回，革新圣民的生活	七～十章	458	
第三次归回：由尼希米为首重建城墙	尼希米记	444	
尼希米再度回归耶路撒冷	尼十三 6	430	
玛拉基传信息	玛拉基书	450－430	

参考书目

英文著作

Ackroyd, P. R. *Exile and Restoration: A Study of Hebrew Thought of the Sixth Century B. C.* (London: SCM Press, 1968).

Albright, W. F. *The Biblical Period from Abraham to Ezra* (NewYork: Harper & Row, Publishers, 1963).

Baltzer, K. *The Covenant Formulary.* Trans. D. E. Green (Oxford: Blackwell, 1971).

Bright, J. *A History of Israel* (Philadelphia: Westminster Press, 1981).

Batten, L. W. *A Critical and Exegetical Commentary on the books of Ezra and Nehemiah.* International Critical Commentary (Edinburgh: Thomas & Thomas Clark, 1913).

Bowman, J. *The Samaritan Problem.* Trans. A. Johnson (Pittsburgh: Pickwick Press, 1975).

Brockington, L. H. *Ezra, Nehemiah, and Esther.* The Century Bible New Series (London: Thomas Nelson & Sons, Ltd. , 1969).

Bullinger, E. W. *Figures of Speech Used in the Bible* (Grand Rapids: Baker House, 1979).

Childs, B. S. *Introduction to the Old Testament as Scripture* (London: SCM Press, 1979).

Clay, A. T. *Business Documents of the Murashû Sons of Nippur Dated in the Reign of Darius II* (424 - 404 B. C.) (Philadelphia, 1904).

Clines, D. J. A. *Ezra, Nehemiah, Esther. The New Century Bible Commentary* (Grand Rapids: Eerdmans, 1984).

Cogan, M. *Imperialism and Religion: Assyria, Judah, and Israel in the Eighth and Seventh Centuries B. C.* (Missoula, MT: Scholars Press, 1974).

Coggins, R. J. *Samaritans and Jews: The Origins of Samaritanism Reconsidered*. (Oxford: Blackwell, 1975).

Cook, J. M. *The Persian Empire* (London: Dent, 1983).

Cowley, A. *Aramaic Papyri of the Fifth Century B. C.* (Oxford: Clarendon Press, 1923).

de Saulcy, Louise Felicien Joseph Caignart. *Etude chronologique des livres d'Esdras et de Nehemie* (Paris: A. Levy, 1868).

de Vaux, Roland. *Ancient Israel*. vol. 2, *Religious Institutions*. Trans. Darton, Longman & Todd, Ltd. (New York: McGraw-Hill, Inc., 1961).

Driver, G. R. *Aramaic Documents of the Fifth Century B. C.* (Oxford: Harper & Row, Publishers, 1965).

Eissfeldt, Otto. *The Old Testament: An Introduction* (Oxford: Harper & Row, Publishers, 1965).

Ellenbogen, M. *Foreign Words in the OT* (London: Luzac, 1962).

Ellison, H. L. *From Babylon to Bethlehem* (Exeter: Paternoster, 1976).

Eskenazi, T. C. *In an Age of Prose: A Literary Approach to Ezra-Nehemiah*. Society of Biblical Literature (Atlanta: Scholars Press, 1988).

Fensham, Frank Charles. *The Books of Ezra and Nehemiah*. The New International Commentary on the Old Testament (Grand Rapids: Eerdmans, 1982).

Frye, R. N. *The Heritage of Persia* (New York, London: Weidenfeld & Nicolson, 1962).

Gaster, Moses. *The Samaritans: Their History, Doctrines, and Literature* (London: Oxford University Press, 1925).

Galling, K. *Studien zur Geschichte Israels im persischen Zeitalter* (Tübingen, 1964).

Gessenius, W. Y. Buhl F., *Hebräisches und Aramäisches Handwörterbuch über das AT* (Berlin: Topelmann, 1949).

Gibson, J. C. L. *Textbook of Syrian Semitic Insriptions I* (Oxford: Clarendon Press, 1971; II 1975).

Glueck, Nelson. *Hesed in the Bible* (Cincinnati: The Hebrew Union College Press, 1967).

Grayson, A. K. *Babylonian Historical Literary Texts* (Toronto: University of Toronto Press, 1975).

Harrison, R. K. *Introduction to the OT* (London: The Tyndale Press, 1970).

Hallock, R. T. *Persepolis Fortification Tablets*, nos. 353, 354 (Chicago: University of Chicago Press, 1969).

Hasel, Gerhard. *Old Testament Theology: Basic Issues in the Current Debate* (Grand Rapids: Eerdmans, 1972).

Hengel, Martin. *Judaism and Hellenism* (Philadelphia: Fortress Press, 1974).

Hensley, L. V. *The Official Persian Documents in the Book of Ezra* (University of Liverpool: unpublished dissertation, 1977).

Holladay, William. *The Root sûbh in the OT* (Leiden: E.J. Brill, 1958).

Hoonacker, Albin van. *Nehemie et Esdras; Nouvelle Hypothese sur la Chronologie del'epoque de la Restauration* (Louvain: J.B. Istas, 1890).

Jastrow, M. *A Dictionary of the Targumim, the Talmud Babli and Yerushalmi, and the Midrashic Literature* (London, 1903).

Jellicoe, Sidney. *The Septuagint and Modern Study* (Oxford: Clarendon Press, 1968).

Johnson, M. D. *The Purpose of the Biblical Genealogies with Special Reference to the Setting of the Genealogies of Jesus*. Society for New Testament Studies. Monograph Series 8 (Cambridge: University Press, 1969).

Josephus, F. *Antiquities of the Jews*. Complete Works (Grand Rapids: Kregel Publications, 1978).

Kapelrud, Arvid. *The Ras Shamra Discoveries and the OT* (Oxford: Basil Blackwell, 1965).

——. *The Question of Authorship in the Ezra Narrative*. *A Lexical Investigation* (Oslo: J. Dybwad, 1944).

Kautzsch, E. *Gesenius' Hebrew Grammar*, Ed. A.E. Cowley (Oxford: Clarendon, 1978).

Kaufman, S. A. *The Akkadian Influences on Aramaic* (Chicago and London: University of Chicago Press, 1974).

Keil & Delitzsch. *Commentary on the OT*. vol. 3 (Massachusetts: Hendrickson, 1989).

Kellermann, U. *Nehemai: Quellen, Überlieferung und Geschichte*. BZAW 102 (Berlin: Topelmann, 1967).

Kitchen, K. *Ancient Orient and OT*. Ill. (IVP, 1966).

Kidner, Derek. *Ezra & Nehemiah*. The Tyndale Old Testament Commentaries (Downers Grove, Illinois: InterVarsity Press, 1979).

Kippenberg, H. J. *Garizim und Synagoge: Traditiongeschichtlich Untersuchunger zur Samaritanisch Religion der aramäischen Periode*. Religiongeschichtliche Versuche und Vorarbeiten 30 (New York, 1971).

Kittle, R. *Geschichte des Volkes Israel*. III (Stuttgart: Kohlhammer, 1929).

Koenig, F. W. *Relief und Inschrift des Königs Darius I*. *Am Felsen von Bagistan* (Leiden, 1938).

Kutscher, E. Y. *Hebrew and Aramaic Studies* (Jerusalem: Magness Press, 1977).

Leuze, O. *Die Satrapieneinteilung in Syrien und im Zweistromlande von 520 - 320* (Halle: Max Niemeyer, 1935).

Luchenbill, D. D. *Ancient Records of Babylonian and Assyria*. II (Chicago: University of Chicago Press, 1927).

Mendenhall, G. E. *Law and Covenant in Israel and the Ancient Near East* (Pittsburgh: Biblical Colloquium, 1955).

Mendelsohn, I. *Slavery in Ancient Near East* (New York: Harper & Row, Publishers, 1949).

Metzger, Bruce Manning. *The Oxford Annotated Apocrypha of the Old Testament* (New York: Oxford University Press, 1977).

Michaeli, F. *Les Vivres des Chroniques*, *d'Esdras et de Néhémie*, Commentaire de L'AT 16, Neuchâtel (1967).

Moscati, S. *An Introduction to the Comparative Grammar of the Semitic Language*. Porta Linguarum Orientalium, Neue Serie VI (Wiesbaden: Otto Harrassowitz, 1964).

Mowinckel, Sigmund. *Studien zu dem Bucke Ezra-Nehemiah I*: *Die nach-chronistische Redaktion des Buches*. *Die Listen*. SUNVAO. II. Hist. Filos. Klasse, Ny Serie. No. 3 (Oslo: J. Dybwad, 1964 - 1965).

——. *"'Ich' und 'Er' in der Esrageschichte,"* pp. 211 - 233 in *Verbannung und Hiemkehr*: *Beitrage zur Geschichte und Theologie Israel im 6. Und 5. Jahrhundert v. Chr. Wilhelm Rudolph zum 70. Geburtstage dargebracht von Kollegen, Freunder und Schulern*, ed. A. Kuschke (Tübingen: Mohr, 1961).

Musil, A. *The Manners and Customs of the Rwala Bedouin* (New York: Harper & Row, Publishers, 1928).

Myers, J. M. *Ezra, Nehemiah*. The Anchor Bible (New York: Doubleday & Co., Inc., 1965).

Noth, Martin. *The History of Israel* (New York: Harper & Row, Publishers, 1958).

Olmstead, Albert. *History of the Persian Empire*: *Achaemeniad Period* (Chicago: University of Chicago Press, 1948).

Pfeiffer, Robert Henry. *Introduction to the Old Testament* (New York: Harper & Row, Publishers, 1948).

Porten, B. *Archieves from Elephantine*. *The Life of an Ancient Jewish Military Colony* (Berkeley & L. A. : Univ. of California Press, 1968).

Pritchard, James, ed. *Ancient Near Eastern Texts*. 2d ed. (Princeton: Princeton University Press, 1955).

Rimmon-Kenan, S. *Narrative Fiction : Contemporary Poetics* (London: Methuen, 1983).

Rosenthal, Franz. *A Grammar of Biblical Aramaic* (Wiesbaden: Otto Harrassowitz, 1974).

Rudolph, W. *Ezra und Nehemia*, *Handbuch zum AT* 20 (Tübingen: J. C. B. Mohr, 1949).

Ryle, Herbert Edward. *The Books of Ezra and Nehemiah*. The Cambridge Bible for Schools and Colleges (Cambridge: University Press, 1893).

Simpson, D. C. *The Apocrypha and Pseudepigrapha of the OT in English* (Oxford: Clarendon Press, 1913).

Smith, Morton. *Palestinian Parties and Politics that Shaped the OT* (New York: Columbia University Press, 1971).

Stern, E. *The Material Culture of the Land of the Bible in the Persian Period 538 - 332 B. C.* , trans. E. Cindorf (Warmister: Aris & Phillipps, and Jerusalem: Israel Exploration Society, 1982).

Torrey, C. C. *Ezra Studies*. Library of Biblical Studies, ed. Harry M. Orlinsky (New York: KTAV Publishing House, 1970).

Walton, J. *Chronological Charts of the OT* (Grand Rapids: Zondervan, 1978).

Weinberg, S. S. *Post-Exilic Palestine — An Archaeological Report*. The Israel Academy of Sciences and Humanities Proceedings, vol. 4 no. 5, Jerusalem: Ahva, 1969(Hebrew).

Wellhausen, Julius. *Prolegomena to the History of Ancient Israel* (Cleveland: Merdian Books, 1957).

Whitcomb, John. *Darius the Mede* (New Jersey: Presbyterian & Reformed Publishing Co. , 1959).

Widengren, G. *Standund Aufgaben der iranischen Religionsgeschichte* (Leiden, 1955).

Williams, R. J. *Hebrew Syntax : An Outline* (Toronto: University of Toronto Press, 1983).

Williamson, H. G. M. *Ezra , Nehemiah*. Word Biblical Commentary 16 (Waco: Word Books, 1985).

Wright, John. *The Date of Ezra's Coming to Jerusalem* (London: Tyndale

Press，1947）．

Yaron，Y. *Introduction to the Law of the Aramaic Papyri*（Oxford：Claren-
don Press，1961）．

Young，Edward Joseph. *An Introduction to the Old Testament*（Grand Rap-
ids：Eerdmans，1956）．

期刊与文章

Ackroyd，P.R. "Two OT Historical Problems of the Early Persian Period,"
JNES 17(1958),pp. 23 - 27.

Albright，W.F. "The Date and Personality of the Chronicler," *JBL* 40
(1921),pp. 104 - 124.

Alexander，P.S. "Remarks on Aramaic Epistolography in the Persian Period,"
JSS 23(1978),pp. 155 - 170.

Allrick，H.L. "The Lists of Zerubbabel（Neh 7 and Ezra 2）and the Hebrew
Numeral Notation," *BASOR* 136(1954),pp. 21 - 27.

——. "Esdras According to Codex B and Codex A as Appearing in
Zerubbabel's List in 1 Esdras 5:8 - 23," *ZAW* 66(1954),pp. 272 - 292.

Andersen，F.I. "Who Build the Second Temple?" *ABR* 6(1958),pp. 1 - 35.

Bartlett，J.R. "Zadok and his Successors at Jerusalem," *JTS* 19（1968），
pp. 1 - 18.

Baynes，N.H. "Zerubbabel's Rebuilding of the Temple," *JTS* 25（1924），
pp. 154 - 160.

Begrich，J. "Berit," *ZAW* 60(1944),pp. 1 - 11.

Bickermann. "The Edict of Cyrus in Ezra 1," *JBL* 65(1946),pp. 249 - 275.

Borger，R. "An Additional Remark on P.R. Ackroyd, JNES, XVII, 23 -
27," *JNES* 18(1959),p. 74.

Borger，R. and Hinz，W. "Eine Dareois-Inschrift aus Pasargadae," *ZDMG*
109(1959),pp. 120 - 130.

Bossman，D. "Ezra's Marriage Reform：Israel Redefined," *BTB* 9（1979），
pp. 32 - 38.

Bowman，R.A. "An Aramaic Journal Page," *AJSL* 58(1941),pp. 302 - 313.

——. "'eben gᵉlāl-aban galalu（Ezra 5:8；6:4），" *Doron：Hebrais Studies*,
ed. I.T. Naamani and D. Rudavsky. New York：National Association
of Professors of Hebrew（1965),pp. 64 - 74.

Braun，R.L. "Chronicles, Ezra, and Nehemiah：Theology and Literary His-
tory," *VT sup* 30(1979),pp. 52 - 64.

Cazelles, H. "La Mission d'Esdras," *VT* 4(1954), pp. 113 – 140.

Coggins, R. J. "The Interpretation of Ezra IV. 4," *JTS* 16(1965), pp. 124 – 127.

Cowley, A. "The Meaning of *mqwm* in Hebrew," *JTS* 17(1916), pp. 174 – 226.

Cross, F. M. "Papyri of the Fourth Century B. C. from Daliyeh," in D. N. Freemann and J. C. Greenfield, eds. *New Directions in Biblical Archaeology* (Garden City, 1969), pp. 45 – 69.

Dossin, G. "L'inscription de fondation de Iahdum-Lim, roi de Mari," *Syria* 32(1955), pp. 1 – 28.

Driver, G. R. "Studies in the Vocabularly of OT, III," *JTS* 32 (1931) pp. 361 – 366.

Eichhorst, E. R. "Ezra's Ethics on Intermarriage and Divorce," *Grace Journal* 10(1969), pp. 16 – 28.

Emerton, J. A. "Did Ezra go to Jerusalem in 428 B. C.," *JTS* 17 (1966), pp. 1 – 19.

Fensham, F. C. "The role of the Lord in the legal sections of the Covenant Code," *VT* 26(1976), pp. 262 – 274.

——. "Medina in Ezra and Nehemiah," *VT* 25(1975), pp. 295 – 297.

——. "The Numeral Seventy in the OT, and the Family of Jerubbel, Ahab, Panammuua and Athirat," *PEQ* 109(1977), pp. 113 – 114.

——. "Malediction and Benediction in Ancient Near Eastern Vassal-Treaties and the OT," *ZAW* 74(1962), pp. 1 – 9.

Fernández, A. "La Voz *gāḏēr* en Esd. 9, 9," *Bib* 16(1935), pp. 82 – 84.

Fitzmyer, J. A. "Some Notes on Aramaic Epistolography," *JBL* 93(1974), pp. 201 – 225.

——. "The Syntax of *kl*, *kl*' 'All' in Aramaic," in *A Wandering* Aramean: Collected Aramaic Essays (Missoula: Scholars Press, 1979), pp. 205 – 217.

Galling, K. "Von Naboned zur Darius: Studien zur Chaldaischen und persischen Geschichte," *ZDPV* 70(1953), pp. 42 – 64, (1954), pp. 4 – 32.

——. "The 'Gōlā-list' according to Ezra 2 // Nehemiah 7," *JBL* 70(1951), pp. 149 – 158.

——. "Urim und Tummin," *RGG* VI, pp. 1193 – 1194.

——. "Syrien in der Politik der Archaemeniden bis 448 v. chr.," *AO* 36 (1937), pp. 30 – 42.

Gelston, A. "The Foundations of the Second Temple," *VT* 16 (1966),

pp. 232 - 235.

Gershevitch, I. "Iranian Nouns and Names in Elamite Garb," *Transaction of Philological Society* (1969), pp. 165 - 200.

Grimme, H. "Der Begriff von hebräischen *hwzh* und *twzh*," *ZAW* 58 (1940 - 1941), pp. 236 - 237.

Gutmann, J. "The Origin of the Synagogue: The Current State of Research," *AA* 87(1972), pp. 36 - 40.

Haran, M. "The Gideonites, the Nethinim and the Sons of Solomon's Servants," *VT* 11(1961), pp. 159 - 169.

Hervey, A. C. "The Chronology of Ezra II, and IV. 6 - 23," *The Expositor* iv/7(1893), pp. 431 - 443.

Houtman, C. "Ezra and the Law," *OTS* 21(1981), pp. 91 - 115.

Japhet, S. "The Supposed Common Authorship of Chronicles and Ezra-Nehemiah Investigated Anew," *VT* 18(1968), pp. 330 - 371.

——. "Sheshbazzar and Zerubbabel: Against the Background of the Historical and Religious Tendencies of Ezra-Nehemiah," *ZAW* 94 (1982), pp. 66 - 98; 95(1983), pp. 218 - 219.

Jastrow, M. "The Tearing of Garments as a Symbol of Mourning with Special Reference to the Customs of the Ancient Hebrews," *JAOS* 21 (1900), pp. 23 - 39.

Jaubert, A. "Le calendrier des Jubile's et de la Secte de Qumrân: Ses Origines Bibliques," *BTS* (1953), pp. 261 - 268.

Jones, D. R. "The Cessation of Sacrifice after the Destruction of the Temple in 586 B. C.," *JTS* 14(1963), pp. 12 - 31.

Joüon, P. "Le mot ' *uššarnā* ' dans Esdras 5, 3(9)," *Bib* 22(1941), pp. 38 - 40.

Kaupel, H. "Die Bedeutung von *gdr* in Esr 9, 9," *BZ* 22(1934), pp. 89 - 92.

Kellermann, U. "Erwägungen zum Esragesetz," *ZAW* 80(1968), pp. 373 -385.

Klein, R. W. "Old Readings in 1 Esdra: The List of Returnees from Babylon (Ezra 2/Nehemiah 7)," *HTR* 62(1969), pp. 99 - 107.

Kuhrt, A. "Assyrian and Babylonian Traditions in Classical Authors: A Cri-tical Synthesis," *Mesopotamien und sein Nachbarn*, ed. H. Huhne, H. J. Nissen and J. Renger (Berlin: Dietrich Reimer, 1982), pp. 539 - 553.

Kutscher, E. Y. "Aramaic," *Current Trends in Lingusitics*, vol. 6. ed. T. A. Seboek (The Hague: Mouton, 1970), pp. 347 - 412.

Larrson, G. "When Did the Babylonian Captivity Begin?" *JTS* 18 (1967), pp. 417 - 423.

Levine, B. A. "The Netinim," *JBL* 82(1963), pp. 207 - 212.

Liver, J. "The Problem of the Order of the Kings of Persia in the Books of Ezra and Nehemiah," *Studies in Bible and Judean Desert Scrolls* (Jerusalem: Bialik Institute, 1971), pp. 263 - 276.

Luria, B. "There have been mighty Kings also over Jerusalem," *BM* 18 (1973), pp. 176 - 182.

Mantel, H. "The Dichotomy of Judaism during the Second Temple," *HUCA* 44(1973), pp. 55 - 87.

Morgenstern, J. "Jerusalem - 485 B. C. ," *HUCA* 27(1956), pp. 101 - 79; 28 (1957), pp. 15 - 47.

——. " The Calendar of the Book of Jubilees, Origin and Its Characters, " *VT* 5(1956), p. 63.

Nober, P. "'adrazdā' (Esdras 7:23), " *BZ* 2(1958), pp. 134 - 148.

Olmstead, A. T. "Tattenai, Governor of 'Across the River,'" *JNES* 3 (1944), p. 46.

——. " Darius as Lawgiver," *AJSL* 51(1934 - 35), pp. 247 - 249.

Orr, A. "The Seventy Years of Babylon," *VT* 6(1956), pp. 304 - 306.

Pavlovsky, V. "Die Chronologie der Tätigkeit Esdras: Versuche einer neuen Lösung," *Bib* 38(1957), pp. 275 - 305, 428 - 456.

Porten, B. "Aramaic Papyri and Parchments: A New Look," *BA* 49(1979), pp. 74 - 104.

——. "Structure and Chiasm in Aramaic Contracts and Letters," in *Chiasmus in Antiquity*, ed. J. W. Welch (Hildesheim: Gerstenberg Verlag, 1981), pp. 169 - 182.

Porter, J. R. "Son or Grandson (Ezra x. 6)?" *JTS* 17(1966), pp. 57 - 58.

Rainey, A. F. "The Satrapy 'Beyond the River'," *AJBA* 1(1969), pp. 51 - 78.

Reich, N. J. "The Condification of the Egyptian Laws by Darius and the Origin of the 'Demotic Chronicle'," *Mizraim* 1(1933), pp. 178 - 185.

Rundgren, F. "Über einen juristischen Terminus bei Esra 6:6," *ZAW* 70 (1958), pp. 209 - 215.

Schultz, C. "The Political Tensions Reflected in Ezra-Nehemiah," *Scripture in Context. Essays on Comparative Method*. Ed. C. D. Evans (Pittsburgh: Pickwick Press, 1980).

Smitten, W. "Der Tirschātā' in Ezra-Nehemiah," *VT* 21(1971), pp. 618 - 620.

Snaith, N. H. "The Date of Ezra's Arrival in Jerusalem," *ZAW* 63(1951), pp. 53 - 66.

Snell, D. C. "Why is there Aramaic in the Bible?" *JSOT* 18 (1980),

pp. 32 - 51.

Teixidor, "The Aramaic Text in the Trilingual Stele from Xanthus," *JNES* 37 (1978), pp. 181 - 186.

Thomason, H. C. "A Row of Cedar Beams," *PEQ* 92(1960), pp. 57 - 63.

Throntveit, M. A. "Linguistic Analysis and the Question of Authorship in Chronicles, Ezra, and Nehemiah," *VT* 32(1982), pp. 201 - 216.

Tuland, C. G. "Uššayā and Uššarnâ: A Classification of Terms, Dates, and Text," *JNES* 17(1958), pp. 269 - 275.

———. "Ezra-Nehemiah or Nehemiah-Ezra?" *AUSS* 12 (1974), pp. 47 - 62.

de Vaux, R. "The Decrees of Cyrus and Darius on the Rebuilding of the Temple," in *The Bible and the Ancient Near East*. Trans. D. McHugh (London: Darton, Longman & Todd, 1972), pp. 63 - 96.

Weinberg, J. P. "Demographische Notizen zur Geschichte der nachexillischen Gemeinde in Juda," *Klio* 54(1972), pp. 45 - 58.

Whitly, C. F. "The Term Seventy Years Capacity," *VT* 4(1954), pp. 60 - 72.

Williamson, H. G. M. "The Composition of Ezra I - vi," *JTS* 34 (1983), pp. 1 - 30.

Wilson, R. D. "The Title 'King of Persia' in the Scripture," *PTR* 15(1917), pp. 90 - 145.

Wiseman, D. J. "An Esarhaddon Cylinder from Nimrud," *Iraq* 20(1958).

Whitehead, J. D. "Some Distinctive Features of the Language of the Aramaic Arsames Correspondence," *JNES* 37(1978), pp. 119 - 140.

Yamauchi, E. M. "The Reverse Order of Ezra/Nehemiah Reconsidered," *Themelios* 5(1980), pp. 7 - 13.

———. "The Archaeological Background of Ezra," *BSac* 137(1980), pp. 195 - 211; pp. 291 - 309.

中文著作

《证主圣经百科全书》,福音证主协会出版,1995。
《圣经背景》,亚当斯著,萧维元译,浸信会出版社,1972。
《以斯拉记》,赵世光著,香港灵粮出版社印行,1972。
《两约中间史略》,谢友王著,种籽出版社,1982。
《希伯来史精义》,希斯德著,萧维元译,浸信会出版社,1972。
《犹太古史》,约瑟夫著,苏美灵译,香港基督教天人社,1975。
《古经之风俗及典章制度》,罗兰德富著,杨世雄译,台中光启出版社,1983。

史丹理基金公司　识

　　1963 年菲律宾史丹理制造公司成立后，由于大多数股东为基督徒，大家愿意把公司每年盈利的十分之一奉献，分别捐助神学院、基督教机构，以及每年圣诞赠送礼金给神职人员，史丹理制造公司也因此得到大大祝福。

　　1978 年容保罗先生与笔者会面，提起邀请华人圣经学者著写圣经注释的建议，鼓励笔者投入这份工作。当时笔者认为计划庞大，虽内心深受感动，但恐心有余而力不足，后来决定量力而为，有多少资金就出版多少本书。出版工作就这样开始了。

　　1980 年 11 月，由鲍会园博士著作的歌罗西书注释交给天道书楼出版，以后每年陆续有其他经卷注释问世。

　　1988 年史丹理制造公司结束二十五年的营业。股东们从所售的股金拨出专款成立史丹理基金公司，除继续资助多项工作外，并决定全力支持天道书楼完成出版全部圣经注释。

　　至 2000 年年底，天道书楼已出版了三十六本圣经注释，其他大半尚待特约来稿完成。笔者鉴于自己年事已高，有朝一日必将走完人生路程，所牵挂的就是圣经注释的出版尚未完成。如后继无人，将来恐难完成大功，则功亏一篑，有负所托。为此，于 2001 年春，特邀请天道书楼四位董事与笔者组成一小组，今后代表史丹理基金公司与天道书楼负责人共同负起推动天道圣经注释的出版工作，由许书楚先生及姚冠尹先生分别负起主席及副主席之职、章肇鹏先生、郭志权先生、施熙礼先生出任委员。并邀请容保罗先生担任执行秘书，负责联络，使出版工作早日完成。

　　直至 2004 年，在大家合作推动下，天道圣经注释已出版了五十一册，余下约三十册希望在 2012 年全部出版刊印。

　　笔者因自知年老体弱，不便舟车劳顿，未能按时参加小组会议。为此，特于 6 月 20 日假新加坡召开出版委员会，得多数委员出席参加。愚亦于会中辞去本兼各职。并改选下列为出版委员会委员——主席：

姚冠尹先生；副主席：施熙礼先生；委员：郭志权博士、章肇鹏先生、容保罗先生、楼恩德先生；执行秘书：刘群英小姐——并议定今后如有委员或秘书出缺，得由出版小组成员议决聘请有关人士，即天道书楼董事，或史丹理基金公司成员担任之。

至于本注释主编鲍会园博士自 1991 年起正式担任主编，多年来不辞劳苦，忠心职守，实令人至为钦敬。近因身体软弱，敝委员会特决议增聘邝炳钊博士与鲍维均博士分别担任旧、新约两部分编辑，辅助鲍会园博士处理编辑事项。特此通告读者。

至于今后路线，如何发展简体字版，及配合时代需求，不断修订或以新作取代旧版，均将由新出版委员会执行推动之。

许书楚　识
2004 年　秋

天道圣经注释出版纪要

由华人圣经学者来撰写一套圣经注释，是天道书楼创立时就有的期盼。若将这套圣经注释连同天道出版的《圣经新译本》、《圣经新辞典》和《天道大众圣经百科全书》摆在一起，就汇成了一条很明确的出版路线——以圣经为中心，创作与译写并重。

过去天道翻译出版了许多英文著作；一方面是因译作出版比较快捷，可应急需，另一方面，英文著作中实在有许多堪称不朽之作，对华人读者大有裨益。

天道一开始就大力提倡创作，虽然许多华人都谦以学术研究未臻成熟，而迟迟未克起步，我们仍以"作者与读者同步迈进"的信念，成功地争取到不少处女作品；要想能与欧美的基督教文献等量齐观，我们就必须尽早放响起步枪声。近年来看见众多作家应声而起，华文创作相继涌现，实在令人兴奋；然而我们更大的兴奋仍在于寄望全套"天道圣经注释"能早日完成。

出版整套由华人创作的圣经注释是华人基督教的一项创举，所要动员的人力和经费都是十分庞大的；对于当年只是才诞生不久的天道书楼来说，这不只是大而又难，简直就是不可能的事。但是强烈的感动一直催促着，凭着信念，下定起步的决心，时候到了，事就这样成了。先有天道机构名誉董事许书楚先生，慨允由史丹理基金公司承担起"天道圣经注释"的全部费用，继由鲍会园博士以新作《歌罗西书注释》（后又注有《罗马书》上下卷，《启示录》）郑重地竖起了里程碑（随后鲍博士由1991年起正式担任全套注释的主编），接着有唐佑之博士（《约伯记》上下卷，《耶利米哀歌》）、冯荫坤博士（《希伯来书》上下卷，《腓立比书》，《帖撒罗尼迦前书》，《帖撒罗尼迦后书》）、邝炳钊博士（《创世记》一二三四五卷，《但以理书》）、曾祥新博士（《民数记》，《士师记》）、詹正义博士（《撒母耳记上》一二卷）、区应毓博士（《历代志上》一二卷，《历代志下》，《以斯拉记》）、洪同勉先生（《利未记》上下卷）、黄朱伦博士（《雅歌》）、张永信博士（《使徒行传》一二三卷，《教牧书信》）、张略博士（与张永信博士合著《彼得前书》,《犹大书》)、刘少平博士(《申命记》上下卷,《何西阿书》,《约珥书》,《阿摩司书》)、梁康民先生(《雅各书》)、黄浩仪博士(《哥林多前书》上卷,《腓利门书》)、梁薇博士(《箴言》)、张国定博士(《诗篇》一二三四卷)、邵晨光博士(《尼希米记》)、陈济民博士(《哥林多后书》)、赖建国博士(《出埃及记》上下卷)、李保罗博士(《列王纪》一二三四卷)、钟志邦博士(《约翰福音》上下卷)、周永健博士(《路得记》)、谢慧儿博士(《俄巴底亚书》,《约拿书》)、梁洁琼博士(《撒母耳记下》)、吴献章博士(《以赛亚书》三四卷)、叶裕波先生(《耶利米书》上卷)、张达民博士(《马太福音》)、戴浩辉博士(《以西结书》)、鲍维均博士(《路加福音》上下卷)、张玉明博士(《约书亚记》)、蔡金玲博士(《以斯帖记》,《撒迦利亚书》,《玛拉基书》)、吕绍昌博士(《以赛亚书》一二卷)、邝成中博士(《以弗所书》)、吴道宗博士(《约翰一二三书》)、叶雅莲博士(《马可福音》)、岑绍麟博士(《加拉太书》)、胡维华博士(《弥迦书》,《那鸿书》)、沈立德博士(《哥林多前书》下卷)、黄天相博士(《哈巴谷书》,《西番雅书》,《哈该书》)等等陆续加入执笔行列,他们的心血结晶也将一卷一卷地先后呈献给全球华人。

当初单纯的信念,已逐渐看到成果;这套丛书在 20 世纪结束前,完成写作并出版的已超过半数。同时,除了繁体字版正积极进行外,因着阅读简体字读者的需要,简体字版也逐册渐次印发。全套注释可望在 21 世纪初完成全部写作及出版;届时也就是华人圣经学者预备携手迈向全球,一同承担基督教的更深学术研究之时。

由这十多年来"天道圣经注释"的出版受欢迎、被肯定,众多作者和工作人员协调顺畅、配合无间,值得我们由衷地献上感谢。

为使这套圣经注释的出版速度和写作水平可以保持,整个出版工作的运转更加精益求精,永续出版的经费能够有所保证,1997 年 12 月天道书楼董事会与史丹理基金公司共同作出了一些相关的决定:

虽然全套圣经六十六卷的注释将历经三十多年才能全部完成,我们并不以此为这套圣经注释写作的终点,还要在适当的时候把它不断地修订增补,或是以新著取代,务希符合时代的要求。

天道书楼承诺负起这套圣经注释的永续出版与修订更新的责任,由初版营收中拨出专款支应,以保证全套各卷的再版。史丹理基金公司也成立了圣经注释出版小组，由许书楚先生、郭志权博士、姚冠尹先生、章肇鹏先生和施熙礼先生五位组成，经常关心协助实际的出版运作，以确保尚未完成的写作及日后修订更新能顺利进行。该小组于2004年6月假新加坡又召开了会议，许书楚先生因年事已高并体弱关系，退居出版小组荣誉主席，由姚冠尹先生担任主席，施熙礼先生担任副主席，原郭志权博士及章肇鹏先生继续担任委员，连同小弟组成新任委员会，继续负起监察整套注释书的永续出版工作。另外，又增聘刘群英小姐为执行秘书，向委员会提供最新定期信息，辅助委员会履行监察职务。此外，鉴于主编鲍会园博士身体于年初出现状况，调理康复需时，委员会议决增聘邝炳钊博士及鲍维均博士，并得他们同意分别担任旧约和新约两部分的编辑，辅助鲍会园博士处理编辑事宜。及后鲍会园博士因身体需要，退任荣誉主编，出版委员会诚邀邝炳钊博士担任主编，曾祥新博士担任旧约编辑，鲍维均博士出任新约编辑不变，继续完成出版工作。

21世纪的中国，正在走向前所未有的开放道路，于各方面发展的迅速，成了全球举世瞩目的国家。国家的治理也逐渐迈向以人为本的理念，人民享有宗教信仰自由，全国信徒人数不断增多。大学学府也纷纷增设了宗哲学学科和学系，扩展国民对宗教的了解和研究。这套圣经注释在中国出版简体字版，就是为着满足广大人民在这方面的需要。深信当全套圣经注释完成之日，必有助中国国民的阅读，走在世界的前线。

容保罗　识
2011年　春

天道圣经注释有限公司拥有天道圣经注释全球中文简体字版权
授权上海三联书店于中国内地出版本书,仅限中国内地发行和销售

图书在版编目(CIP)数据

以斯拉记注释/区应毓著.—上海:上海三联书店,2021.8 重印
"天道圣经注释"系列
主编/邝炳钊 旧约编辑/曾祥新 新约编辑/鲍维均
ISBN 978-7-5426-5130-3

Ⅰ.①以… Ⅱ.①区… Ⅲ.①《圣经》-注释 Ⅳ.①B971.1

中国版本图书馆 CIP 数据核字(2015)第 054618 号

以斯拉记注释

著　　者 / 区应毓

策　　划 / 徐志跃

责任编辑 / 邱　红　陈泠坤

特约编辑 / 张　尧

装帧设计 / 徐　徐

监　　制 / 姚　军

责任校对 / 王凌霄

出版发行 / 上海三联书店
　　　　　(200030)中国上海市漕溪北路 331 号 A 座 6 楼

邮购电话 / 021-22895540

印　　刷 / 上海惠敦印务科技有限公司

版　　次 / 2016 年 6 月第 1 版

印　　次 / 2021 年 8 月第 2 次印刷

开　　本 / 890mm×1240mm　1/32

字　　数 / 310 千字

印　　张 / 9.75

书　　号 / ISBN 978-7-5426-5130-3/B·403

定　　价 / 58.00 元

敬告读者,如发现本书有质量问题请与印刷厂联系 021-63779028